AtV

Jürgen Kuczynski, 1904–1997. Studierte in Erlangen, Berlin und Heidelberg Philosophie, Statistik und Ökonomie. 1930 Eintritt in die KPD. 1936 Exil in England. 1950–58 Abgeordneter der Volkskammer (SED). Seit 1964 Professor an der Humboldt-Universität in Ostberlin sowie Gründer und Leiter des Instituts für Wirtschaftsgeschichte.

Im Aufbau-Verlag lieferbar: »Ein treuer Rebell«. Memoiren 1994–1997 (1998), »Ein linientreuer Dissident«. Memoiren 1945–1989 (1999), Fortgesetzter Dialog mit meinem Urenkel. Fünfzig Fragen an einen unverbesserlichen Urgroßvater (2000).

Kuczynski war einer der bedeutendsten Wirtschaftshistoriker der Gegenwart und ein enzyklopädisch gebildeter Geistes- und Sozialwissenschaftler von internationalem Rang.

Seine umfangreichen Schriften könnten eine ganze Bibliothek füllen. Er ist Verfasser der mehrbändigen »Geschichte der Lage der Arbeiter unter dem Kapitalismus« und der »Geschichte des Alltags des deutschen Volkes«. Darüber hinaus hat er mehr als 100 Bücher und über 4000 Artikel in Zeitungen und Zeitschriften veröffentlicht.

Seine regimekritischen Überlegungen, die aber niemals den Sozialismus prinzipiell in Frage stellten, begründeten seinen Ruf eines »linientreuen Dissidenten« und bescherten ihm ebenso viele Parteistrafen wie Auszeichnungen.

Jürgen Kuczynski

Dialog mit meinem Urenkel

Neunzehn Briefe und ein Tagebuch

Aufbau Taschenbuch Verlag

Mit einem Interwiev von Thomas Grimm mit Jürgen Kuczynski

ISBN 3-7466-7025-X

1. Auflage 2000

Umschlaggestaltung Preuße & Hülpüsch Grafik Design
unter Verwendung eines Fotos von Ingolf Seidel / Zeitzeugen-TV-Archiv
Druck: Elsnerdruck GmbH, Berlin
Printed in Germany

www.aufbau-taschenbuch.de

VORWORT

Der »Dialog mit meinem Urenkel« erschien Ende 1983. Nach etwas mehr als 5 Jahren, Anfang 1989, erschien die 10., die letzte, Auflage. Das Buch hatte einen großen Absatz, da es das regimekritischste Buch eines Genossen Wissenschaftlers in der DDR war. Aber wie ich mehrfach, zuletzt im »Fortgesetzten Dialog mit meinem Urenkel«, gezeigt habe, war meine Kritik völlig ungenügend.

Warum jetzt plötzlich eine Neuauflage? Weil so viele Käufer des »Fortgesetzten Dialog« auch den alten Dialog lesen wollten.

Jedoch handelt es sich bei dem neuen alten »Dialog« nicht um einen einfachen Nachdruck. Der alte Dialog war 1977 bereits in Fahnen gesetzt, als vom Politbüro eine Weisung ausging, daß »Erinnerungen alter Genossen« vor der Veröffentlichung dort gelesen werden müßten. Nach 6 Jahren gelang es uns endlich, die Fahnen vom Politbüro zurückzuerhalten. Am Rand fanden wir öfter Striche von Kurt Hager, wo er Änderungen wünschte. Statt des alten gedruckten Dialogs veröffentlichen wir nun den ursprünglichen Text mit den Strichen Kurt Hagers.

Nur ein Strich Hagers fehlt. Die Geschichte des letzten Zusammenseins meiner alten Freundin Varga mit der Frau Lenins kurz vor deren Tod, als beide weinend auseinandergingen, nachdem sie darüber gesprochen hatten, was Stalin aus der Partei Lenins gemacht hatte, konnte nur ich erzählen, und natürlich wollte ich keinen Buchstaben an der Geschichte ändern. Mit dieser Mitteilung schickte ich Hager die entsprechende Fahne zurück; sie liegt vielleicht im Archiv Hager. Diese Erzählung ist natürlich auch heute noch von Interesse und wird es stets bleiben.

Berlin, im Frühjahr 1997 Jürgen Kuczynski

INHALT

VORREDE

Lieber Robert, ich schreibe diese Briefe an Dich aus den verschiedensten Gründen, wobei ich mir vorstelle, daß Du Lehrling oder Student sein wirst, wenn Du sie in die Hand nimmst. Dann wird sich nicht nur das liebe, freche Gesichtlein des Dreijährigen sehr verändert haben, der seiner Urgroßmutter den Kühlschrank ausräumt, um feingeschnittene Petersilie auf das Apfelmus zu streuen, und der Urgroßvaters Pfeife pustet, um sich an dem Rauch zu freuen. Vor allem würden sich auch Deine Fragen an mich verändert haben. Dennoch werden sie, glaube ich, vielfach noch immer gleich oder ähnlich denen sein, die mir Lehrlinge und Studenten gegenwärtig stellen.

Einige dieser Fragen möchte ich Dir bereits jetzt, wo ich es noch kann, beantworten. Manche von ihnen würdest Du mir sicher mit den ernst gespannten Zügen stellen, die unter jungen Menschen eigentümlich sind, wenn sie eine ehrliche Antwort auf etwas sie tief Bewegendes, Unverständliches von einem Erwachsenen, zu dem sie Vertrauen haben, erwarten. Bei anderen Fragen würde vielleicht ein sarkastisch-neugieriger, fast hätte ich geschrieben: zynischer Ton mitschwingen, denn auch das gibt es heute noch vielfach – aber den wirst Du, hoffe ich, nicht haben. Und wieder andere würden einer offenen, frischen Neugierde entspringen. Ich will sie Dir, soweit ich sie mir heute vorstellen kann, so beantworten, wie es mir aus eigener Erfahrung, aus eigenen Überlegungen möglich ist. Dabei darfst Du natürlich nicht vergessen, daß auch ich ein Produkt meiner Zeit bin und sicherlich so manches nicht richtig sehe oder bestimmte Fragen, die Du an mich haben könntest, überhaupt nicht ahne.

Vielleicht würdest Du auch, wie andere heute, fragen, warum ich meine Memoiren nicht für die Zeit nach 1945 fortgesetzt habe. Diese Briefe an Dich sollen einen gewissen Ersatz dafür darstellen. Denn es erscheint mir nicht ganz unwahrscheinlich, daß Du für Deinen Urgroßvater Interesse zeigen wirst – für Deinen Urgroßvater, der noch eine seiner Urgroßmütter gekannt und an den eigenen Urenkeln Freude hatte; der noch unter einem deutschen Kaiser lebte und danach bis in die Gegenwart des revolutionären Weltkampfes zwischen Sozialismus und Kapitalismus; den eine Reihe bedeutender Vorkämpfer für den Sozialismus auf den verschiedenen Gebieten der gesellschaftlichen Tätigkeit mit ihrem Vertrauen, ja mit ihrer Freundschaft geehrt haben.

Bei allem, was ich schreibe, spricht Deine Urgroßmutter mit, auch wenn sie vielleicht mit mir nicht immer so genau übereinstimmt. Auch gute Freunde eines langen Lebens, viele von ihnen heute nicht mehr unter uns, sprechen mit, selbst wenn sie bei manchem sagen: »Aber Jürgen!«

Und vor allem spricht die Partei mit, ich meine anonym, aber als lebendige Institution, denn fast ein halbes Jahrhundert Mitgliedschaft in der Partei war natürlich von entscheidendem Einfluß auf mich. Das alles mußt Du im Sinn behalten, wenn Du meine Briefe liest.

Ich wünsche mir für Dich, daß Du ein guter Sozialist wirst, ein Sozialist, der sich sein Leben nicht außerhalb des Sozialismus vorstellen kann, der, wie es einmal ein Freund und Genosse formulierte, »sogar lieber in einem sozialistischen Gefängnis unschuldig festgehalten Gras frißt, als in der kapitalistischen Gesellschaft frei die Güter jener Welt genießt«. Ich wünsche mir, daß Du klug genug sein wirst, die Großartigkeit unseres Lebens, unserer Gesellschaftsordnung zu erkennen, und daß Du alle ihre realen Ärgerlichkeiten und Scheußlichkeiten objektiven und subjektiven Ursprungs als zweitrangige Fakten ansiehst, die zu bekämpfen sind, damit es immer besser bei uns wird. Und ich hoffe, daß Du nach der Lektüre des Buches nicht allzu unzufrieden sein wirst mit Deinem Urgroßvater.

Jürgen Kuczynski

ERSTE FRAGE

Sage mal, Urgroßvater: Hast Du Dir den Sozialismus in Deiner Jugend so vorgestellt, wie er heute ist?

Natürlich, genau so – allgemein! Die Produktionsmittel vergesellschaftet, daher ohne dauernde Krisen der verschiedensten Art, ohne Arbeitslosigkeit, ohne all die Grundübel des Kapitalismus.

Das ist zuerst festzuhalten. Das ist das Entscheidende. So haben es Marx und Engels und Lenin erwartet. Das beweist die Richtigkeit unserer Politik. Das bedeutet auch für Deine Urgroßmutter und mich, unser Leben im Kampf um diese neue Gesellschaft hat sich gelohnt.

So lautet kurz und bestimmt die erste und wichtigste Antwort auf Deine Frage.

Es gibt aber noch eine andere Antwort, und die betrifft nicht unsere Gesellschaft allgemein als sozialistische, sondern die spezifische historische Form, in der sich der Sozialismus im einzelnen konkret verwirklicht, das, was wir den realen Sozialismus nennen. Da lautet die Antwort ganz anders:

Natürlich habe ich mir den Sozialismus nicht so vorgestellt. Auch Marx und Engels hatten ihn sich anders vorgestellt. Und auch Lenin hätte nie geglaubt, daß der Sozialismus sechzig Jahre nach der Oktoberrevolution in vieler Beziehung noch so wenig entwickelt sein würde.

Aber Du darfst nicht vergessen, daß Marx und Engels meinten, die sozialistische Gesellschaft würde auf Grund einer Weltrevolution geschaffen, die einzelnen Länder würden praktisch alle gleichzeitig sozialistisch werden. Und Lenin, der die Erkenntnis gewann, der Sozialismus könnte zeitweilig in einem einzelnen Land aufgebaut werden, erwartete doch die nächsten

Revolutionen viel schneller, als sie kamen, erhoffte sich außerdem als nächstes erfolgreich revolutionäres Land das imperialistische Nachbarland Deutschland.

Wir sprechen viel von dem Einfluß der sozialistischen Länder, und das ist richtig so. Er ist groß und zeichnet die Perspektive der Weltentwicklung in die Zukunft.

Wir sprechen viel davon, daß die Welt des Monopolkapitals in der Defensive sei, und das ist richtig so. Sie hat ihre Zukunft verloren und kann nur noch eine krisenhafte Gegenwart bewahren.

Wir sprechen aber viel zu wenig von dem großen Einfluß, den diese Welt des Monopolkapitals heute noch auf die sozialistischen Länder ausübt. Ich hoffe, das wird ganz anders sein, wenn Du diese Briefe lesen wirst, weil dann der Einfluß des Weltmonopolkapitals auf die Welt des Sozialismus bereits viel geringer geworden sein wird. Ich meine mit diesem Einfluß natürlich nicht die alberne Nachäfferei des so unsinnig schnellen westlichen Modewechsels in der Kleidung, der übrigens ganz glänzend in die Welt des Kapitals paßt, weil er wesentlich zur Profitsteigerung beiträgt, während er uns jährlich sinnlose Millionenausgaben verursacht. Nein, ich meine zum Beispiel und vor allem die gewaltigen Rüstungsausgaben, die uns das Monopolkapital zu unserer Verteidigung, zur Verteidigung der Zukunft der Menschen aufzwingt. Mußten doch im Jahre 1976, dem letzten, bevor ich diesen Brief an Dich begann, die sozialistischen Länder über die Hälfte ihrer naturwissenschaftlichen und technologischen, geistigen sowie einen beachtlichen Teil ihrer materiellen Kräfte für die Verteidigung aufwenden.

Während in der Welt des Kapitals, in der die Proportionen in dieser Beziehung nicht anders sind, die gewaltigen Rüstungen der Aggression dienen und die Krisen des Kapitals steigern, sichern sie bei uns die Verteidigung und – verlangsamen den Fortschritt der sozialistischen Gesellschaft.

Ich bin zum Beispiel überzeugt, daß wir ohne diese feindliche Umwelt nicht nur, wie heute, keine Arbeitslosigkeit, sondern die allgemeine Fünfunddreißigstunden- und die Viertagewoche hätten.

Ich bin überzeugt, daß wir ohne die Notwendigkeit der Rüstung zur Verteidigung des Sozialismus nicht nur, wie heute, eine stetige Steigerung der Arbeitsproduktivität, sondern während des letzten Jahrzehnts jährlich in der Industrie eine doppelt so schnelle und in der Landwirtschaft eine dreimal so schnelle Steigerung der Arbeitsproduktivität erreicht hätten – denn dann hätten wir mindestens das doppelte Potential an Wissenschaft und Technologie für die »Zivilwirtschaft« zur Verfügung gehabt, ohne auch nur einen einzigen Wissenschaftler und Technologen zusätzlich benötigt zu haben.

Ich bin überzeugt, daß der Hunger in den Entwicklungsländern durch unsere Hilfe in den letzten zehn Jahren weitgehend beseitigt worden wäre, wenn wir nicht unsere Verteidigungsausgaben gehabt hätten und wenn kein Monopolkapital mit seinen ständigen Störaktionen in die Gestaltung der Entwicklungsländer hätte eingreifen können.

Aber natürlich geht der Einfluß der Welt des Kapitals auf unsere sozialistische Gesellschaft weit über den Zwang zu so großen Verteidigungsausgaben hinaus. Stell Dir nur vor, wie erstaunt Marx, Engels und Lenin gewesen wären, hätte man ihnen erzählt, welche Rolle der Staat noch sechzig Jahre nach der ersten siegreichen sozialistischen Revolution spielt – und bedenke dabei, wie genau Lenin noch wenige Wochen vor der Oktoberrevolution, als er in Finnland über Staat und Revolution schrieb, das Absterben des Staates im Sozialismus behandelte.

Wie aber soll ein Staat absterben, wenn die Völker des Sozialismus sich in einem weltrevolutionären Kampf gegen das Monopolkapital befinden?! Das würde Selbstaufgabe unserer organisatorischen Schlagkraft bedeuten!

Du wirst vielleicht sagen, der Staat habe doch seine Hauptfunktion als Organ der herrschenden Klasse zur Unterdrückung der Werktätigen verloren. Richtig! Aber das hat nichts mit dem Absterben des Staates zu tun, in dieser Hinsicht stirbt er nicht ab, sondern ist bereits am Tage nach der siegreichen Revolution tot.

Du könntest auch mit Recht einwenden, der Staat habe doch die Unterdrückungsfunktion gegenüber den Resten der Bourgeoisie spätestens innerhalb eines Jahrzehnts nach der Revolution verloren. Aber wie viele seiner anderen Funktionen aus der alten Zeit hat er zu unserem Schutze beibehalten müssen! Ja, sie haben an Umfang und Bedeutung zum Teil zugenommen – denke etwa an die Sicherheitsfunktionen. Warum gerade die Sicherheitsfunktionen? Nun, aus einem einzigen Grunde: Weil eben die Welt des Kapitals noch auf einem großen Teil der Erde herrscht und stark ist. Du weißt, im zweiten Weltkrieg kämpften imperialistische Staaten gegeneinander, mit allen ihnen zur Verfügung stehenden technischen Mitteln. Aber hast Du je davon gehört, daß zu den Mitteln des Krieges zwischen kapitalistischen bzw. imperialistischen Staaten der Versuch zählte, in anderen feindlichen Landen den Kräften zu helfen, die eine neue Gesellschaftsordnung durch Sturz der alten zu schaffen suchten? Natürlich nicht, im Gegenteil: Als 1871 die Commune entstand, da hörte der Krieg zwischen Frankreich und Deutschland zeitweise gewissermaßen auf, und die deutschen Kapitalisten taten, was sie konnten, um den französischen Kapitalisten gegen die Commune zu helfen. Und als die deutschen Imperialisten 1917 Lenin die Möglichkeit gaben, nach Rußland zu fahren, da geschah das nicht, um den Bolschewiki zu helfen, sondern um die Verwirrung dort zu steigern und schneller zu siegen – was Du schon daran erkennen kannst, daß sie in den von ihnen besetzten Gebieten und auch noch 1919 im Baltikum alles unternahmen, um die Werktätigen zu unterdrücken und die Reaktion zu stabilisieren.

Heute versucht das Monopolkapital mit allen Mitteln – denke an Ungarn 1956 und an die Tschechoslowakei 1968 – durch Agenten, Diversanten, durch seine Massenmedien usw. Unruheherde zu schaffen, um unsere Gesellschaftsordnung zu stürzen. Glaube nicht, daß ich so lächerlich bin, das dem Monopolkapital »übel zu nehmen« oder gar irgendwelche internationale Protokolle zu zitieren, um die »völkerrechtliche Unzulässigkeit« solchen Verhaltens nachzuweisen. Das ergibt sich schließlich aus der historischen Aufgabe des Kapitals, möglichst lange zu überleben. Aber ebenso klar ist, daß es die historische Aufgabe unseres Staates ist, mit allen Mitteln unsere Sicherheit zu schützen. Daß uns dabei Fehlgriffe unterlaufen, ist menschlich. Daß es dabei zu furchtbaren Verbrechen kam, wie in der späteren »Stalinzeit«, ist unmenschlich.

Dazu muß aber auch gesagt werden: Wenn die deutsche Arbeiterklasse nicht durch Verrat der Führung der SPD im August 1914, im November 1918, im Januar 1933 und, zu einem wesentlich geringeren Teil, durch die Fehler der KPD nach 1918 – denke nur daran, daß wir noch 1932 den »Hauptstoß gegen die SPD« statt gegen den Faschismus richteten! – historisch versagt hätte, wenn wir eine proletarische Revolution 1918 oder 1933 gehabt hätten, wäre es wohl zu keiner »Stalinzeit« gekommen, hätte sich der Geist der Leninschen Parteiführung gehalten, denn vieles wäre für die Sowjetunion leichter gewesen, sie hätte vor allem nicht unter dem Druck des feindlichen »Ringes« aller anderen Staaten um sie gestanden. Oder bin ich hier zu selbstkritisch für uns?

Nie darfst Du auch vergessen, daß eine revolutionäre Übergangszeit von einer Gesellschaftsordnung zur anderen, sei es in einem einzelnen Lande, sei es im Weltmaßstab, eine schwere und grausame Zeit bedeutet, keine friedliche Idylle sein kann und neben heroischen Taten auch furchtbare Untaten bringt.

Die allgemeine Sorge um unsere Sicherheit kann natürlich auch die Verantwortlichen an der Spitze unserer Gesellschaftsordnung zu unnötig großer Vorsicht verführen. Einmal sprach ich mit dem Genossen Walter Ulbricht über einige notwendige gesellschaftswissenschaftliche Untersuchungen, die wichtige Erkenntnisse über unsere Realität bringen und wesentlich zur Entwicklung der Soziologie beitragen würden. Der Genosse Walter Ulbricht lehnte ab – aus Sicherheitsgründen. Ich sagte ihm: »Walter, du bist verantwortlich für Sicherheit, ich bin mitverantwortlich für die Entwicklung der Gesellschaftswissenschaften. Da unsere Sicherheit wahrlich wichtiger ist als die Entwicklung der Gesellschaftswissenschaften, ist die Sache für mich erledigt.« Zwei Jahre später jedoch wurden diese Untersuchungen gestattet, einfach weil wir sie brauchten, obgleich unsere Sicherheit nicht größer geworden war.

Überhaupt sind Sicherheitsprobleme heute in der ganzen Welt eines der größten Hindernisse für die Entwicklung der Wissenschaft, insbesondere der Naturwissenschaften, da ein beträchtlicher Teil der Forschung der militärischen Rüstung dient und geheim bleiben muß. Er kann nur in dem winzigen Kreis der an dem spezifischen Projekt beteiligten Wissenschaftler diskutiert werden und bleibt der überwältigenden Anzahl der Wissenschaftler unbekannt, auch allen anderen für militärische Zwecke arbeitenden Wissenschaftlern. Mein Freund Bernal, der große englische Naturwissenschaftler, Wissenschaftshistoriker und vor allem Kommunist und Friedenskämpfer, hat nach dem zweiten Weltkrieg die durchaus richtige These aufgestellt, daß der internationale Kontakt der Wissenschaftler vor 500 Jahren, in der Zeit der Renaissance, viel intensiver und fruchtbarer war als im zweiten Drittel des 20. Jahrhunderts, und er hatte recht. Die Behinderung der Wissenschaft durch militärische Rüstung und Sicherheitsfragen ist in der ganzen Welt sehr groß – wenn auch auf bestimmten Gebieten das Militär durch seine Bedürfnisse schnellen Fortschritt erzwingt, was aber nur wieder zu einer besonderen Ungleichmäßigkeit der Entwicklung der Wissenschaft führt – selbst im Sozialismus ...

Doch möchte ich noch auf einen anderen, mir wichtigen Punkt des Einflusses des Weltkapitals auf unsere sozialistische Gesellschaft zu sprechen kommen. Jeder Kampf erfordert eine zentrale Leitung. Je gestraffter aber die zentrale Leitung, desto geringer das, was ich die Demokratie für den einzelnen nennen möchte.

Unsere Gesellschaft befindet sich im Kampf mit dem Weltkapital, und darum muß sie straff zentralisiert sein. Sie ist im allgemeinen genau so stark zentralisiert, wie es dieser Kampf erfordert, dank auch der großen Rolle, die der Staat und sein Apparat spielen. Das heißt aber nicht, daß diese für die Existenz unserer sozialistischen Gesellschaft notwendige Zentralisierung auch die bestmögliche Form etwa für die Entwicklung der Wirtschaft oder der Kultur ist. Beide sind in der Tat vom Standpunkt ihrer bestmöglichen Entwicklung »an sich« überzentralisiert. Jedoch entwickeln sie sich eben nicht »an sich«, sondern in der Welt, in der noch ein beachtlicher Teil von dem uns so feindlichen aggressiven Monopolkapital beherrscht wird.

Glaubst Du, wir hätten in den Jahren steigender Inflationsraten in der Welt des Kapitals die Preise der Grundwaren unserer Lebenshaltung stabil halten können, wenn unsere Wirtschaft nicht (vom Standpunkt ihrer Entwicklungskräfte »an sich«) überzentralisiert gewesen wäre? So auch auf anderen Gebieten. Ob man hier und da in Einzelheiten und Einzelfällen zu weit oder auch nicht weit genug in der Überzentralisierung gegangen ist und geht, steht hier nicht zur Debatte. Worauf es für Dich ankommen muß, ist zu verstehen, daß der Feind, die Tatsache seiner aggressiven Existenz, uns genauso zur Überzentralisierung auf einzelnen Gebieten zwingt wie zum Aufbau eines entsetzlich kostspieligen Verteidigungsapparates – entsetzlich kostspielig, wenn Du daran denkst, was wir mit den militärisch verbrauchten materiellen und geistigen Werten für unsere sozialistische Entwicklung hätten tun können, und doch ganz, ganz billig, wenn Du Dir vorzustellen versuchst, wie unser, auch Dein Leben sich ohne diesen militärischen Apparat gestaltet hätte.

Ein derartige Überzentralisierung wie auch die große Rolle des Staates überhaupt bringen unausweichlich die ärgerlichsten, gar nicht selten schwer erträglichen Erscheinungen des Bürokratismus mich sich. Viel zuwenig kämpfen wir gegen den Bürokratismus, viel zu stark ist er noch verbreitet. Ausrotten werden wir ihn erst können, wenn der endgültige Sieg über den Feind uns erlaubt, die straffe Zentralisierung der gesamten Gesellschaft mehr und mehr abzubauen, wenn der Staat abstirbt. Allerdings könnten wir weit energischer gegen alle Erscheinungen der Bürokratie kämpfen, als wir es getan haben und tun. Wenn es mehr Genossen gäbe wie Deine Urgroßmutter, die trotz all ihrer anderen Arbeiten so oft und vielfach erfolgreich durch Briefe an die Parteisekretäre der entsprechenden Institutionen gegen Folgen der Bürokratie und damit – und das ist so unerhört wichtig – auch für die Erweiterung unserer Demokratie kämpft, dann wären wir sicher schon weiter. Aber letztlich kann die Bürokratie erst ausgerottet werden, wenn der Feind besiegt ist. Unter all dem muß natürlich auch die Entwicklung der Demokratie für den einzelnen Menschen leiden. Überlege einen Augenblick: Kann man im Kriege die Befehle vorher von den Soldaten demokratisch diskutieren lassen? Kann man sie nach ihrem Erlaß demokratisch besprechen? Natürlich nicht. Im Schützengraben hört die Demokratie auf.

Nun befinden wir uns nicht in einem Krieg, in dem »oben« Befehle erlassen werden und »unten« geschossen wird. Aber wir befinden uns in einem Weltklassenkampf, der in manchem einem Krieg ähnelt, auch darin, daß die Demokratie für den einzelnen beschränkt sein muß. Natürlich bemühen wir uns, sie zu entwickeln. Aber das ist leider offenbar eine schwere Kunst. Stelle Dir folgendes vor: Wichtige Staatsdokumente wie die Verfassung oder ein Parteiprogramm lassen wir von der Bevölkerung lange diskutieren. Echte Demokratie für den einzelnen! Wenn aber zwei, drei Bäckereien in der Nachbarschaft zur Hebung der Effektivität der Wirtschaft zu einer größeren zusammengelegt werden, dann erfährt er im allgemeinen davon erst nach der Tat. Das erledigt die lokale Bürokratie für ihn. Du verstehst, ich will jetzt nicht einzelne Mängel unserer Demokratie für den Bürger unserer Republik aufzählen. Es kommt mir vielmehr darauf an, Dir zu erklären, daß viele dieser Mängel ihren Ursprung in uns aufgezwungenen Maßnahmen und Erscheinungen haben, andere jedoch, wie der soeben genannte, durch die lokale Verwaltungsbürokratie verursacht werden und überflüssig sind. Kein ausländisches Monopolkapital kann uns daran hindern, über die Schließung eines Ladens lokal zu diskutieren. Doch ruft die starke, uns vom Monopolkapital aufgezwungene Zentralisierung eben auch eine Bürokratie hervor – denke an Lenins geradezu wilden Kampf gegen immer neu auftauchende bürokratische Erscheinungen in Sowjetrußland! –, die zu manchen undemokratischen Erscheinungen führt, zentral und lokal.

Nun sieh Dir noch einmal den Anfang dieses Briefes an, wo ich von dem großen Einfluß der Welt des Monopolkapitals auf die sozialistischen Länder sprach. Du ahnst jetzt, wie groß dieser Einfluß faktisch ist, und Du wirst jetzt vielleicht auch verstehen, warum ich in meinen Schriften im allgemeinen vermeide, von einer entwickelten sozialistischen Gesellschaft zu schreiben. Lenin hatte jenen Ausdruck für die sozialistische Gesellschaft der Zukunft gebraucht. Diese Zukunft muß meiner Ansicht nach in eine Zeit verlegt werden, in der das Monopolkapital nicht mehr als starke, aggressive, unsere sozialistische Gesellschaftsordnung in so vielem bestimmende Kraft wirkt.

Du wirst jetzt auch begreifen, warum wir den Kapitalismus in noch ganz anderer Weise hassen als früher. Wir älteren Genossen haßten damals den Kapitalismus, weil er die Werktätigen unterdrückte, ihnen Elend und Not brachte, weil er uns, die wir eine neue Gesellschaft durch seinen Sturz schaffen wollten, verfolgte und zahlreiche von uns mordete. Das tut er heute auch noch in anderen Ländern. Aber wir, in unserem sozialistischen Land, hassen ihn zusätzlich, weil er uns erheblich hindert am Aufbau der sozialistischen Gesellschaft, von der wir in unserer Jugend träumten.

Ja, die Grundlagen der sozialistischen Gesellschaft sind unzerstörbar geschaffen. Auch nicht ein Gramm vom sozialistischen Eigentum kann der Feind uns nehmen, auch nicht einen einzigen Arbeitslosen kann er uns in unserer Republik geben. Doch in vielem ist unsere sozialistische Gesellschaft noch ungeformt – nicht weil sie so jung ist, sondern weil die Welt des Kapitals uns ständig bei der weiteren Ausformung in dieser oder jener Richtung behindert. Diese Eigenschaft des Monopolkapitals erregt in uns eine neue Art von Haß, die wir in unserer Jugend nicht kannten, von der wir nicht ahnten, daß wir sie haben würden und müßten.

Wenn Du also fragst, ob ich mir den Sozialismus in meiner Jugend so vorgestellt hatte, wie er heute ist, antworte ich Dir, was den realen Sozialismus betrifft: »Natürlich nicht.« Doch darfst Du dabei nicht vergessen, daß alle großen Marxisten der Vergangenheit gewisse Voraussetzungen als selbstverständlich annahmen, wenn sie auf die künftige sozialistische Gesellschaft zu sprechen kamen. Wenn Marx sagte, daß man im Sozialismus später einmal den Reichtum eines Volkes an der Zeit messen würde, die es nicht der materiellen Produktion würde widmen müssen, dann setzte er die Planung auf Grund der Vergesellschaftung der Produktionsmittel als selbstverständlich voraus – und so taten es Engels und Lenin bei anderen Voraussichten in die späte Zeit des Sozialismus. Diese selbstverständlichen Voraussetzungen einer sozialistischen Entwicklung mit so entscheidenden Folgen wie etwa die Vermeidung von zyklischen Überproduktionskrisen und großer Arbeitslosigkeit und sinkenden Reallöhnen haben wir geschaffen – trotz der Existenz des Weltkapitals! Darum haben wir in unserer Jugend, auch Deine Urgroßmutter und Dein Urgroßvater, im Grunde keine falschen Vorstellungen vom Sozialismus gehabt – nur dauert es länger, als wir dachten, bis ein hochentwickeltes Stadium erreicht ist, eben wegen der Existenz des Kapitalismus in einem noch beachtlichen Teil der Welt.

Nie haben wir Marxisten uns in der Tatsache geirrt, daß die Welt durch die Werktätigen unter Führung der Arbeiterklasse sozialistisch umgestaltet werden wird. Und immer, seit Marx, haben wir uns in unseren Vorstellungen von dem Tempo dieser Veränderung geirrt. Wenn aber Dein Urenkel Dich einmal fragen wird, ob der Sozialismus real so geworden ist, wie ihn sich Deine Urgroßeltern in ihrer Jugend vorgestellt hatten, dann wirst Du bestimmt sagen können: genau so und noch viel großartiger. Möchtest Du aber wissen, ob ich enttäuscht bin von der Welt des real noch so unvollkommenen Sozialismus, in der ich lebe, dann muß ich Dir sagen: Ein alter geschichtserfahrener Genosse verliert zwar nie die Fähigkeit, sich zu ärgern und zu empören, aber er hat nie Zeit und Lust, enttäuscht zu sein. Er weiß nicht nur auf Grund seiner marxistischen Ausbildung, warum es so gekommen ist, sondern ist auch stets damit beschäftigt, die Entwicklung vorwärts zu treiben, heute in dem dialektisch so verbundenen Kampf gegen das Weltkapital und für den ständigen weiteren Aufbau und Ausbau des Sozialismus.

Und möchtest Du weiter wissen, ob ich lieber zu der Zeit leben würde, in der Dein Urenkel Dich ausfragt, dann will ich Dir mit Worten Lenins antworten, wie sie Gorki in seinen Erinnerungen erzählt:

Gorki sprach mit einem Bekannten der Tscheka, der Sicherheitsorganisation jener Zeit, dem es schwerfiel, die oft seinen Jugendidealen vom Sozialismus widersprechenden Maßnahmen durchzuführen.

»Ich sagte ihm: ›Auch mir scheint, das ist nichts für Sie, entspricht nicht ihrem Charakter.‹

Doch sagte er, nachdem er nachgedacht hatte: ›Wenn ich aber daran denke, daß sich Iljitsch auch oft zusammennehmen muß – dann schäme ich mich meiner Schwäche.‹

Ich kenne und kannte nicht wenige Arbeiter, die mit zusammengebissenen Zähnen an sich halten mußten und müssen, die ihrem organischen, ›sozialen Idealismus‹ Gewalt antun, um des Triumphes der Sache willen, der sie dienen.

Kam es vor, daß Lenin ›an sich halten‹ mußte?

Er beachtete sich selbst zu wenig, um mit anderen von sich zu sprechen, er verstand wie niemand, über die geheimen Stürme seiner Seele zu schweigen. Doch einmal, in Gorki, als er ein paar Kinder streichelte, sagte er: ›Die hier werden schon ein besseres Leben haben als wir; vieles, was wir erlebt haben, werden sie nicht durchmachen. Ihr Leben wird weniger grausam sein.‹

Er sah in die Ferne, zu den Hügeln, auf denen sich für immer ein Dorf niedergelassen hatte, und fügte nachdenklich hinzu: ›Und trotzdem beneide ich sie nicht. Unserer Generation ist es gelungen, eine Arbeit zu vollbringen, die in ihrer historischen Bedeutsamkeit erstaunlich ist. Die durch die Umstände erzwungene Grausamkeit unseres Lebens wird verstanden und gerechtfertigt werden. Alles wird verstanden werden, alles!«

Großartig, nicht wahr?

Unser Leben ist nicht mehr so grausam, aber es entspricht noch keineswegs unserem »organischen sozialen Idealismus«. Du wirst ihm schon näher sein und Deine Kinder noch näher. Aber ich beneide Dich und Deine Kinder deswegen nicht. Ich freue mich, daß Ihr es in vieler Beziehung besser haben werdet als meine Generation. Doch, mein Guter, ich bin nicht auf die Welt gekommen, ich bin nicht Kommunist geworden, um es besser zu haben, sondern um eine bessere Welt schaffen zu helfen. Und wer kann bestreiten, daß meine Genossen und ich mit diesem unseren Streben und Wollen einen ganz, ganz großen Erfolg gehabt haben. Die Zeit ist vorbei, in der wir an den Sozialismus glaubten und uns um seine Existenz in der Sowjetunion, umgeben von einer kapitalistischen Welt, die ihn vernichten will, stete Sorge machen mußten. Wir sind endgültig und für immer da, wir Kommunisten, in einer sozialistischen Gesellschaft lebend und sie bauend.

Für Dich wird das schon eine Selbstverständlichkeit sein. Wir aber haben diese Selbstverständlichkeit geschaffen. Und Du kannst Dir denken, wie stolz wir auf sie und ganz konkret auf unsere Deutsche Demokratische Republik sind.

In unserem Alter hat man wohl nur noch wenige Illusionen. Deine Urgroßmutter und ich sind Realisten durch und durch geworden. Aber wir brauchen auch keine Illusionen, weil wir den realen Sozialismus, so wie er ist, wie er in vieler Beziehung notwendigerweise sein muß, in manchem fern den Idealen unserer Jugend, für eine große Tat der Menschheit halten, an der wir auch ein wenig beteiligt waren und noch sind. Darum sind wir froh, in unserer Zeit gelebt zu haben – auch wenn Deine Urgroßmutter bisweilen Montaigne zitiert: »Glücklich sind die Völker, die eine langweilige Geschichte haben.« Montaigne meinte eine Welt ohne Kriege und Faschismus, ohne eine illegal arbeitende Partei und ohne Exil, und heute: eine Welt, in der der Kapitalismus besiegt ist und damit der Krieg und die Unterdrückung. Du wirst eine solche Welt sicherlich noch erleben, und sie wird nicht nur eine lange Weile, sondern für immer dauern.

ZWEITE FRAGE

Warum kritisierst Du dann die Verhältnisse dauernd, wenn Du den Sozialismus so großartig findest?

Zuerst will ich Dir eine Geschichte erzählen. Sie wurde mir von der Genossin Stassowa berichtet, die eine Sekretärin Lenins und des Zentralkomitees gewesen war:

Eines Tages gab Lenin dem weltbekannten, fortschrittlichen, aber etwas eingebildeten und eitlen englischen Schriftsteller H. G. Wells ein Interview. Dieser war mit dem Verlauf nicht so sehr zufrieden, da Lenin einfache, gute und klare Antworten auch auf die Fragen gab, mit denen Wells hoffte, Lenin in »Schwierigkeiten« zu bringen. Hinterher saß man ein wenig zusammen, und Wells versuchte noch einmal, Lenin »hereinzulegen«: »Wie erklären Sie es, Herr Lenin, daß so viele Menschen in Ihrem Lande unzufrieden sind, daß so viele meckern?« Kaum hatte Wells die Frage beendet, da, so berichtete die Genossin Stassowa, breitete sich ein Lächeln über Lenins Züge, und er sagte: »Ja, ist es nicht herrlich, wie unzufrieden unsere Menschen sind? So werden wir um so schneller vorwärtskommen.«

Du verstehst, für Lenin stand überhaupt nicht die Frage, daß die große Masse der Werktätigen gegen den Sozialismus war oder richtiger: gegen die neuen Verhältnisse, denn von Sozialismus konnte damals noch nicht viel die Rede sein. Das bewiesen sie ja auch tagtäglich, denn wie hätten die Sowjetvölker gegen Interventionsmächte wie die USA, Großbritannien, Frankreich, Japan und zahlreiche andere sowie gegen die eigene Reaktion siegreich kämpfen können, wenn die große Masse der Werktätigen nicht für den Aufbau einer neuen Gesellschaft unter Führung der Bolschewiki gewesen wäre! Auf der Basis dieser entschiedenen und unerschütterlichen Haltung für eine neue Gesellschaft, ja gerade wegen dieses Strebens nach Sozialismus die tausend Fehler, die gemacht werden, die tausend Scheußlichkeiten, die geschehen, zu kritisieren und zu bekämpfen – das hielt Lenin für eine großartige Sache. Er hatte überhaupt eine überaus positive Haltung zur Kritik, zur öffentlichen Kritik. Nicht selten beklagen wir die mangelhafte Kritik von unten nach oben und umgekehrt in unserer Presse, und einige alte Genossen sagen dann seufzend untereinander einfach: »32/500.« Das erinnert uns an ein Wort von Lenin im Band 32, Seite 500, der deutschen Ausgabe seiner Werke, wo es heißt: »Wir dürfen unsere Fehler nicht verheimlichen, weil der Feind das ausnützen könnte. Wer das fürchtet, ist kein Revolutionär.« Doch werde ich auf dieses Problem später noch zu sprechen kommen. Hier geht es um etwas weitaus Wichtigeres: um die Erkenntnis der Großartigkeit des Sozialismus. Das ist heute das Allerwichtigste für die Menschen in unserer Republik.

Die entscheidende Voraussetzung für den Sozialismus ist, wie Du überall nachlesen kannst, die Vergesellschaftung der Produktionsmittel, die Tatsache, daß sie Gemeinschaftseigentum sind, allen gehören. Aber das ist letztlich doch eine sehr abstrakte Sache. Kein Arbeiter, der bei uns an einer Maschine steht, hat das Gefühl, daß ihm ein siebzehnmillionstel Teil dieser Maschine gehört, und ebensowenig denkt eine Verkäuferin bei einer Kiste Äpfel daran, daß es sich hier um Volkseigentum handelt, an dem sie zu einem Siebzehnmillionstel beteiligt ist.

Ganz konkret erleben aber können die Menschen, daß auf Grund dieses Gemeinschaftseigentums an den Produktionsmitteln unsere Wirtschaft nicht, wie die des Kapitalismus, anarchisch verläuft, sondern jedem der Arbeitsplatz gesichert ist; daß es keine Arbeitslosigkeit bei uns gibt, daß die Grundkosten unseres täglichen Lebens nicht dauernd steigen, die Preise also gesichert sind; daß die Mietskosten nicht »einfach« willkürlich erhöht werden können, auch sie also gesichert sind; daß auf Grund eines gesicherten Einkommens jeder von uns auch gesicherte Pläne machen kann: für seine Weiterbildung, seine Ferien, Anschaffungen – für alles, was im Bereich seiner Möglichkeiten liegt. Bestimmt hast Du mit achtzehn Jahren schon genug Sinn für die deutsche Sprache und findest hoffentlich auch, daß ich mir wenigstens in der zweiten Hälfte meines Lebens Mühe gegeben habe, ein ordentliches Deutsch zu schreiben – und darum wirst Du vielleicht bemängeln, daß ich im letzten Absatz immer wieder »sichern« schreibe, als ob ich das gleiche nicht durch einen Wechsel der Worte hätte ausdrücken können. Aber diese Wiederholung war gerade meine Absicht, denn das Wort Sicherung ist von entscheidender Bedeutung. Trotz allen Fortschritts in der Millionen von Jahren umfassenden Geschichte der Gesellschaft waren die Menschen niemals ihrer Arbeit und darum ihres Lebensunterhalts sicher wie auch umgekehrt: ihres Lebensunterhalts und darum ihrer Arbeit. Das erscheint mir als die vielleicht größte Leistung des Sozialismus. Denn diese Sicherheit des Arbeitsplatzes und des Lebensunterhalts strahlt Sicherheit auf das ganze Leben der Menschen aus, verändert ihren Charakter. Der Mensch wird gefestigt und reifer, unbekümmert, interessenreicher, im genauen Sinn des Wortes geistreicher – selbst wenn wir wünschen müssen, daß dieser Prozeß schneller vor sich ginge. Auch der Gang seines Lebens ändert sich. Er wird revolutionärer und friedlicher zugleich. Revolutionärer, weil immer fortschrittlicher; friedlicher, weil immer weniger hektisch.

Mein guter Robert – bitte lächele nicht mit der »Überlegenheit« des jungen Menschen, der so viele einzelne krumm gewachsene Bäume sieht und nicht den großen Wald der Zukunft, über den Dein alter Urgroßvater spricht und dessen erste Umrisse er heute schon ganz konkret vor sich sieht.

Ganz konkret heute. Vor kurzer Zeit erlebte ich folgendes: Ich stand am Bahnhof Friedrichstraße und wartete auf ein Taxi – in einer langen Schlange, denn es war gerade ein Zug aus der

Bundesrepublik gekommen, und da wir (meiner Ansicht nach viel zu viele persönliche Autos und) viel zu wenige Taxis haben, mußte ich ziemlich lange warten. Neben mir stand ein Rentnerehepaar, das gerade aus dem Westen zurückgekehrt war. Sie begeisterten sich gegenseitig an der schönen Zeit, die sie dort bei Verwandten erlebt hatten. Nachdem ich mir eine Zeitlang angehört hatte, wie schön dies und wie prächtig das gewesen sei, sagte ich zu ihnen: »Sie wissen doch, daß Sie, wenn es Ihnen dort so gut gefällt, jederzeit mit all ihren Sachen nach Westdeutschland auswandern können.« Versteh, das war ein altes Ehepaar, offenbar »ganz unpolitisch« und harmlos begeistert von seiner Reise. Aber nun, als ich so zu ihnen gesprochen hatte, waren sie einfach entsetzt. Ganz plötzlich wandelte sich das Bild der Bundesrepublik. Sie protestierten heftig und meinten, das Leben dort würden sie nicht ein halbes Jahr aushalten. Diese Hast und Hektik! Der Neffe mit seinem schönen neuen Auto hat neben dem Tages- noch einen Abendberuf. Der Vetter muß sich nach der Arbeit völlig erschöpft zu Hause erst eine halbe Stunde hinlegen, damit er nachher friedlich essen und plaudern kann usw. usw. Natürlich würden sie nächstes Jahr wieder fahren, das Ganze ist doch ein herrliches Abenteuer ... aber länger als vier Wochen, für immer gar? Unter keinen Umständen! Sie freuten sich doch schon so auf ihr Zuhause. Auch müßten sie nun wieder die Sorge für die beiden Enkel übernehmen, denn die Schwiegertochter arbeitet doch auch, und in der Hausgemeinschaft seien sie mit der Pflege des Gartens dran, jeder müsse das nämlich einen Monat tun, einmal im Frühjahr und einmal im Herbst, und bald gehe der Sohn auf einen Weiterbildungskurs, und dann müßten sie der Schwiegertochter erst recht helfen usw. usw. »Nein, nein! Das ist doch unser Land!« sagten sie, fast verärgert über mich, als mein Taxi kam.

Du verstehst, diese beiden alten Leutchen wären ganz erschrocken gewesen, hätte man ihnen gesagt, was für ordentliche Bürger unseres sozialistischen Landes sie geworden waren. »Wir sind ganz unpolitisch«, mögen sie ihren Verwandten in der BRD gegenüber geäußert haben. Und sicher gehören sie keiner Partei an und fanden es bestimmt unbequem und ganz überflüssig, zur Wahl zu gehen. Natürlich lesen sie eine Bezirkszeitung, aber da vor allem die Lokalnachrichten, ganz selten wohl den politischen Teil. Doch sie haben sich ganz in unsere neue Gesellschaft eingelebt, leisten als Rentner noch nützliche Arbeit, fördern in dieser oder jener Weise unser gesellschaftliches Leben und haben vor allem irgendwie begriffen, wie erfreulich dieses Leben bei uns ist.

Und ich meine, daß es ein besonderer, ja vielleicht ein ganz entscheidender Erfolg unserer sozialistischen Aufbauarbeit ist, daß sich diese Leute bei uns und nicht im Kapitalismus wohl fühlen. Parteien mit ergebenen Anhängern sind viele in der Geschichte geschaffen worden. Es gab auch Zeiten nationaler und regionaler Aufregung, in der die überwältigende Mehrheit der Menschen einer solchen Partei folgte. Aber Zeiten, die der Mehrheit der Menschen als ganz gewöhnlicher Alltag erscheinen, in denen dennoch politisch nicht interessierte Menschen den gesellschaftlichen Charakter ihres Landes in ihrer Lebensatmosphäre so deutlich verspüren und so entschieden bejahen, das zeigt sich mir als eine Besonderheit und große Leistung unseres Sozialismus.

Ich glaube nicht, daß diese beiden Alten von unserer Propaganda stark berührt worden sind, wohl auch nicht, als sie noch arbeiteten; wahrscheinlich haben sie sich gegen diese Propaganda, die ja wirklich nicht immer sehr geschickt und nicht selten überflüssig aufdringlich oder langweilig ist, damals sogar gewehrt. Jedenfalls gab es in ihren Argumenten für ihr Hierbleiben und gegen ein Leben in Westdeutschland kein Wort, das aus dem politischen Jargon stammte.

Warum aber, und jetzt formuliere ich ganz politisch zugespitzt, votieren sie für unsere Gesellschaftsordnung, gegen die kapitalistische? Weil es uns gelungen ist, auf Grund der Vergesellschaftung der Produktionsmittel Zustände zu schaffen, in denen sich die Menschen erfreulich wandeln. Glaube nicht, daß ich die Bedeutung der Propaganda und der politischen Erziehung unterschätze. – ??? – Ich werde gleich noch darauf wenn nicht die Umstände, die gesellschaftlichen Zustände, unter denen sie betrieben werden, ihnen irgendwie entsprächen. Gerade als Marxisten müssen wir begreifen, wie nützlich, richtig und wichtig Propaganda und politische Erziehung, wie entscheidend für die Wandlung des Menschen aber die gesellschaftlichen Verhältnisse sind. Diese beiden Rentner sind nicht das Produkt unserer Propaganda und politischen Erziehung, sie sind das Produkt unserer sozialistischen Verhältnisse.

Brecht hat einmal gesagt, daß die Zeiten, die keiner Helden bedürfen, glückliche Zeiten sind. Wenn die ganze Welt sozialistisch sein wird, gehen wir solchen Zeiten entgegen. Es wird auch einmal Zeiten geben, in denen die Menschen ohne ständige Propaganda und politische Erziehung, nur auf Grund ihrer Lebensverhältnisse, gute Kommunisten sein werden. Wir sind noch sehr fern von solchen Umständen und solchen Zeiten. Und doch können wir sie bisweilen heute schon irgendwie verspüren, wie ich bei dem Erlebnis mit dem Rentnerehepaar in der durch ungeschickte Planung verursachten Taxischlange.

Aber ich muß Dir auch von einem anderen Erlebnis berichten, das ich vor etwa dreißig Jahren hatte. Ich glaube, es war 1948 oder 1949, als ich zu irgendeinem Punkt, der Wirtschaftsfragen betraf, in eine Sitzung des Politbüros gerufen wurde. Es wurde von der geringen Effektivität der Arbeit gesprochen, die nicht nur auf das vielfach so ungenügende technische Niveau zurückzuführen wäre. Ich meinte, daß die Sicherheit des Arbeitsplatzes zu dieser ungenügenden Arbeitsproduktivität beitrüge und erinnerte an Lenins Worte, daß die Menschen nach der Revolution erst lernen müßten, wie anders als im Kapitalismus sie sich jetzt zu verhalten hätten – im Kapitalismus, in dem es darauf angekommen wäre, gegen die Arbeitshetze Widerstand zu leisten, ja, sich möglichst wenig anzustrengen. Oft hatte Lenin betont, daß wir den Sozialismus nicht mit Menschen aus dem Glashaus, sondern mit vom Kapitalismus deformierten Menschen aufbauen müßten. Da können sich manche Vorteile des Sozialismus zunächst sogar gegen uns auswirken: zum Beispiel die Sicherheit des Arbeitsplatzes. Sie verführt unter solchen Umständen zur Bequemlichkeit, zur Senkung der Arbeitsleistung ... es kann einem ja nichts passieren.

Die Genossen nickten und stimmten mir zu.

Und dann, in der sich unmittelbar anschließenden Pause, seufzte ich leise vor mich hin: »Nur ein Prozent Arbeitslosigkeit, und die Arbeitsleistung wie der Lebensstandard steigen sofort um zwei Prozent.«

Du hättest sehen sollen, wie die Genossen plötzlich über mich herfielen: »Das kommt überhaupt nicht in Frage!« – »Das muß man mit Propaganda schaffen!« – »Das ist eine Erziehungsfrage!«

Natürlich hatten die Genossen recht. Lieber größere Aufbauschwierigkeiten im Augenblick, lieber noch etwas länger ungenügend zu essen für gar nicht wenige, als dem Kapitalismus und seinen Arbeitsdruckmethoden Einlaß zu gewähren. Wenn das Bewußtsein (hier die Verpflichtung dem Sozialismus gegenüber, der die Arbeitslosigkeit abgeschafft hat), wie Marx und Engels so oft dargelegt haben, dem gesellschaftlichen Sein (hier die Vergesellschaftung der Produktionsmittel) gegenüber zurückbleibt, dann muß man es durch Propaganda schneller reifen lassen.

Dazu kommt natürlich, daß wir es noch immer nicht ganz verstanden haben, alle richtigen Stimulanzien zur Hebung der Arbeitsproduktivität in der Planung und in unserer Wirtschaftspolitik zu verwenden. Mit Erziehung und Propaganda allein kann man die Situation nicht ändern.

Du siehst, wie kompliziert, problemreich und großartig so ein Aufbau des Sozialismus ist. Da wirken die Produktionsverhältnisse ganz direkt und positiv auf die Menschen, ohne viel Propaganda – und dann wieder wirken sie ebenfalls direkt, aber zunächst negativ, weil die an Kapitalismus gewöhnten Menschen sie nicht richtig nutzen, und viel Erziehung durch Propaganda und auch gutes Beispiel – denke an uns Aktivisten der ersten Stunde! – machen sich nötig. Auch schwere Entscheidungen sind notwendig, wie die gegen eine zweifellos mögliche schnellere Hebung der Arbeitsleistung und damit auch der Lebenshaltung mit kapitalistischen Mitteln – selbst wenn man weiß, daß das Arsenal eigener, sozialistischer Mittel zur Stimulierung des Aufbaus einer sozialistischen Gesellschaft noch ungenügend ist.

In dieser Zeit (1947) lehnten wir ja auch den Marshallplan ab, weil er ein Infiltrationsplan der amerikanischen Monopole war – und das, obgleich er zweifellos mehr Lebensmittel gebracht hätte ... alte Lager zum Teil, die die Amerikaner gern los wurden, aber bestimmt willkommen in den meisten Familien.

Wo aber stünden wir heute, wenn wir nicht hart geblieben wären! Sicher hätte damals die Mehrheit der Bevölkerung für die Annahme des Marshallplans gestimmt, denn Menschen, die wahrlich mehr und besseres Essen benötigen und die ohne Revolution direkt aus dem Kapitalismus kommen, handeln leicht gegen ihre eigenen Interessen, weil sie politisch noch ungebildet sind. Gleichzeitig ein Beispiel für das, was wir die Notwendigkeit der Diktatur des Proletariats nennen, damals vor allem vertreten und wirksam durch die sowjetische Besatzungsmacht, die uns sozialistisch leiten lehrte.

Du siehst, was für ein Kampf der Aufbau einer sozialistischen Gesellschaft ist, welche schweren Entscheidungen er oft erfordert, welche Anstrengungen der Werktätigen, um sie durchzuführen. Jetzt wirst Du auch verstehen, daß wir den Sozialismus als unser Werk, als unsere Lebensleistung empfinden und gerade darum so oft unserer Verhältnisse kritisieren können, ohne daß das unser Verhältnis zum Sozialismus beeinträchtigt. Oder vielleicht ist es richtiger zu sagen: Gerade weil es unser Sozialismus ist, wünschen wir, daß er alle seine durch uns verursachten Mängel und Fehler und Schwächen ablegt. Es ist eine Art Selbstkritik, wenn wir die Verhältnisse – oder ein besserer Ausdruck: den realen Sozialismus – bei uns kritisieren.

Manche meinen, daß eine kritische Haltung zum realen Sozialismus falsch sei. Sie betreiben dauernd Schönfärberei oder richtiger: Apologetik des Sozialismus und glauben, deswegen gute Sozialisten zu sein. Aber sie sind in Wirklichkeit Kleingläubige, die den Sozialismus nicht großartig finden. Sie begreifen nicht, daß der Sozialismus, eben weil er im Grunde seiner Realität von Anfang an großartig war und stets ist, wahrlich keiner Apologetik bedarf. Eltern, die ihre Kinder kritisieren, lieben sie doch deswegen nicht weniger, eher mehr!

Und genau wie Eltern ihre Kinder, müssen auch wir den Sozialismus als »unser Produkt« betrachten. Auch Du, wenn Du zu arbeiten, also die sozialistische Gesellschaft mitzuentwickeln begonnen haben wirst. Zugleich aber ist es auch umgekehrt: Du bist ein Kind des Sozialismus, er hat Dich das werden lassen, was Du bist, und er ist die Basis, auf der Du stehst und die es Dir ermöglicht, Dich mit Deinen Fähigkeiten zu entwickeln.

Merkwürdig und schön die Dialektik in Deinem Verhältnis zum Sozialismus: Kind des gewordenen und Mitvater des werdenden Sozialismus.

DRITTE FRAGE

War Dein Leben nicht viel schöner und aufregender, als Du noch im Kapitalismus in der Partei kämpftest?

Die Großmutter wird Dir erzählen können, daß ihre Brüder diese Frage der Urgroßmutter und mir öfter gestellt haben, und ich kann gut verstehen, warum Du sie in der dritten Generation nach der unsrigen wiederholst.

In mancher Beziehung ist sie berechtigt, im großen und ganzen aber nicht, zum Teil gerade deswegen, weil einige unerfreuliche Erscheinungen bei uns eine derartige Frage zu provozieren scheinen. Ich muß vorsichtig sein, wenn ich über diese Erscheinungen spreche, denn ich werde dann leicht zu scharf und verallgemeinernd in meinem Urteil.

So hatten wir vor einiger Zeit eine Tagung der Gesellschaftswissenschaftler in unserer Republik, auf der ich in der Diskussion sprechen wollte. Ich zeigte den Entwurf meines Beitrages einem guten Freund im Hause unseres Zentralkomitees. Er riet mir: »Sprich nicht. Was du sagen willst, ist zu bitter und ungerecht gegenüber vielen Leistungen unser Gesellschaftswissenschaftler.« Sicherlich hatte er zu diesem Zeitpunkt recht, und ich folgte seinem Rat. Eine falsche Taktik kann manche gute Absicht zerstören. Aber Deine Frage an mich und zahlreiche ähnliche Fragen anderer zeigen doch, daß ich mit der richtigen Tendenz argumentieren wollte. Du wirst gleich verstehen, was ich damit meine.

Ich sprach in meinem vorigen Brief an Dich von der Apologetik des Sozialismus, die gar nicht selten bei uns ist. Apologetik bedeutet heute nicht mehr einfach Verteidigung, wofür man früher diesen Ausdruck gebrauchte. Heute verstehen wir unter Apologetik eine schiefe, falsche, betrügerische Verteidigung, weil das Verteidigte nicht zu verteidigen ist, sondern ganz im

Gegenteil angegriffen werden muß – wie zum Beispiel der Kapitalismus, wie aber auch die zweit- bis zehntrangigen Mängel in unserer Gesellschaft. Diese abzuleugnen oder schönzufärben führt zur Apologetik des Sozialismus. Hat man erst einmal mit ihr begonnen, verbreitet sie sich so, daß schließlich auch das Gute und Richtige noch schöngefärbt wird, als ob es etwas Schlechtes wäre. Verrückt, nicht wahr? Aber so ist es. Einige unserer Gesellschaftswissenschaftler wollen nur noch wie Zuckerbäcker arbeiten. Sie wollen den realen Sozialismus wie ein idyllisches Dorf darstellen, in dem alles kleinbürgerlich-friedlich und harmonisch zugeht.

Du wirst Dir vielleicht schwer vorstellen können, welche Aufregung ich unter vielen unserer Philosophen verursachte, als ich vor einigen Jahren einen Artikel über Widersprüche im Sozialismus schrieb und sagte, wir sollten uns über sie freuen, denn nur sie brächten Fortschritt in der Geschichte. Vier Jahre dauerte es, bis es gelang, unsere Philosophen in ihrer Mehrheit so weit zu bringen, daß sie die Existenz von Widersprüchen im Sozialismus anerkannten – aber stell Dir vor: In dem Artikel, in dem dann endlich diese einfache marxistische Grundwahrheit als allgemeine Erkenntnis ausgesprochen wurde, genau in diesem Artikel stand, daß die Widersprüche sich bei uns »harmonisch bewegen«. Und dieser Quatsch erschien in einem Heft des zentralen Publikationsorgans der Philosophen – kurz vor der erwähnten Konferenz unserer Gesellschaftswissenschaftler! Jetzt wirst Du meinen Zorn besser verstehen.

Harmonie im täglichen Leben und Wirken einer sozialistischen Gesellschaft! Das ist der Traum von Philistern und Kleinbürgern ... Ruhe und Harmonie bei den Widersprüchen ist die erste Philosophenpflicht! Widersprüche im Rahmen der Harmonie! Der Sozialismus ist das beste Ruhekissen! Doch ich werde schon wieder zu zornig. Aber habe ich nicht recht? Wo leben eigentlich Philosophen, die solchen Unsinn schreiben?

Oder führen sie ein Doppelleben: ein reales, wenn sie einkaufen gehen, gar mal etwas aus dem Betriebsleben hören, und ein irreales am grünen Tisch, an dem sie (fast hätte ich gesagt: nachdenken) idyllische Zuckerbäckerei betreiben?

Vielleicht wirst Du meinen, ich sei doch recht alt geworden und ganz von Deiner Frage abgekommen, hätte Dir von einem persönlichen Meinungsstreit und einem nicht gehaltenen Diskussionsbeitrag erzählt, die nichts mit der Sache zu tun haben. Doch es ist eine der vielen Antworten auf diese Frage. Besinnst Du Dich, wie ich Dir anfangs sagte, daß sie zum Teil gerade deshalb unberechtigt ist, weil einige unerfreuliche Erscheinungen sie zu provozieren scheinen? Und eine dieser Erscheinungen ist die Zuckerbäckerei so mancher unserer Gesellschaftswissenschaftler und Propagandisten, die zuweilen gar noch von Staats- und Parteifunktionären gefördert, ja gefordert wird.

Statt zu zeigen, daß unser Leben und Wirken heute ein harter Kampf ist, ein großartiger Kampf, wenn er auch mitunter dreckige Phasen hat, wird der Aufbau des Sozialismus als ein harmonischer, kontinuierlicher Prozeß voller »Friede, Freude, Eierkuchen« dargestellt.

Die Errichtung einer sozialistischen Gesellschaft erfordert unerhörte Anstrengungen, bedeutet stets Kampf mit zahlreichen Überresten und Nachfolgen des Kapitalismus aus der Vergangenheit und mit ebenso zahlreichen gegenwärtigen Erscheinungen des Kapitalismus, die von außen zu uns hereingetragen werden. Dazu entstehen Erscheinungen alter Zeiten, wie die Bürokratie, neu auf unserem Boden.

Die Errichtung einer sozialistischen Gesellschaft bedeutet aber auch steten Kampf mit objektiven Schwierigkeiten, mit zuwenig Arbeitskräften bei zu vielen Aufgaben, mit ungenügenden Rohstoffmengen, mit Einwirkungen der Krisenerscheinungen des Kapitalismus auf unsere Wirtschaft über den Außenhandel oder auch mit den Problemen der sozialistischen

Integration, die so langsam vorankommt. Auch die Tatsache, daß wir wegen der aggressiven Existenz des Kapitalismus große Summen für die militärische Verteidigung ausgeben müssen, beschränkt unsere Aufbaumöglichkeiten nicht wenig.

Hinzu kommt die objektive Schwierigkeit des Hinterherhinkens des Bewußtseins hinter dem Sein, das zu mangelnder Arbeitsdisziplin, zum Abschieben von Verantwortung und so vielen anderen unerfreulichen Erscheinungen führt. Das alles müssen wir bekämpfen.

Du siehst, die Einteilung des Lebens eines alten Genossen in die Zeit des Kampfes im Kapitalismus und in die Zeit der friedsamen Errichtung einer sozialistischen Gesellschaft ist ganz falsch. Denn die Zeit der Errichtung einer sozialistischen Gesellschaft ist auch eine Zeit des Kampfes.

Aber einen Unterschied gibt es: Um im Kapitalismus als Mitglied unserer KPD, als Kommunist zu überleben, mußtest Du kämpfen – schon weil die Gegner Dich angriffen. Innerhalb unserer Gesellschaft greift Dich kaum ein Gegner an, und wenn Du trotzdem kämpfen mußt, zum Teil auf ganz andere Weise und auf ganz anderen Gebieten, ist das vielfach eine Frage Deiner Initiative.

Ich will Dir das an einem Beispiel klarmachen. Nicht wenige unserer Propagandisten reden langweilig, kommen nicht an, weil sie Phrasen dreschen oder keine Probleme für die Zuhörer aufwerfen, weil sie zu ihnen von oben nach unten sprechen. Wie soll man aber auch gute Propagandisten erziehen, wenn die Zuhörer, weil es sich so gehört, brav dasitzen und die gar nicht selten zu langen Lektionen anhören; am Ende wird geklatscht, vor allem aus Erleichterung. Der Propagandist geht fröhlich nach Hause; er hat, in seinen Augen, seine Pflicht erfüllt – auch die Zuhörer gehen nach Hause, ermüdet von der Lektion. Wie war das vor 1933? Nun, genau umgekehrt: Der Propagandist ging erschöpft nach Hause, der Zuhörer aber erfrischt, aufgewirbelt, erregt. Wenn unsere Propagandisten und Agitatoren damals in der Art gesprochen hätten, wie sie es nicht selten heute tun, dann wären ihnen die Zuhörer einfach davongelaufen und das nächste Mal gar nicht erst gekommen (was nicht heißen soll, daß die Zuhörer bei einer langweiligen Lektion nach Hause gehen sollten, denn man kann, wenn man will, auch aus der langweiligsten Lektion etwas lernen – aber zu klatschen brauchten sie wahrlich nicht). Das erzog uns natürlich zu ordentlichen Propagandisten unserer Sache.

Selbstverständlich verfügen wir auch über gute Propagandisten. Aber ein großer Teil unserer Propagandisten ringt nicht um die Aufmerksamkeit, um das Mitgehen der Zuhörer, führt sie nicht in einen Kampf, weil sie sich selber nicht in einem solchen fühlen.

Ich habe nach 1945 dauernd im Meinungsstreit und oft in sehr erbittertem Kampf gestanden, vor allem natürlich auf meinem spezifischen Arbeitsgebiet, den Gesellschaftswissenschaften. Als ich mich gegen die kleinbürgerlich-sozialistische Auffassung stellte – das war 1957 –, daß es stets die werktätigen Massen in der Geschichte waren, die schöpferisch waren (genau das Gegenteil natürlich von dem, was die Klassiker des Sozialismus gesagt haben, denn wozu hätten sich die Massen befreien sollen, wenn sie immer schöpferisch gewesen waren?), da beschimpfte man mich als imperialistischen Agenten, als Revisionisten und was Du sonst noch willst. Bitte, das war nach 1956, nach dem XX. Parteitag, der freien Meinungsstreit unter Marxisten bringen sollte! Damals wollte man mich aus den Reihen der Partei streichen. In den gesellschaftswissenschaftlichen Zeitschriften und in unserem theoretischen Zentralorgan wurde eine Kampagne gegen mich geführt. Du kannst Dir denken, was für einen Kampf ich damals führen mußte. Einige, aber in diesem Fall weniger wichtige Vorwürfe waren natürlich berechtigt. Gott sei Dank, hätte ich fast gesagt, denn gegen die brauchte ich nicht auch noch anzugehen, sondern konnte offen sagen, daß ich im Unrecht war.

Und dann gab es stets den Kampf gegen den Gegner draußen. Ich war oft im kapitalistischen Ausland, auch in der Bundesrepublik. Dort habe ich auf zahlreichen Versammlungen gesprochen, manchmal gut, es gab aber auch Gelegenheiten, bei denen ich mit mir unzufrieden sein mußte. Besonders kompliziert war und ist es, wird man gleichzeitig von rechts und ultralinks angegriffen. Anfang 1976 sprach ich in Westberlin, und eine sogenannte ultralinke Gruppe hatte Flugblätter gegen mich verbreitet, auf denen zu lesen war, daß »der bourgeoise Wirtschaftswissenschaftler Kuczynski« gekommen wäre, um den »Sowjetimperialismus« zu verteidigen.

Du siehst, auch nach 1945 blieb das Leben für jeden Kommunisten voller Kämpfe der verschiedensten Art. Sie richteten sich gegen Fehler, die gemacht werden – und natürlich haben wir Fehler gemacht auf allen Gebieten des gesellschaftlichen Lebens! –, aber auch zum Beispiel gegen scheußliche Notwendigkeiten wie den Bürokratismus.

Du fragst vielleicht, warum der Bürokratismus notwendig ist. Er ist eine notwendige Erscheinung, sobald und soweit Überzentralisierung sich erforderlich macht.

Daß höchste Zentralisation für jeden militärischen Kampf und auch den Weltklassenkampf erforderlich ist, habe ich schon gesagt und auch, warum sie sich zugleich auf den wirtschaftlichen und kulturellen Aufbau einer sozialistischen Gesellschaft zum Teil negativ auswirkt. Die Entwicklung der Initiative und Demokratie leidet darunter. Wer das leugnet, ist entweder ein Ignorant oder ein Heuchler.

Wer andererseits aber die möglichst schnelle Entwicklung von Initiative und Demokratie über die Herstellung einer starken Verteidigungsbereitschaft stellt, der hat wenig Ahnung von dem grausamen Schicksal, das ihm blühen kann.

Du wirst vielleicht den Zeigefinger heben und mir sagen, Du hättest bereits in der Schule gelernt: je stärker die Demokratie und die Initiative des einzelnen, desto größer die Schlagkraft. Das ist richtig für alle inneren Kämpfe um den gesellschaftlichen Fortschritt wie den um höhere Leistungen in der Produktion oder den um den Fortschritt in der Wissenschaft. Das gilt aber nicht für den Krieg und für den Weltklassenkampf. Hier können zahlreiche Entscheidungen von den Betreffenden nicht vorher demokratisch diskutiert, sondern müssen strikt durchgeführt werden. An dieser Wahrheit ist weder philosophisch noch praktisch zu rütteln.

Oder doch philosophisch? Man muß dialektisch denken, könntest Du jetzt sagen oder Hegel, Marx und Engels zitieren, daß Freiheit die Einsicht in die Notwendigkeit ist. Aber Du darfst nicht vergessen, daß wir heute noch kein Volk von Dialektikern sind. Demokratie und Freiheit stellen im täglichen Leben eines Volkes keine abstrakten Begriffe dar. Nur wenn der einzelne sich demokratisch, aktiv teilnehmend zu den Ereignissen verhält oder in bestimmten Fällen weiß, hier kann es nicht um meine Initiative gehen, hier habe ich aus Gründen der Kampfesdisziplin auf die Entscheidung von oben zu warten und sie dann auszuführen (Einsicht in die Notwendigkeit), nur dann gibt es eine allgemeine echte Demokratie und Freiheit, die so von allem empfunden wird – und auf das Empfinden kommt es doch auch an!

Wenn aber unter den heutigen Umständen – und sie werden herrschen, solange es einen Weltklassenkampf gibt – und in einem Land, in dem so zahlreiche Bürger noch nicht dialektisch denken oder ungenügende Einsichten in so viele Notwendigkeiten zeigen (was wiederum eine Selbstverständlichkeit ist erst so wenige Jahrzehnte nach der Errichtung der Grundlagen des Sozialismus), wenn also unter solchen Umständen natürlich auch die Wirtschaft und Kultur in diesen Kampf einbezogen sind, dann müssen diese stärker zentralisiert werden, als es gut für sie ist. Die absolut gemäße Zentralisation für den Weltklassenkampf wirkt sich so auf die Wirtschaft, Wissenschaft und Kultur als zwangsläufig notwendige Überzentralisation aus.

Ich will Dir dafür ein ganz erstaunliches Beispiel geben. Es gab früher in der Sowjetunion einen heftigen Meinungsstreit darüber, ob man ein Außenhandelsmonopol brauche oder nicht. Lenin trat scharf und energisch für das Monopol ein. Das war und ist völlig richtig, auch für uns heute. Es bedeutet aber zweifellos zugleich eine Einschränkung der Exportinitiative der einzelnen Unternehmen. Darum hat man immer wieder versucht, das Außenhandelsmonopol in der Weise zu lockern, daß die ausführenden Betriebe in bestimmter Höhe an den Exporterlösen beteiligt wurden, um selbst geringe Mengen und Werte ohne lange Darlegungen, Verhandlungen, elenden Papierkrieg mit den Ministerien usw. importieren zu können. Denn natürlich erforderte das Außenhandelsmonopol einen großen Apparat, der rasch bürokratische Züge annahm. Aber immer wieder mußten wir derartige Lockerungen des zentralisierten Monopols zurücknehmen, da der Feind seinen Außenhandel als Waffe gegen uns benutzte. Immer wieder entstand große Devisenknappheit bei uns, da der Feind alles daransetzte, mehr an uns zu verkaufen als von uns zu kaufen, und so mußten die vorhandenen Devisen strengstens bewirtschaftet werden.

Diese strenge Bewirtschaftung, verbunden mit bürokratischen Zügen, behinderte zum Beispiel, das kann ich Dir aus eigener Erfahrung sagen, auch den wissenschaftlichen Fortschritt. Oft mußten unsere Naturwissenschaftler lange kämpfen, um auf dem Weltmarkt bestimmte Geräte erwerben zu können. Zeitweise waren Bücherkäufe unserer Staatsbibliothek in diesem oder jenem Land gesperrt, von dessen Währung wir über besonders geringe Mengen verfügten. Hier handelte es sich um echt bürokratische Sparmaßnahmen, da die benötigten Devisenmengen wahrlich keine Rolle in unserem Außenhandel spielten.

Man kann also sagen, die Zentralisierung des Außenhandelsmonopols, die der Klassenkampf erfordert, wirkt sich hinsichtlich der Exportinitiative der einzelnen Betriebe unter Umständen notwendigerweise als Überzentralisierung aus und führt zu Erscheinungen des Bürokratismus, die nicht nur die wirtschaftlichen Entwicklung (Papierkrieg um jede aus dem Ausland einzuführende Kleinigkeit), sondern auch den wissenschaftlichen Fortschritt hemmen.

Und doch, wie absolut notwendig ist die Zentralisierung des Außenhandels für uns, wie großartig hat sie sich auf unser aller Leben ausgewirkt! Du hast sicherlich im Geschichtsunterricht gelernt, daß Anfang der siebziger Jahre die ökonomische Befreiung der ehemaligen Kolonien begann, die sich bis 1960 schon fast alle politisch befreit hatten. Diese ökonomische Befreiung brachte eine völlige Änderung der Preisstruktur zugunsten der Entwicklungsländer, deren Rohstoffe im Preis gegenüber den industriellen Fertigwaren der imperialistischen Länder stiegen – die erste große revolutionäre Veränderung seit 1917, die von den Entwicklungsländern ausging und von den sozialistischen Ländern als fortschrittlicher Prozeß übernommen wurde.

In dieser Situation, die unser rohstoffarmes Land besonders hart traf und zu der noch die allgemeine Inflation in der Welt des Kapitals kam, faßte unsere Sozialistische Einheitspartei den Beschluß: Die Lebenshaltungskosten, das heißt die Preise der Grundnahrungsmittel, die Mieten, die Transportkosten, dürfen nicht steigen. Ich habe das in einem Artikel unseres Zentralorgans einen heroischen Beschluß genannt, und ich habe meiner Ansicht nach nicht übertrieben. Unsere Grundlebenshaltungspreise sind in den letzten Jahren unverändert geblieben, während sie überall in der Welt, auch in anderen sozialistischen Ländern, anstiegen. Ich bin überzeugt, daß man diese

Tatsache später einmal, vielleicht schon in Deiner Lehr- oder Studienzeit, als wirklich einzigartig große Leistung unserer Republik auf wirtschaftlichem Gebiet betrachten wird, eine Leistung, die vor allem, und das kann ich Dir auf Grund persönlicher Erfahrungen versichern, der Festigkeit des Genossen Erich Honecker zuzuschreiben ist, diesen Entschluß mit eiserner Entschlossenheit durchzuführen.

Mit der gleichen Sicherheit kann ich Dir sagen, daß es die letzten Jahre hindurch intensivster Diskussion im Politbüro, in der Regierung, im Zentralkomitee, in den Ministerien bis hinunter in die einzelnen Abteilungen und Brigaden unserer Betriebe bedurfte, um die erforderlichen Maßnahmen zur Preisstabilisierung durchzuführen. Häufig wurden Löcher gestopft, indem man neue einriß. Oft prallten die Meinungen darüber aufeinander, wie man es am besten machen sollte. Zweifel wurden gehegt, oben, in der Mitte und unten, ob und wie lange man diese Preise halten könne. Wahrhaftig, allein auf diesem Gebiet – was waren das für Kampfesjahre!

Doch nie hätten wir diesen Kampf gewonnen ohne die Zentralisation des Außenhandels, selbst wenn im gegenwärtigen Stadium unserer Entwicklung zu deren notwendigen Erscheinungen Behinderung des Fortschritts auf manchen Gebieten gehört und auch die Bürokratie.

Selbstverständlich mußten wir gegen diese notwendigen Erscheinungen so energisch wie nur möglich angehen. Denn auch Notwendigkeiten müssen bekämpft werden! Nimm doch unsere bisweilen elende Bürokratie mit den auch heute noch immer umfangreicher werdenden Fragebogen. Wenn man etwa, wie wir zum Beispiel, noch am Anfang wirksamer wissenschaftsorganisatorischer Planung steht, ergibt sich ganz besonders der Drang nach der Erfassung möglichst vieler Fakten per Papier. Das ist eine notwendige Erscheinung. Aber ist es nicht auch eine »Gegen-Notwendigkeit«, daß sich sozialistische Wissenschaftler gegen eine solche Belästigung des wissenschaftlichen Betriebes durch eine papierfressende Bürokratie wehren, den Papierkrieg hassen und zu gerechten Papierkriegsdienstverweigerern werden? Wenn sich ein Wissenschaftler in relativ starker Position befindet, kann und soll er auch als einzelner gegen die Bürokratie auftreten, selbst wenn ihm Parteigrundorganisation und Gewerkschaftsleitung ungenügende oder überhaupt keine Unterstützung geben, weil sie »beide Seiten«, »beide Notwendigkeiten« sehen – was wieder ganz natürlich ist.

Auf diesem wie benachbarten Kampffeldern sind nicht wenige von uns gefallen oder schwer verwundet worden, genau wie im Kriege. Vielleicht wird man später einmal eine Untersuchung der Opfer dieses Kampfes machen, der viel zu früh an physischer Erschöpfung Gestorbenen oder vorzeitig Pensionierten, zermürbt von denen, die diese Notwendigkeit – etwa als Bürokraten – »genossen«.

Nun wirst Du sagen, daß Du in unserer Presse wenig von solchen Kämpfen gefunden hast. Leider hast Du damit recht. Da wird immer nur von prächtigen Initiativen zu steigender Produktivität berichtet, die die Grundlage für unsere Preishaltepolitik bildet, nicht aber von den besonderen Kommissionen etc., die in diese und jene Betriebe geschickt werden mußten, weil der Ausschuß skandalös war oder anderes die Produktion störte. Da wird nur von Brigaden berichtet, die ihren Plan übererfüllen, nicht aber von den großen Anstrengungen moralischer, technischer oder organisatorischer Art, die es kostete, eine solche Brigade aufzubauen, und erst recht nicht von gescheiterten Brigaden und, was viel wichtiger ist, den Ursachen des Scheiterns. Da wird von Fällen unbürokratischer Erledigung wichtiger Dinge, nicht aber von den zahlreichen Erscheinungen der Bürokratie berichtet. Die Presse vernachlässigt einen großen Teil ihrer erzieherischen Aufgabe dadurch, daß sie völlig ungenügend kritisiert. Auch in unserer gesellschaftswissenschaftlichen

Literatur merkst Du wenig von unserem Kampf um die Stabilhaltung der Preise – überhaupt wenig von unserem Kampf um den Fortschritt, der ja nicht nur ständig Siege, sondern auch Niederlagen bringt.

Du mußt schon zur Romanliteratur greifen, um einen Hauch unserer Zeit zu spüren. Ja, es ist nicht merkwürdig: Wenn spätere Historiker in gedruckter Literatur unserer Zeit etwas über unsere Kämpfe erfahren wollen, dann muß man ihnen raten, unsere Romane zu lesen, nicht jedoch unsere wissenschaftliche Literatur, nicht unsere Presse.

Du weißt, ich habe lange und oft in der »Weltbühne« geschrieben – bis sich ein oberer unter den mittleren Funktionären im Hause unseres Zentralkomitees beim Chefredakteur über mich beklagte, weil ich gewisse Zustände bei uns kritisierte. Er meinte, es genüge, wenn ich alle vier bis sechs Wochen für die »Weltbühne« schreibe, und dann »möglichst über andere Themen«. Natürlich mußte ich unter diesen Umständen die Mitarbeit aufgeben und brachte von jetzt an meine kritischen Bemerkungen in Lektionen und Vorträgen an, deren Zahl ich trotz der in meinem Alter damit verbundenen physischen Anstrengungen, besonders wenn ich in die Republik fahren mußte, eher noch erhöhte. Du kannst Dir vielleicht schwer vorstellen, wie zufrieden die Zuhörer über meine Art zu sprechen waren: sie aufmerksam zu machen auf die großartigen Vorzüge unseres Landes, verbunden mit ernster oder sarkastischer Kritik an zahlreichen Mängeln. Auch das gehört zum Kampf, den wir heute führen.

Natürlich möchte ich die alten Kämpfe, insbesondere die der illegalen Zeit, in der Erinnerung niemals missen. Schöner und aufregender als die seit 1945 waren sie aber nicht. Ist doch jeder Kampf in seiner Art schön und aufregend für einen Genossen – wenn er die richtige, das heißt wohl vor allem: historische Perspektive hat.

Du wunderst Dich, daß ich bisher wenig von dem Kampf gegen den Klassenfeind draußen gesprochen habe? Ja, der besteht doch aber für den überwiegenden Teil unserer Bevölkerung gerade in dem, trotz mancher widriger Umstände, möglichst schnellen Aufbau einer starken sozialistischen Gesellschaft!

Nur wenige von uns reisen in das kapitalistische Ausland, etwa zu Vorträgen, treten dort direkt dem Feind gegenüber. Wem aber dieses Glück (möchte ich fast sagen) zuteil wird, der fühlt sich als alter Genosse auf besondere Art verjüngt ... es ist »wie in alten Zeiten«.

Für eine etwas größere Anzahl gibt es auch noch den ideologischen Klassenkampf in Wort und Schrift, ebenfalls direkt mit dem Gegner – direkt, wenn auch nicht von Angesicht zu Angesicht. Seine Bedeutung ist groß, und er muß sehr geschickt geführt werden, um wirksam zu sein.

Doch entscheidend für uns, für den Verlauf der Geschichte, entscheidend im Alltag und für jeden Bürger unserer Republik ist der Kampf für den Aufbau unserer sozialistischen Gesellschaft. Das erkennst Du auch daran, daß zum Beispiel unsere Parteitage sich vor allem, ja ganz überwältigend vor allem mit der immer besseren Gestaltung unserer Gesellschaft beschäftigen. Ihre Gestaltung, ihr Aufbau, ihre Stärke ist unsere schärfste Waffe auch gegen den Feind.

ZUSATZFRAGE

Ich finde Deine Antwort nicht sehr überzeugend. Glaubst Du nicht, daß es nicht nur ständig einen zum Teil überbrückbaren Generationenunterschied gibt, sondern daß auch jeder Mensch in seiner Person einen Generationenunterschied verkörpert, den jungen Menschen und den alten, und daß er als alter seiner Jugend oder auch auf Grund seiner vergangenen Jugend seinem Alter gegenüber nicht unbefangen ist, ja ihnen zum Teil ohne rechtes Verständnis gegenübersteht?

Diese Frage beinhaltet doch, weniger urenkelhaft höflich formuliert, ich unterschätze unbewußt die Kämpfe der Vergangenheit in ihrer Großartigkeit, um die Zeit des Aufbaus des Sozialismus bedeutsamer erscheinen zu lassen, ließe, was letztlich auf das gleiche herauskäme, die Kämpfe nach 1945 durchlebenswerter erscheinen, um den Abstand zu den vorangegangenen zu verkleinern, könne einfach wegen meines Alters – Generationenunterschied! – die eigene Jugend und deren frischen Kampfgeist nicht mehr richtig einschätzen.

Zunächst möchte ich Dir ganz offen sagen, daß ich es falsch finde, die Existenz eines »Generationsgegensatzes« zu leugnen, wie es manche bei uns tun. Selbstverständlich ebenso bedauerlicher – wie glücklicherweise gibt es einen solchen Gegensatz. Ich weiß nicht, ob es ihn immer geben wird. Aber daß er in unserer Zeit des Übergangs existiert, in der eine Generation noch vor dem Sozialismus, eine in dessen Anfangszeit und eine in der jüngsten Vergangenheit gewirkt hat, ist doch offenbar. Auch werden manche Menschen, wenn sie ehrlich sind, wenig Verständnis für die eigene Jugend haben. Ja, selbst in unserer Familie zeigen sich, obgleich wir alle ausgezeichnet miteinander stehen, gar nicht selten deutliche Unverständnisse füreinander, was uns überhaupt nicht stört – denn wozu muß man alles verstehen?

In der Sowjetunion, die auf eine viel längere Zeit des Sozialismus als wir zurückblicken kann, kennt man den gleichen, oft schwer überbrückbaren Generationenunterschied. Vor einiger Zeit schrieb mir ein alter Sowjetgenosse, der bereits im Bürgerkrieg gekämpft hatte: »Die Vorbereitung zum 60. Oktober nimmt einen alten Kommunisten sehr in Anspruch. Man hat wirklich das Bedürfnis, die hohen Gedanken und Ideen, die uns bewegten, der Jugend zu übergeben, damit sie sie bewahrt und erweitert. Nicht immer ist das leicht.«

Nein, wahrlich: das ist nicht immer leicht, oft sogar unmöglich, weil die heutige Jugend eine andere Art der Lebensführung hat als wir damals, sei es in der Sowjetunion oder im kapitalistischen Deutschland. Wie geregelt ist ihr Leben heute, wie gesichert ihre Zukunft, wie hart müssen sie oft von einer Prüfung zur anderen arbeiten, wie leicht können sie sich aber auch vor der Arbeit drücken und werden dabei noch gut bezahlt. Voller Probleme ist unsere Jugend – aber voller anderer, als wir sie hatten.

Wer konnte damals in der Partei faul sein, sich drücken, vergammeln? Kaum jemand. Jugendliche außerhalb der Partei, die es taten, waren eben Bourgeois-Söhnchen, Kleinbürger usw. Heute tun es Menschen unserer Gesellschaft, ihrer eigenen Klasse, Schicht, Partei oder Umgebung, man kann sie nicht einfach wie damals links liegenlassen.

Der alte Sowjetgenosse sprach von den »hohen Gedanken und Ideen« seiner Jugend. Das waren die Gedanken und Ideen einer kleinen Partei, einer Avantgarde, eines wirklichen Vortrupps. Und nun spricht er von den »hohen Gedanken und Ideen« in Massenorganisationen, in denen Millionen Mitglieder sind. Bilden diese in ihrer Gesamtheit noch eine Avantgarde? Einen Vortrupp? Lächeln sie nicht vielleicht über seine alte Begeisterung? Das ist kein Generationengegensatz mehr, der sie trennt, das sind Zeitalter.

Doch muß man über diese Fragen noch viel nachdenken. Auch das ist ein Zeichen des Zurückbleibens unserer Gesellschaftswissenschaften, daß noch nicht eine einzige Untersuchung über den veränderten Charakter einer Massenpartei durchgeführt wurde.

Für uns alte Genossen gibt es im Grunde keinen Bruch zwischen der alten Zeit im Kapitalismus oder im Bürgerkrieg und der jungen Zeit im Sozialismus, weil wir stets an der Front gestanden haben und stehen. Gemeinsam mit den Jüngeren, die uns zeitlich folgen, sind wir in einer Gemeinschaft, bilden wir einen echten Vortrupp, eine Avantgarde. Doch das ist eine Minderheit – aber eine Minderheit aus Alten und Jungen.

Eine Minderheit! Wenn in unserer Republik heute fast jeder fünfte Erwachsene (über 25 Jahre) Parteimitglied ist, dann gibt es natürlich eine Generationen-, ja eine Charakterlücke zwischen den alten und der großen Masse der Parteimitglieder, und auch eine Lücke zwischen Eltern und Kindern, haben doch die Eltern noch die schweren Anfangsjahre unserer Republik erlebt. Wie anders müssen die alten Genossen von vor 1933 sein, die in der Illegalität oder Emigration von der Partei erzogen wurden, in ihr arbeiteten, als die Genossen aus der Zeit von 1945 und später. Auf der anderen Seite habe ich so manche Genossen, die 1945 und später der Partei beitraten, mit denen ich über unsere gegenwärtigen Probleme so sprechen kann, daß ich den Unterschied von bisweilen Jahrzehnten im Parteibeitritt nicht bemerke. Dann bricht der Generationenunterschied aber doch wieder auf, etwa wenn wir auf alte Zeiten zu sprechen kommen und ihnen diese ganz fremd sind, oder auch wenn ich spüre, wie Phrasendrescherei und Zuckerbäckerei sie ganz unbewußt den Klassikern oder unseren Erfahrungen in alter Zeit entfernt haben, und ich sie hart und brutal anpacke.

Also, mein Guter, natürlich gibt es Generationengegensätze. Keine Entwicklung geht auf die Dauer kontinuierlich vor sich.

Das wäre auch generell für immer scheußlich, denn dann würde eine Gesellschaft nichts wirklich Neues leisten, sondern im gleichen Trott behaglich, ohne qualitative Sprünge von einer Generation zur anderen fortschreiten. Diskontinuität ist selbstverständlich bei jedem Fortschritt – auch wenn manche Marxisten die Grundlehre der Klassiker vergessen haben, daß der Fortschritt sowohl kontinuierlich als auch diskontinuierlich verläuft und der größere Fortschritt der diskontinuierliche ist. In der Anbetung der Kontinuität, die Du so oft noch bei uns findest, wie auch in dem Abscheu vor Widersprüchen kommt nur wieder die kleinbürgerliche Zuckerbäckerei des Philisters zum Ausdruck. Kontinuität und Diskontinuität – jede an ihrer richtigen Stelle. Kontinuität zwischen Generationen wäre falsch. Kontinuität aber des Kampfes, der natürlich seinen Sinn und Inhalt ändert, bedeutet Kontinuität an der rechten Stelle.

Ich muß doch noch etwas ergänzen: Gerade habe ich einen Artikel von Jewtuschenko wiederentdeckt, der genau in unsere Thematik paßt. Jewtuschenko zitiert zunächst aus dem Brief eines jungen Dichters an ihn:

»Zu Ihrer Zeit fanden große Ereignisse statt, die Ihren Sinn prägten für das Land, für das Volk, für die Geschichte. Sie haben, wenn auch mit den Augen eines Kindes, den Großen Vaterländischen Krieg gesehen. Sie haben Zeiten stürmischer Auseinandersetzungen, heftigen Streits erlebt. Heute werden die Bindungen zwischen den Menschen, zwischen den Erscheinungen immer loser, sind sie immer schwerer zu fassen. Alles ist komplizierter geworden, hat sich aufgesplittert in eine Vielzahl nicht miteinander kommunizierender Gefäße.«

Wie lautet die Antwort Jewtuschenkos? Sehr interessant und doch meiner Ansicht nach nicht ganz befriedigend sagt er dem jungen Dichter:

»Ich habe über diesen mich beunruhigenden Brief nachgedacht. Ja, alles ist komplizierter geworden, doch das ist keine Rechtfertigung. Eine Zeit, in der nicht Ereignisse stattfinden, die den Sinn prägten für das Land, für das Volk, für die Geschichte, gibt es nicht. Dies müssen nicht so eklatante Ereignisse sein wie ein Krieg, sondern sie spielen sich in der psychologischen Struktur der Gesellschaft ab, im Innern des jungen Dichters selbst.

Läßt sich etwa die Wahrung der Persönlichkeit nicht in der staatsbürgerlichen Haltung finden, sondern in der Flucht vor ihr? Herzen schrieb: ›Ein großer Künstler kann nicht außerhalb der Zeit stehen. Allein das Mittelmaß hat das Recht zur Unabhängigkeit vom Geist der Zeit.‹

Bei einem Teil der Jugend grassiert eine ›Krankheit‹ – Apathie genannt. Sie pflegt nicht immer im Gewand des offenen Zynismus aufzutreten. Sie versteckt sich manchmal hinter ausgezeichneten Noten in der Schule oder beim Studium, hinter hohen Produktionsergebnissen, hinter tönenden Reden.

Wir fragen uns, sind an dieser Apathie der Jungen nicht auch wir schuld, wir, die Älteren? Schließlich müßten wir der Jugend viel mehr erzählen über das, was sie selbst nur aus der Geschichte kennt.

Besonders bedauerlich ist es, wenn manchmal ordentliche, saubere junge Leute – und die Sauberen bilden in unserer Jugend die Mehrheit – doch keine gesellschaftliche Aktivität zeigen, als wäre es ihnen peinlich, daß man sie der Anpassung verdächtigen könnte. Hierin liegt, meine ich, die Lösung des Rätsels, warum sich manche innerlich hochherzige, talentierte junge Schriftsteller vor staatsbürgerlicher Haltung scheuen ...

Furcht vor staatsbürgerlicher Haltung ist ein Summand mehr zu vielen anderen Krankheiten: der Furcht vor sich selbst, vor starken Gefühlen, vor messerscharfen Themen, der Furcht vor

Gedanken, vor dem Suchen nach neuen Formen für einen neuen Inhalt.«

Zunächst: Du findest die gleichen Phänomene, die Jewtuschenko bei der sowjetischen Jugend feststellt, auch bei der unsrigen. Hier wie dort die Behauptung: In Eurer Jugend gab es große Ereignisse, in unserer nicht.

Jewtuschenko antwortet, daß dieser Eindruck – was gab es früher für Ereignisse und Kämpfe, und wie klein und verstreut sind sie heute! – zum Teil infolge mangelnden Engagements der Jugend gegenüber heutigen Vorgängen entsteht. Damit hat er völlig recht. Waren nicht auch die Kämpfe in der Sowjetunion von 1923 bis 1928 in ihrer Art ebenso groß, fanden sie nicht, wie die von 1917 bis 1922 und erst recht die im zweiten Weltkrieg, unter Engagierung eines weit größeren Teils der Bevölkerung statt als heute? Ich glaube ja. In allen drei Phasen waren die Kämpfe heroisch und die Menschen ganz von ihnen erfüllt.

Kämpfen aber ist so oft eine Frage des persönlichen Engagements, und jede Sache ist so groß, wie man sie sieht. Für den Feigling und den feige Zurückgezogenen war weder die Oktoberrevolution noch der Aufbau einer sozialistischen Gesellschaft von Bedeutung. Für den Kämpfer ist auch die Durchsetzung einer wissenschaftlichen Wahrheit oder die Eröffnung eines Ladens für Küchengeräte eine große Sache. Das jedoch nur, wenn er auch die Möglichkeit des Engagements hat, wenn nicht alles »von oben« geregelt und durchorganisiert wird, wenn er offene Ohren findet, wenn weder Bürokratie noch Administration ihn so bedrücken, daß er die »Lust zum Engagement« verliert.

Gibt es denn eine Zeit, in der es um größere Dinge geht, als die unsrige? Ganz sicher nicht! Ich will Dir dazu aus dem Vorwort des neuesten Jahrbuchs des Stockholmer Friedensinstituts zitieren:

»Der nukleare Rüstungswettlauf zwischen den USA und der UdSSR könnte (und wird wahrscheinlich) am Ende zur Fähigkeit, den Gegner mit dem ersten Schlag zu erledigen, führen. Das bedeutet nicht notwendigerweise, daß die eine Seite in der Lage sein wird, die Fähigkeit der anderen, Menschenverluste und Schäden als Antwort auf den ersten Schlag zu verursachen, vollständig zu zerstören, sondern eher, daß man diese Fähigkeit für genügend vermindert halten wird, um die Menschenverluste und Schäden auf einem Niveau zu halten, das angesichts des politischen Ziels als annehmbar betrachtet wird. Dieses Niveau wieder hängt von Rücksichtslosigkeit und dem Abenteurertum der politischen und militärischen Führer, die jeweils an der Macht sind, ab.

Daß eine solche Auffassung (der Möglichkeit eines erfolgreichen ersten Schlages – J.K.) sich möglicherweise als falsch erweisen wird, wenn sie je unter Beweis gestellt werden sollte, ist kaum ein Trost, da die Zivilisation dabei zerstört werden wird.«

Wir würden manches anders ausdrücken, aber die Grundtatsachen bleiben bestehen, falls die USA einen »ersten Schlag« auf Grund der genannten Überlegungen versuchten und die Sowjetunion erfolgreich antworten sollte. Und wer überlebt und noch Erinnerungen hat, wird dann von dem ersten und zweiten Weltkrieglein sprechen können.

Ja, unter einer solchen Wolke leben wir. Doch haben wir die Mittel, sie zu vertreiben. Das ist aber nur möglich in einem Wettkampf gegen die Wolkenmacher. Kann darum irgend jemand meinen, daß unsere Welt heut kampflos verlaufen kann? Oder darf?

Du meinst vielleicht, daß ein solcher Kampf nicht den Tag und die Woche des Menschen füllen kann. Nun, dann denke an einen anderen Kampf, an den gegen die tausend täglichen und wöchentlichen Hindernisse auf dem Weg zur Entwicklung des Sozialismus. Nicht, daß nicht viele Menschen ihrem Ärger über sie Luft machen und auch manche gegen sie angehen. Aber sie betrachten diesen Kampf oft als ihre persönliche Sache zu ihrem eigenen Vorteil – und das ist nicht in erster Linie ihre Schuld, sondern die unserer Agitation und Propaganda. Wenn unsere Massenmedien zum Beispiel gegen die Erscheinungen von Bürokratie auftreten würden – und viele Mitarbeiter dort würden das gern tun –, dann könnte der Kampf, den nicht wenige heute für sich führen, mit Recht als ein gesellschaftlicher Kampf empfunden werden, und diejenigen, die infolge früherer Erlebnisse mutlos geworden sind, würden ihn – gesellschaftlich ermutigt – wieder aufnehmen. Unsere Massenmedien privatisieren durch ihr negatives Verhalten zur Kritik zahlreiche gesellschaftliche Auseinandersetzungen und verniedlichen, verkleinern dadurch unser Leben.

Kämpfen, hatte ich Dir gesagt, ist eine Sache des persönlichen Engagements, und wer will, kann bei uns auch kampflos neben dem Fortschritt leben, ihn passiv entgegennehmen – wodurch der Fortschritt natürlich verlangsamt wird.

Kämpfen, siehst Du jetzt, ist aber auch eine Sache des Engagements der Gesellschaft. Und wenn Presse, Fernsehen und Rundfunk in einer sozialistischen Gesellschaft immer nur »für« und so selten »gegen« kämpfen, dann macht das lustlos und ermüdet. »Fehler im Vorwärtsschreiten überwinden« ist eine ausgezeichnete Sache, denn man soll nicht stillstehen, um »erst einmal« die Fehler zu bekämpfen. Eine solche Losung ist aber zugleich gefährlich, weil den Fortschritt schließlich auf langweilige Weise hemmend, wenn sie dazu führt, daß man Fehler nicht beim Namen nennt und sie nicht nachdrücklich mit lautem Kampfesruf in den Massenmedien kritisiert.

Verfährt man aber so, wie Lenin es von uns Kommunisten verlangt hat, dann verläuft das Leben auch heute täglich kampfesfroh und aufregend wie eh und je.

VIERTE FRAGE

Urgroßvater, warum ist eigentlich aus Dir nie etwas Rechtes geworden?

Wenn Du damit meinst, warum ich nie eine höhere Funktion in Partei und Staat gehabt habe, ist eine solche Frage berechtigt, zumal es bis 1939 in der Partei gewissermaßen »klar« war, daß ich »nach der Revolution« Wirtschaftsminister werden sollte. Im Juli 1945 wurde dann die Zusammensetzung von Zentralverwaltungen beschlossen, und man setzte mich in meiner Abwesenheit – zu dieser Zeit war ich noch beim United States Strategic Bombing Survey – nach Befehl Nr. 17 von Marschall Shukow als Präsident der Zentralverwaltung für Finanzen ein. Eine zentrale Wirtschaftsverwaltung gab es damals nicht.

Als ich dann im November 1945 nach Berlin kam, »beschlagnahmte« mich eine Spezialabteilung der sowjetischen Besatzungsmacht, und obgleich der Genosse Walter Ulbricht mich zu der entscheidenden Unterhaltung begleitete, um mich zu unterstützen, mußten wir uns fügen. Dabei wußte ich auf Grund meiner Erfahrungen in dieser Arbeit, daß ich unter den gegebenen Umständen für diese Spezialabteilung nichts besonders Nützliches würde leisten können, womit ich recht behielt.

1947 sollten Klaus Gysi und ich die Leitung der neu zu bildenden Wirtschaftskommission übernehmen. Nachdem alles bei der Sowjetbesatzungsmacht geregelt schien, und man schon mit mir darüber sprechen wollte, wählte man überraschend Heiner Rau zum Vorsitzenden. Ich machte keinen Versuch, herauszufinden, warum man sich für ihn entschieden hatte, und war auch nicht enttäuscht, denn besser als er hätte ich es nicht machen können, eher wahrscheinlich sogar nicht einmal so gut. (Als Deine Urgroßmutter diese Stelle und auch den Rest meiner Antwort gelesen hatte, fragte sich mich: »Klingt das Ganze nicht doch nach ›sauren Trauben‹?« Aber so ist es wirklich nicht.)

Natürlich hatte ich mir vor 1945 immer gewünscht, ein Staatsmann zu werden. Eine entsprechende Funktion hätte ich bis, sagen wir, 1971 sicher auch mit Freude übernommen – doch man hat mir nie wieder eine solche angeboten, und ich selbst habe mich niemals um eine derartige Funktion bemüht, niemals auch nur ein Gespräch in dieser Richtung geführt. In all den Jahren nach 1945 habe ich mich nicht etwa damit »abgefunden«, sondern war wirklich glücklich und ausgefüllt damit, im Hauptberuf Wissenschaftler zu sein.

Damals, 1947, wurde ich Präsident der Gesellschaft zum Studium der Kultur der Sowjetunion, später der Gesellschaft für Deutsch-Sowjetische Freundschaft, für mich eine wundervolle Aufgabe. Außerdem schrieb ich an meiner »Geschichte der Lage der Arbeiter« und hatte einen Lehrstuhl an der Humboldt-Universität mit jungen, vielversprechenden Schülern.

1950 erfuhr ich den einzigen, mich wirklich stark berührenden Schlag in bezug auf meine Funktionen: Plötzlich und ziemlich brutal wurde ich als Präsident der Gesellschaft für Deutsch-Sowjetische Freundschaft abgesetzt – wie auch mein Freund Hans Mark, der damalige Generalsekretär der Gesellschaft. Wir hatten, insbesondere mit Hilfe ganz wunderbarer sowjetischer Freunde, vor allem von S. Tjulpanow, der mir bis heute ein guter Freund geblieben ist, die Gesellschaft zu einer wirklichen Massenorganisation aufgebaut – und nun diese Entscheidung. Sowohl Wilhelm Pieck als auch Walter Ulbricht bestellten mich jeder zu sich und erklärten mir, daß wegen der Größe der Organisation jetzt ein Mitglied des Politbüros, es war der Genosse Ebert, an ihrer Spitze stehen müßte. Walter Ulbricht wirkte verlegen – was er wahrlich selten war –, und mir schien, er teilte meine Meinung, daß die Organisation von mir ruhig hätte weitergeführt werden können. In Wirklichkeit hatten bestimmte

Vertreter der sowjetischen Besatzungsmacht – wie andere sowjetische Genossen mir später berichteten – einen nichtjüdischen *(Hager: anderen)* Funktionär an der Spitze der Gesellschaft gewollt. Sicher weißt Du, daß sich unter Stalin zeitweise antisemitische Haltungen in der Sowjetunion entwickeln konnten, Haltungen übrigens, die von unserer Parteiführung niemals auch nur in der allerkleinsten Andeutung übernommen wurden.

Gleich nach meiner Absetzung erfuhr ich dann noch, daß die Parteiführung mich kurz zuvor als Mitglied unseres Zentralkomitees vorgesehen hatte. Daraus wurde nun natürlich auch nichts, da ich keine so wichtige Funktion mehr hatte. Meine Kandidatur für das Zentralkomitee besprach der Genosse Walter Ulbricht unter anderem noch einmal, ein halbes Jahrzehnt später, mit meinem Freunde Gerhard Ziller, einem damals hohen Funktionär der Partei. Als die Frage dann akut wurde, befand ich mich als angeblicher Revisionist in Ungnade. Damals wurde ich auch, nachdem ich unseren Volksvertretungen von Anfang an angehört hatte, nicht wieder als Kandidat für die Volkskammerwahlen aufgestellt. Man brauche »jüngere Kräfte«, wie mir ein Funktionär des Kulturbundes, für den ich stets kandidiert hatte, erklärte. Zu der Zeit war ich dreiundfünfzig Jahre alt und in der Tat »ein Greis«.

Vielleicht denkst Du, ich sehe das nun als von mir unverschuldete verfehlte Gelegenheit an, »etwas zu werden«. Ich glaube, ich kann ehrlich sagen: Nein, das tue ich nicht.

Du weißt sicher, meine Reden in der Volkskammer und zahlreiche Schriften von mir bestätigen es, daß ich immer versuchte, jede Bewegung, in der ich gerade aktiv war, schnell vorwärtszutreiben, daß ich selten ein Blatt vor den Mund nahm. Das machte mich unter den damals herrschenden Umständen für viele Funktionen einfach ungeeignet. Ich habe zwar immer strikteste Parteidisziplin in bezug auf gefaßte Beschlüsse geübt, aber im Zentralkomitee wäre es mir genau wie meinem Freunde

Wolfgang Steinitz ergangen. Der scheute sich in Diskussionen niemals, seine Meinung zu vertreten, wenn er mit einzelnen Punkten einer vom Politbüro dem Zentralkomitee zum Beschluß vorgelegten Linie nicht einverstanden war. Er fiel »in Ungnade« und wurde nicht wiedergewählt.

In all dieser Zeit nach 1945 war Walter Ulbricht die herausragende und führende Gestalt unserer Partei. Er galt unter uns alten Genossen von Anfang an als ihr Führer. Er achtete stark auf Parteidisziplin und dominierte das Politbüro durch seine Persönlichkeit. Nur ganz gelegentlich, so nach den Juni-Ereignissen 1953, war seine Position umstritten. Im Laufe der Zeit nahm jedoch seine Überlegenheit autokratischen Charakter an. Das bestimmte auch mein Verhältnis zu ihm. Zwar mochte ich ihn immer gerne, aber das war gewissermaßen mein persönliches Gefühl. Nach 1958 habe ich ihn nur noch selten gesprochen. Als er mich 1968 zu meiner Überraschung bitten ließ, zu der Festschrift anläßlich seines 75. Geburtstages beizutragen, beschränkte ich mich auf Erlebnisse aus der Zeit vor dem Krieg, und darüber schrieb ich gerne. Lotte Ulbricht, mit der ich stets gut auskam, sagte mir kurz vor der Veröffentlichung des Bandes: »Jürgen, dein Beitrag ist einer der wenigen, aus denen wirklich Wärme spricht.« Und sie hatte damit recht.

Heute ist meine Situation eine ganz andere. In meinem Alter komme ich nun nicht mehr für wichtige Funktionen in Partei und Staat in Frage. Aber wenn ich Erich Honecker um eine kurze Unterredung bitte, zumeist Fragen der Wirtschaftsentwicklung in der kapitalistischen Welt betreffend, hat er innerhalb weniger Tage Zeit für mich. Sende ich ihm einen Artikel zur Durchsicht, hat er ihn bei seiner hervorragenden Arbeitsorganisation zumeist innerhalb von vierundzwanzig Stunden durchgesehen. Kurt Hager, Albert Norden, Hermann Axen sind mir seit Jahrzehnten nahe und sehen mich sogleich, wenn ich mit ihnen sprechen möchte.

Es gibt eine wundervolle Art von Anerkennung für alte, auf ihrem Gebiet immer noch aktive Genossen, wie Anna Seghers und einige andere, darunter auch mich. Damit meine ich nicht etwa Orden und andere Auszeichnungen. Damit meine ich, daß man uns achtungsvoll anhört, wenn wir etwas sagen wollen.

Soll das Leben Höhepunkte haben, müssen sie in die Zeit der Jugend und Reife fallen – bei mir etwa die Zeit der Illegalität oder meiner unmittelbaren Arbeit für die Sowjetunion. Solche Höhepunkte sind immer Zeiten höchster und nützlichster Aktivität.

Die Krönung des Lebens aber ist ein Alter, in dem man nicht Ansehen wegen altvergangener Leistungen genießt, sondern durch Altersleistungen wirken kann. Und erstreckt sich die Wirkung auch auf die oberste Leitungsebene – natürlich nicht stark, aber doch irgendwie spürbar –, dann ist das ein ganz großartiges Lebensenderlebnis.

Mißverstehe mich nicht: Ich habe natürlich keinerlei Einfluß auf »Staatsgeschäfte«, weder im großen noch im kleinen. Doch in Einzelfragen auf meinen wissenschaftlichen Spezialgebieten besitze ich das Ohr unserer Führung – ein mir zugeneigtes Ohr –, weil man mich als Wissenschaftler und alten Genossen achtet. Wie sollte ich darüber nicht restlos glücklich sein! Welch schöner Abschluß dieses Lebens als Genosse und Wissenschaftler.

Und noch etwas mußt Du sehen. Betrachte mich einmal nur als Genossen Wissenschaftler. Da ist doch etwas Richtiges aus mir geworden. Genau das: etwas Richtiges. Nichts Großartiges – aber trotzdem Hervorragendes: nämlich ein kleiner Hügel auf der heute so gebirgslosen Fläche der marxistischen Gesellschaftswissenschaften. Wie viele große Gestalten gab es doch in den zwanziger Jahren bis in die erste Hälfte der dreißiger Jahre in der Sowjetunion! Übrig bleiben auf meinem Gebiet als aktive Wissenschaftler Varga und Strumilin – Varga, mein Lehrer und

Freund; Strumilin, den ich zum letzten Male sah, als er in der Akademie aufgebahrt lag.

Damals, vor bald einem halben Jahrhundert, war ich einer der vielen jungen, ihr Versprechen zu erfüllen beginnenden marxistischen Gesellschaftswissenschaftler. Sicher hätte bei einer Fortdauer der Atmosphäre der zwanziger Jahre mehr aus mir werden können. Doch ändert all das nichts an dem, was ich soeben ein ganz großartiges Lebensenderlebnis genannt habe.

Dabei ist das nur die eine Seite meines Lebens als Wissenschaftler: die Forschung und die Veröffentlichung der Resultate, die Weitergabe einiger Forschungsresultate an die Parteiführung, die populärwissenschaftliche Arbeit. Die andere Seite sind die nicht wenigen jungen Menschen, die ich nach 1945 zu aufrechten, die Wahrheit suchenden, dem Marxismus-Leninismus, dem Fortschritt der Arbeiterklasse ergebenen Wissenschaftlern miterzogen habe.

An diese Periode, die mit der Beendigung meiner Direktorzeit am Institut für Wirtschaftsgeschichte aufhörte, schloß sich eine andere an. Sie ragte bereits ein wenig in die vorangehende hinein und hat bis heute zu meiner ganz großen Freude noch nicht aufgehört: Ich meine die Periode vertraulicher Gespräche mit zwei mir nachfolgenden Generationen »mittelaltriger« und junger Wissenschaftler, die aus allen Teilen unserer Republik, aus anderen sozialistischen Ländern, bisweilen auch aus dem kapitalistischen Ausland zu mir kommen, um ihre wissenschaftlichen Sorgen mit mir zu teilen und meinen Rat einzuholen. Doch haben sie nicht nur mit ihrer eigenen speziellen Arbeit verbundene wissenschaftliche Probleme, es geht ihnen auch um allgemeine Probleme der Wissenschaftsentwicklung, der Wissenschaftstaktik und -strategie, um Wissenschaftsdogmatismus, Wissenschaftsanarchie oder um Probleme der Unzufriedenheit über den Stand der Gesellschaftswissenschaften. Manchmal sind es mir ganz unbekannte junge Wissenschaftler, die sich auf einen Vortrag beziehen, den ich irgendwo in unserer Republik gehalten habe, oder die sich auf Grund meiner Memoiren entschlossen haben, mir zu schreiben, um einen Besuch bei mir zu bitten. Natürlich habe ich immer Zeit für sie.

Auch solches gehört zur Krönung eines Lebens.

Das Schönste dabei ist, sie kommen nicht zu mir als einem »abgeklärten alten weisen Mann«, sondern weil sie wissen, ich stehe immer noch im Kampf für neue Ideen oder auch für »alte Schätze« von Marx, Engels und Lenin, die mißachtet oder mißverstanden werden.

Glaube aber nicht, daß diese wundervolle persönliche Position mein Verdienst ist. Von meiner Erziehung als Kommunist und Wissenschaftler habe ich in den Memoiren berichtet. Hier möchte ich mein Glück im Sinne von Zufall erwähnen.

Ich habe schon von den Mitgliedern unseres Politbüros gesprochen, mit denen ich als junger Mensch einst freundschaftlich zusammen war und die mir bis heute ihre Zuneigung erhalten haben. Ich habe schon von meinem Verhältnis zu Erich Honecker gesprochen, der unter anderem in einer Zeit verfehlter Reformmaßnahmen in der Akademie, durchgeführt von Walter Ulbricht, mein Institut für Wirtschaftsgeschichte vor der unsinnigen Einverleibung in ein anderes Institut rettete, als ich ihn dringend um Hilfe bat, und der, auch wenn ich ihn vielleicht nur einmal im Jahr und auch nur kurz spreche, immer bereit ist, mir in dieser oder jener Angelegenheit zu helfen. Von ihnen allen kannst Du in zahlreichen Veröffentlichungen lesen.

Kaum etwas lesen können wirst Du jedoch von meinem Freund Hannes Hörnig, seit mehr als zwanzig Jahren Leiter der Abteilung Wissenschaften unseres Zentralkomitees. 1958, als ich die großen Schwierigkeiten in der Partei hatte, ging er auf die »Erledigung der ganzen Sache« ein, indem er meinen Vorschlag akzeptierte, mich auf das Schreiben einer vierzigbändigen Geschichte der Lage der Arbeiter zu beschränken. Wir wurden gute Freunde, und ich sah und sehe ihn seit Jahren oft einmal im Monat zu einem gar nicht selten sehr ausführlichen Gespräch. Er besitzt ein ganz großes Verständnis für die Wissenschaft und das, was Wissenschaftler an Leitung und Arbeitsatmosphäre brauchen. Zweifellos wäre er ein tüchtiger Wissenschaftler geworden, hätte er hauptberuflich forschen können. Doch wer ist nicht als Wissenschaftler ersetzbar! In seiner Funktion jedoch war und ist er ein einzigartiges Glück für uns. Er verhinderte nicht nur viel administratives Unglück, was allein schon von großer Bedeutung gewesen wäre, es stehen auch zahlreiche andere positive Taten für die Wissenschaft und uns Wissenschaftler auf seinem Konto. Für mich bedeutet es viel, mit meinen Sorgen und denen anderer über dies und jenes in unserem Wissenschaftsbetrieb zu ihm gehen zu können, und er hat auch manchen meiner Artikel und Vorträge wie auch meine Memoiren im Manuskript gelesen und durch guten Rat verbessert. Bereichert hat diese Freundschaft, wie ich hoffe, uns beide, wenn auch der eine nicht immer den Standpunkt des anderen teilte.

Du siehst, mein Guter, daß, wenn ich in meinen Memoiren so oft von »meinem Glück« im Leben gesprochen habe, dieses Glück mir nicht nur bei meiner Erziehung zum Kommunisten und Wissenschaftler bis 1945, sondern auch danach in hohem Maße zuteil geworden ist.

FÜNFTE FRAGE

Warum hast Du so viel geschrieben?

Als ich etwas jünger war als Du, fragte ich meinen Vater, Deinen Ururgroßvater, etwas ganz Ähnliches, nämlich: »Warum schreibst Du eigentlich dauernd?« Und er antwortete lachend: »Ja, weißt du, ich habe nichts anderes gelernt.« Damals war ich fest entschlossen, noch was anderes zu lernen, um nicht dauernd schreiben zu müssen.

Doch wie Du aus dem vorangehenden Brief ersiehst, hat es sich so gefügt, daß ich, obgleich ich auch auf andere Weise etwas Nützliches hätte leisten können, immer wieder auf die wissenschaftliche Arbeit zurückgedrängt wurde. Und wenn ich im Rahmen der wissenschaftlichen Arbeit Leitungsfunktionen übernahm – Du weißt, ich hatte ein kleines Institut für Wirtschaftsgeschichte an der Humboldt-Universität, ich war Leiter des Deutschen Wirtschaftsinstituts, Dekan der Wirtschaftswissenschaftlichen Fakultät, Direktor des Instituts für Wirtschaftsgeschichte an der Akademie –, immer hatte ich einen hervorragenden Zweiten, der mir einen Großteil der Verwaltungsarbeit abnahm (und der auch mein Nachfolger wurde), so daß mir viel Zeit zur wissenschaftlichen Arbeit blieb. Offenbar besaß ich die Fähigkeit, die richtigen Kader für meine Stellvertreter und Nachfolger auszuwählen. Dazu verstand ich es, und das war natürlich auch notwendig, Arbeit zu delegieren, und zwar in einer Weise, daß dem Ausführenden die volle Verantwortung zufiel, ich allerdings auch seine Fehler zu verantworten hatte. So erzog ich keine geschickten »Befehlsausführer«, sondern echte Nachfolger. Ich halte diese Fähigkeiten für außerordentlich wichtig für einen Funktionär der Wissenschaft; leider werden sie bei der Besetzung von Funktionen noch nicht genügend beachtet.

Doch das alles sind nur Erklärungen für die Möglichkeit zu schreiben, sie erklären noch nicht die Tatsache des vielen Schreibens. Schließlich hatte ich auch jede Gelegenheit zum Reden, zumal meine Art der Vorlesungen den Studenten gefiel. Ich las sie, abgesehen von der allerersten Stunde im Jahre 1946, mit der ich bei den Studenten nicht besonders gut ankam, niemals vom Manuskript ab, benutzte Stichworte auf einem Zettel und sprach stets lebendig, von der Thematik begeistert. Nur natürlich andererseits, daß solche Vorlesungen mich anstrengten. Als ich Direktor des Akademieinstituts wurde bzw. zunächst Leiter der Abteilung Wirtschaftsgeschichte – anfangs im Rahmen des Instituts für Wirtschaftswissenschaften, dann des Instituts für Geschichte –, behielt ich zwar meinen Lehrstuhl für Wirtschaftsgeschichte an der Universität, verzichtete dort aber auf mein Gehalt. Das ermöglichte es mir, meine Vorlesungen im Laufe der Zeit auf Null abzubauen. Später, als ich keine Funktionen mehr im wissenschaftlichen Betrieb hatte, weitete ich meine Vortragstätigkeit wieder stark aus und kam in manchen Jahren auf durchschnittlich einen Vortrag in der Woche. Das kostet mich jedoch, wenn ich nicht außerhalb Berlins spreche, keine Schreib-Arbeitszeit, die für mich stets in den Vormittagsstunden liegt.

Du siehst, wenn ich auch ganz gut Vorlesungen hielt und später gern und häufig Vorträge, vor allem wegen der langen anschließenden Diskussionen, hat mich das Reden nicht vom Schreiben abgehalten. Fast kann man sagen: Im Gegenteil. Mitunter arbeitete ich meine Vorträge vorher sehr genau aus und übernahm sie, durch die Diskussion verbessert, in meine Bücher, oder veröffentlichte sie in Artikelform.

Aber immer noch habe ich Deine Frage nicht direkt beantwortet. Darum muß es endlich heraus: Genau wie ich sehr gerne lese, so schreibe ich auch sehr gerne. Es ist mir ein Bedürfnis. Plutarch zitiert einen alten Spruch: Nulla dies sine linea, für

Wissenschaftler übersetzt: Kein Tag ohne eine Zeile. (Ursprünglich wird der Spruch dem Maler Apelles zugeschrieben, bei dem linea natürlich mit »Pinselstrich« zu übersetzen wäre.)

Wenn Marx davon sprach, daß die Arbeit einmal das erste Lebensbedürfnis des Menschen sein wird, meinte er nicht etwa die Arbeit innerhalb der materiellen Produktion, die vielen Menschen noch lange schwer oder langweilig sein muß, sondern wissenschaftliche, künstlerische oder auch körperliche, insbesondere kunsthandwerkliche Arbeit. Er hat die vollautomatische materielle Produktion vorausgesehen, in der der Mensch nur noch als Wächter und Regulator der Produktion funktionieren, das heißt neben der materiellen Produktion stehen wird. Die Zeit aber, die wir heute Freizeit nennen, wird seine eigentliche Arbeitszeit sein, in der alle seine Fähigkeiten auf kulturellem Gebiet (im weitesten Sinn dieses Wortes) zum Tragen kommen, in der er »sich selbst verwirklichen« wird. Darum hat Marx auch gemeint, daß die Zeit, die ein Volk nicht mit der materiellen Produktion verbringt, seinen Reichtum darstellt.

Bedenkst Du, was Marx über die spätere gesellschaftliche Tätigkeit der Menschen im Kommunismus gesagt hat, wirst Du verstehen, daß bereits unter unseren Bedingungen eine große Anzahl von Menschen, die hauptberuflich und in materiell gesicherter Stellung wissenschaftlich oder künstlerisch arbeiten, schon mehr als ein Hauch vom Leben im Kommunismus verspüren. Dank der Leistungen unserer Arbeiter in der materiellen Produktion – vergiß das nie! – leben und arbeiten sie bereits in einer wahrlich einzigartigen gesellschaftlichen Position. Glaub mir, das habe ich so oft und so glücklich für mich empfunden.

Doch war meine Arbeit nicht nur stets ein erstes Lebensbedürfnis, sie bedeutete mir bisweilen auch Lebenstrost – wenn zum Beispiel die Parteiführung mit mir unzufrieden war und ich nicht einsehen konnte, unmarxistisch oder gegen die Interessen der Partei geschrieben zu haben. Zu meinem Glück hat mir die Partei niemals verboten zu publizieren, mußte ich mich auch einmal auf ein bestimmtes Thema beschränken: die Lage der Arbeiter. Aber das war, 1958, ein Angebot von mir, und ich habe dies niemals bereut. Ein Wissenschaftler sollte zwar immer arbeiten können, doch keineswegs muß er das auf allen von ihm gewünschten Gebieten, hält die Partei es anders für richtiger. Auch wirst Du einsehen, daß aus dieser Situation meine wichtigste Arbeit entstanden ist: die vierzigbändige »Geschichte der Lage der Arbeiter«.

Ein Großteil meiner Arbeiten schließt außerdem Wiederholungen ein, denk gerade an meine mehrbändigen Werke zur Geschichte der Lage der Arbeiter. Die fünfbändige englische Ausgabe aus der ersten Hälfte der vierziger Jahre enthält bereits viel Material aus einzelnen Büchern und Broschüren, die ich vorher schrieb. Die siebenbändige deutsche Ausgabe nach 1945 ist eine erweiterte und verbesserte Auflage der englischen, die fünfzehnbändige Ausgabe der fünfziger Jahre eine stark erweiterte und verbesserte der siebenbändigen, und in die vierzigbändige der sechziger Jahre ist wieder die fünfzehnbändige eingeflossen. Nur den Wirtschaftshistoriker können die siebenundzwanzig Bände der vorangehenden Auflagen noch interessieren. Und zählst du die der ersten fünfbändigen Ausgabe vorangehenden Einzelveröffentlichungen hinzu, kommst du auf etwa vierzig Bände und Broschüren als Vorarbeiten für die vierzigbändige Ausgabe. Dann erscheint es Dir sicher schon nicht mehr so viel, was ich geschrieben habe.

Vielleicht wirst Du nun aber fragen: Wäre es nicht richtiger gewesen, vor der vierzigbändigen Ausgabe nichts veröffentlicht und die Menschen und Bibliotheken mit der vierzigbändigen Vorarbeit verschont zu haben? Aber da hättest Du unrecht, und zwar aus drei Gründen:

Erstens muß ein kommunistischer Wissenschaftler damit rechnen, daß die Gesellschaft oder seine Partei ihm andere Aufgaben stellt, außerhalb der wissenschaftlichen Forschung. Darum muß er veröffentlichen, was er für veröffentlichungsreif hält.

Zweitens: In der Zeit des Kapitalismus ist er unter Umständen bedroht durch Gefängnis, Lager, sogar Ermordung durch den Klassenfeind – wiederum ein Grund zu veröffentlichen, was er bereits hat.

Drittens aber hebt die Veröffentlichung von wissenschaftlich nützlichen Arbeiten stets das Niveau der Leser, wie umgekehrt die Diskussion um das veröffentlichte Buch den Wissenschaftler voranbringt.

So erschienen in den meisten sozialistischen Ländern Übersetzungen der siebenbändigen Ausgabe, sogar von Teilen der fünfzehnbändigen Ausgabe. Ein solches Werk existierte eben damals sonst nicht, und bis zum Ende der fünfziger Jahre haben viele Studenten diese Bücher für den Unterricht benötigt. Die »Vorarbeiten« waren also tatsächlich von aktueller Bedeutung für den Fortschritt unserer Wissenschaft.

Außerdem habe ich auf sehr verschiedenen Gebieten der Gesellschaftswissenschaften geschrieben. Als ich zur Partei kam, konzentrierte ich mich auf die politische Ökonomie des Kapitalismus, auf die laufende Analyse der Wirtschaft des Kapitalismus, mit besonderer Berücksichtigung der Lage der Arbeiter. In der Illegalität und der Emigration kamen Wirtschaftsgebiete und Geschichte hinzu. Nach 1945 nahm ich auch die literaturwissenschaftliche bzw. literatursoziologische Arbeit wieder auf – als kleine Nebenfreude –, dazu arbeitete ich ein wenig philosophisch, außerdem gab ich einen Anstoß zur Wiederbelebung der Soziologie.

1957 hielt ich in der Sowjetunion Vorträge in den ökonomischen, historischen und philosophischen Instituten der Akademie. Am letzten mit größtmöglichem Mißerfolg, ja, an ihm begann eine Kritik an mir, die 1958 in der DDR ihren Höhepunkt erreichte. Darauf engte sich, wie ich schon sagte, mein Arbeitsgebiet fast ein Jahrzehnt hindurch stark ein. In der zweiten Hälfte der sechziger Jahre dann, als die Parteiführung wieder stärkeres ideologisches Vertrauen zu mir faßte, kehrte ich nochmals zu einigen älteren Gebieten wie Literatursoziologie und Philosophie zurück, und nach Beendigung der vierzigbändigen Ausgabe folgte die Wissenschaftswissenschaft, zu deren Entwicklung ich auf Grund meiner Erfahrungen sowie meiner historischen Studien ein wenig beitragen konnte.

Nachdem ich im Anschluß an die vierzigbändige Ausgabe eine Reihe von Einzelbänden auf den verschiedensten Gebieten veröffentlicht hatte, fand ich, sicherlich mit Recht, daß ich wieder diszipliniert an einem größeren Werk arbeiten müßte und beschloß, zehn Bände Studien zu einer Geschichte der Gesellschaftswissenschaften zwischen meinem 70. und 75. Lebensjahr herauszubringen – und das ist mir auch gelungen. Anschließend folgte ein ganz neues Thema, ein fünfbändiges Werk über die Geschichte des Alltags des deutschen Volkes.

Ich muß Dir sagen, daß ich niemals ein umfangreiches Werk mit solcher Freude am Stoff geschrieben habe wie die beiden letzten. Vielleicht hängt das damit zusammen, daß ich dabei (wie etwa in den »Studien«) in altbekannten Werken unzählige Schätze von größtem Wert für uns entdeckt habe. Wenn Du einmal in die Studien hineinsiehst, wirst Du zum Beispiel entdecken, daß das Kapitel über Plato eine Reihe von bei uns weitverbreiteten Urteilen (fast müßte man sagen: Aburteilungen) zu verändern sucht, und für unsere gegenwärtige Wissenschaftsentwicklung wichtige Anregungen enthält. Oder Du findest im achten Band die erste Geschichte der Wirtschaftsgeschichtsschreibung in der ganzen Welt oder anläßlich der Behandlung der Jugenderinnerungen von Renan ganz neue philosophische

Überlegungen zur Rolle des Glaubens in der Weltanschauung des Marxismus: Optimismus kann nie auf Wissen, immer nur auf Glauben (Überzeugung) beruhen. Man kann nicht optimistisch hinsichtlich des Fallgesetzes sein, man weiß, daß es sich durchsetzt; aber wir sind für den Ausgang jeder Klassenschlacht optimistisch, weil wir fest an den Sieg glauben, ohne zu wissen, wie sie ausgehen wird.

Entschuldige, ich bin vom Thema abgekommen, wieder ganz begeistert von den Problemen, vielleicht auch, um Dir zu zeigen, wie man noch als Urgroßvater neue Ideen entwickeln kann, die zur allgemeinen Diskussion geeignet sind und uns vorwärtsbringen.

Für mein vieles Schreiben spielt sicher auch eine Rolle, daß man als Gesellschaftswissenschaftler bis in ein hohes Alter schöpferisch arbeiten kann. Körperliche Arbeit, die es als Lebenshauptberuf im vollendeten Kommunismus nicht mehr geben wird, fällt mit zunehmendem Alter immer schwerer, im Gegensatz zu wissenschaftlicher und künstlerischer Arbeit: Denke an W.E.B. Du Bois oder an Tizian, die noch im zehnten Jahrzehnt ihres Lebens wissenschaftlich bzw. künstlerisch aktiv waren.

Und dann darfst Du nicht vergessen, daß von meinen bald 3000 Veröffentlichungen nur etwa 100 Bücher oder stärkere Broschüren sind. Größtenteils handelt es sich um Artikel, in der Hauptsache publizistische Arbeiten, für die Masse der Werktätigen bestimmt. Wissenschaftler war ich, bevor ich zur Partei kam: die Partei machte aus mir dann einen ordentlichen marxistischen Wissenschaftler, und sie entwickelte mich auch zum Journalisten, zum schreibenden Propagandisten. (Schreibender Propagandist und für die Werktätigen schreibender Wissenschaftler sind nicht identisch, da der Propagandist vor allem gesichertes Wissen populär darstellt.) Das ist nicht nur ein Beruf. Es wird zu einer Eigenschaft, zu einem ununterdrückbaren Trieb, zu einer Leidenschaft, die das ganze Leben begleitet. Solange Journalismus mein eigentlicher Beruf war, 1932 und 1933, kam ich nicht dazu, wissenschaftliche Bücher zu schreiben. Als ich aber wieder als Wissenschaftler arbeitete, blieb mir der Trieb, Publizist zu sein. Und je älter ich wurde, insbesondere als ich keine staatlichen Funktionen mehr ausübte, desto heftiger wurde dieser Trieb. Seit Jahren schreibe ich jeden Monat einen Artikel für die »Junge Welt«, die Tageszeitung unserer Jugend, für »horizont« und für ADN; letzterer wird in der Bezirkspresse der Partei abgedruckt. Dazu kommen gelegentlich Artikel für das »Neue Deutschland«, »Das Magazin«, die »Weltbühne« sowie andere Zeitungen und Zeitschriften.

Jetzt verstehst Du schon besser, warum ich so viel geschrieben habe, arbeite ich doch gewissermaßen in zwei Berufen: als Wissenschaftler und als Publizist oder Journalist oder Propagandist. Dabei hat sich gezeigt, daß man den zweiten Beruf, nachdem man ihn einmal erlernt hat – und ich hatte eine gute Schule unter Albert Norden und Alexander Abusch sowie unter Raji Palme Dutt in England –, durchaus nebenbei ausüben kann.

Übrigens kannst Du aus der Bibliographie von Erika Behm – wieder ein Glück in meinem Leben: sie ist, nachdem sie zuerst meine Sekretärin im Institut für Wirtschaftsgeschichte war, meine mir freundschaftlich gesinnte Assistentin geworden – ersehen, daß es Jahre gab, in denen ich kaum Artikel schrieb. Das waren Jahre, in denen ich entweder nur beschränkte publizistische Möglichkeiten besaß oder die Partei aus ideologischen Gründen keinen Wert auf meine publizistische Tätigkeit legte – wie von 1958 – 1960. Während dieser Zeit arbeitete ich dann aber besonders intensiv wissenschaftlich.

Übrigens schreibt mein Freund Jürgen Treder, obgleich er sehr krank ist, fast ebensoviel wie ich und weit Bedeutsameres: Wenn sich an unserer Akademie auch kein Genie befindet, so haben wir doch ihn als dem Genie am nächsten Kommenden. Außerdem ist er ein Naturwissenschaftler mit einem hochtheoretischen Spezialgebiet und einer erstaunlichen Allgemeinbildung auf zahlreichen natur- und gesellschaftswissenschaftlichen Gebieten – wie alle großen naturwissenschaftlichen Gelehrten von den frühen Griechen bis in die Mitte des 19. Jahrhunderts und einige, zum Beispiel Einstein, auch später.

Ich bin davon überzeugt: Wenn es uns in einer sozialistisch gewordenen Welt und in noch sehr ferner Zukunft gelungen sein wird, die Produktivität auf ein solches Maß zu heben, daß jeder Bürger nur ein bis zwei Jahre »Dienst« in der materiellen Produktion zu leisten hat, dann werden viele Menschen so viel schreiben wie ich.

Und heute? Niemals war das Bedürfnis nach gut lesbarer gesellschaftswissenschaftlicher Literatur so groß wie in unserer Zeit – einmal, weil es eine ständig steigende Leserzahl gibt, und sodann, weil so viel langweilig geschriebene gesellschaftswissenschaftliche Literatur veröffentlicht wird.

Noch eine Warnung zum Schluß: Verwechsle ja nicht vieles Geschriebene mit Geschriebenem von großer Bedeutung – ich schrieb nichts von großer Bedeutung, aber manches aktuell Nützliche für den direkten Klassenkampf und die Weiterentwicklung der Gesellschaftswissenschaften. Und ich habe eine große Fleißarbeit von wirklicher Qualität – aber nicht mehr! – mit meiner vierzigbändigen »Geschichte der Lage der Arbeiter« fertiggestellt.

Ganz am Ende möchte ich Dich noch auf eine Sache aufmerksam machen: Ich habe leider nur eine geringe Zahl inhaltsvoller, wissenschaftlich bedeutsamer Briefe geschrieben, auch nur wenige von kultureller oder alltäglicher Aussagekraft, wie Deine Urgroßmutter, die ganz prächtige Briefe schreiben kann, oder Deine Urgroßtante Renate. Meine Briefe aus der Zeit vor 1933 lohnen nicht, die in der Illegalität waren ohne Belang, meine vorsichtigen Briefe in der Emigration sind von den Empfängern vernichtet worden oder verlorengegangen, in den ersten Jahrzehnten nach 1945 gab es keinen Partner, der Zeit fand zu antworten, und meine Briefe an Deine Urgroßmutter sind meistens Informationsbriefe gewesen.

Erst in den allerletzten Jahren beginnen wieder einige Wissenschaftler bei uns zu begreifen, was uns kulturell verloren gegangen ist durch den Verlust der Kunst des Briefeschreibens, waren Briefwechsel doch stets eine bedeutende Quelle und ein wichtiges Mittel wissenschaftlichen und allgemein kulturellen Fortschritts. Im Band 10 meiner »Studien« habe ich derartige Briefwechsel zu bestimmten Problemen veröffentlicht. Auch habe ich mit Band 3 zum ersten Mal den Briefwechsel von Marx und Engels in einem ganzen Buch behandelt und im folgenden Band die Briefwechsel einiger bedeutender bürgerlicher Gelehrter.

Ich hoffe darum sehr, daß aus Dir, lieber Robert, ein geistvoller und eifriger Briefschreiber wird – im Gegensatz zu Deinem Urgroßvater, der zwar zahllose, doch wenig lohnende Briefe hinterläßt.

ZUSATZFRAGE

Wenn wir von Deinen Arbeiten auf dem Gebiete der politischen Ökonomie und zur Lage der Arbeiter absehen, ist es nicht, wie man das früher nannte, eine Art Dilettantismus, wenn Du auf anderen Gebieten schreibst?

Ja, in gewisser Weise schon, wenn man unter Dilettantismus Arbeit auf einem Gebiet versteht, das nicht zum Hauptberuf gehört. Aber einmal wären dann fast alle großen Wissenschaftler bis in das achtzehnte Jahrhundert Dilettanten gewesen oder

Amateure, wie man sie auch nennt, weil sie einen anderen Beruf als den eines Wissenschaftlers ausübten. Und dann darfst Du nicht glauben, daß Dilettantismus etwas mit Oberflächlichkeit oder gar Stümperei zu tun hat. Schließlich mußt Du bedenken, daß in der Wissenschaft mitunter Leistungen weniger durch ihren Inhalt einen wissenschaftlichen Wert erhalten als durch die von ihnen ausgehende Anregung.

Nimm zum Beispiel meinen kurzen »Ausflug« in das Gebiet der theoretischen, der allgemeinen Soziologie im Jahre 1957. Der Artikel über soziologische Gesetze, den ich damals für die sowjetische Zeitschrift »Fragen der Philosophie« schrieb, der erste und letzte dieser Art, mit dem ich mich auch im Band 10 meiner gesellschaftswissenschaftlichen Studien beschäftigt habe, wurde damals nicht nur allgemein kritisiert; er ist auch wirklich nichts Besonderes. Und doch hat er in der Geschichte der marxistischen Soziologie zur Zeit ihrer Wiedergeburt eine große Rolle gespielt. So schrieb noch 1975 der sowjetische Soziologe A. K. Uledow: »Die Diskussion über soziologische Gesetze begann im Jahre 1957 mit den Ausführungen des deutschen Soziologen J. Kuczynski in der Zeitschrift ›Fragen der Philosophie‹ ... Der Artikel erregte lebhafteste Aufmerksamkeit in philosophischen Kreisen und brachte eine Vielzahl von Reaktionen in den theoretischen Zeitschriften, in der monographischen und anderen gesellschaftswissenschaftlichen Literatur hervor.« Damals waren wir alle Dilettanten in der marxistischen theoretischen Soziologie, was auch das Niveau der negativen Kritik an meinen Ausführungen in jener Zeit beweist. Du verstehst, nichts kann mir ferner liegen, als diesen Artikel heute den Soziologiestudenten zur Lektüre zu empfehlen. Zugleich aber wirst Du einsehen, wie überaus wichtig es war, die Frage der soziologischen Gesetze endlich öffentlich anzupacken.

Ganz anders sind meine Studien über einige französische Gesellschaftswissenschaftler von Montesquieu bis Michelet zu beurteilen. Natürlich bin ich kein Romanist, dennoch schrieb der bedeutendste Romanist der Nachkriegszeit, Werner Krauss, in einer Rezension dieses Bandes: »Wie man sieht, werden in diesem ersten Teil nur Franzosen behandelt. Die Art dieser Besprechung würde jedem Romanisten zur Ehre gereichen. Darüber hinaus aber besticht sie durch die sichere Handhabung der Dialektik und die Selbstgewißheit, die das Bewußtsein einer beherrschten Methode verleiht.« Ich habe auch den letzten Satz zitiert, weil er meiner Ansicht nach das Geheimnis verrät, warum es einem guten marxistischen Gesellschaftswissenschaftler möglich ist, auf von Marxisten noch relativ unbearbeiteten Gebieten etwas Nützliches zu schaffen. Das Kulturerbe ist schließlich unermeßlich groß, und die Zahl der marxistischen Gesellschaftswissenschaftler wächst erst seit der Oktoberrevolution einigermaßen schnell (diese hatten und haben sich überdies vielfach noch mit dringenden Tagesproblemen zu beschäftigen), so daß man hier immer wieder in Neuland vorstoßen und – arbeitet man sich mit Fleiß ein – durchaus etwas Solides leisten kann. Insbesondere, wenn man über die von Marx so an Ricardo gerühmte Gabe der Unbefangenheit verfügt. Nimm etwa unter meinen Studien zur deutschen Literatur meinen Novalis-Aufsatz aus dem Jahre 1966. Ich weiß nicht, ob ihm heute noch ein Nutzen beizumessen ist, damals jedenfalls leitete er eine neue Haltung zur Frühromantik ein. Die Romantik galt bei uns zu dieser Zeit im allgemeinen als eine »reaktionäre Richtung«, es wurde ihr wenig vernünftige Aufmerksamkeit geschenkt. Das hat sich seitdem geändert, und obwohl diesen Aufsatz sicherlich keiner der Literaturprofessoren Deiner Zeit mehr kennen wird, war sein Erscheinen wichtig. Vielleicht findest Du ihn in einer Literaturgeschichte sogar als Fußnote erwähnt.

Ähnlich war es auch mit meinem Aufsatz über Dürrenmatt im Jahre 1964. Dürrenmatt wurde bei uns als ein »westlicher bürgerlicher dekadenter Schriftsteller« abgeurteilt. Es gelang mir, in der »Neuen Deutschen Literatur« einen Aufsatz über ihn mit dem Titel »Friedrich Dürrenmatt – Humanist« zu veröffentlichen, und als ich meiner Freundin Helli Weigel, der Frau Bertolt Brechts, von seiner Annahme für den Druck erzählte, meinte sie: »Dann können wir den ›Besuch der alten Dame‹ bestimmt herausbringen.« Sie war natürlich viel zu klug, um Dürrenmatt nicht für einen der besten Dramatiker unserer Zeit zu halten.

Wieder anders steht es mit meinen Studien über »Wissenschaft und Kunst« und deren vergleichsweise Aneignung der Welt. Hier handelt es sich um ein altes Thema, das in der deutschen Literaturwissenschaft seit Lessing, Goethe, Schiller und Wilhelm von Humboldt eine große Rolle gespielt hat, seit den dreißiger Jahren jedoch war es, insbesondere was die historische Betrachtung des Niveaus der faktischen Aneignung betrifft, aber auch in der Theorie vernachlässigt worden. Es wäre nicht richtig zu sagen, daß ich hier der Wiederzuwendung zu solchen Problemen einen entscheidenden Anstoß gegeben habe, aber die Art, in der ich an die Problematik heranging, war doch eine besondere, so daß einer der besten Literaturwissenschaftler unserer Zeit, Werner Mittenzwei, in einem Brecht-Artikel für »Sinn und Form« schrieb: »Wortführer dieser ästhetischen Denkrichtung wurde der Altmeister der marxistischen Wirtschaftswissenschaft und profunde Kunstkenner Jürgen Kuczynski.«

Ich hoffe, Du findest mich nicht eitel, wenn ich hier Werner Krauss, Werner Mittenzwei und andere über mich zitiere. Es soll Dir nur zeigen, daß Autoritäten ihres Fachs meine »dilettantischen« Arbeiten durchaus als solide und wissenschaftlich anerkennen. Die ganze Haltung, die aus Deiner Frage spricht, beruht doch nur darauf, daß wir uns daran gewöhnt haben, über eine ganze Reihe ordentlicher Fachspezialisten zu verfügen, aber wenig Verständnis für die Forderung nach vielseitigen gesellschaftswissenschaftlichen Spezialisten herrscht, nach »allgemeinen Spezialisten« der verschiedenen Gesellschaftswissenschaften, die sowohl auf dem Gebiet der Literaturwissenschaften als auf dem der Politischen Ökonomie, der Philosophie und Geschichte arbeiten können, weil sie ein festes marxistisches Grundwissen besitzen, die marxistische Methodologie beherrschen und sie als allgemein gebildete Gesellschaftswissenschaftler anwenden können.

Sicherlich gibt es unter den Marxisten der vierziger bis siebziger Jahre auch nicht allzu viele davon – ganz im Gegensatz zu den Marxisten der zwanziger und dreißiger Jahre. Aber ich bin überzeugt, daß sich das zu der Zeit, in der Du Deine Fragen stellen könntest, schon etwas geändert hat, und hast Du erst einmal mein Alter erreicht, wirst Du Dich über eine solche Frage wundern, und die Vielfalt der Arbeiten Deines Urgroßvaters wird Dir als eine Selbstverständlichkeit erscheinen.

Mir fällt noch ein, daß ich auch etwas schöne Literatur geschrieben habe – sogar einen kleinen Roman, der in der »Roten Fahne« erschienen ist. Ich habe ihn in meinen Memoiren erwähnt. Dort noch nicht berichten konnte ich, daß inzwischen mir unbekannte Linke in der BRD eine Buchausgabe des Romans herausgebracht haben, ohne mein Wissen natürlich, da ihnen meine Mitautorenschaft nicht bekannt war. In ihrem Vorwort zu der neuen Ausgabe schreiben sie:

»Der Roman ›Die letzten Tage von ...‹ stellt eine literarische Rarität dar: Er ist der erste Kollektivroman, der außerhalb der Sowjetunion erschienen ist. Er wurde vor vierzig Jahren von einem Kollektiv der Roten-Fahne-Redaktion geschrieben und in der Roten Fahne, dem Zentralorgan der KPD, veröffentlicht. Es handelt sich um einen Gegenwartsroman, der die aktuelle Tagespolitik Ende 1931 mit der Arbeit eines Betriebszellenleitungsmitgliedes eines Berliner Metallbetriebes und mit der Arbeit seiner Freundin, einer Verkäuferin, verbindet. Der

Roman – der am 16. Oktober 1931 einsetzt und am 4. Dezember 1931 endet – beschreibt in jeder Folge die Arbeit und die Sorgen der beiden Hauptpersonen, die sich am Tag zuvor wirklich ereigneten. Er zeigt in anschaulicher und fesselnder Weise die Agitation und Propaganda im Betrieb, Streikaufrufe, die geheime Erstellung von Flugblättern, den Kampf der KPD gegen Sozialfaschisten, Gewerkschaftsbonzen und faschistische Mordbanden. Der Roman ist ein Kampfaufruf an alle Werktätigen: Für die Befreiung vom Joch des Kapitalismus!«

Du siehst, ganz so mäßig kann er nicht gewesen sein, aber natürlich handelte es sich bei dieser Arbeit von mir wirklich um Dilettantismus im üblichen Gebrauch des Wortes – jeder merkt, daß sich ein nicht im Fach Geübter versucht hat.

Einen solchen Versuch habe ich noch einmal veröffentlicht. Ich schrieb 1944 eine antifaschistische Novelle und brachte sie versehentlich mit nach Deutschland zurück. Als ich in der »Täglichen Rundschau« von einem Preisausschreiben für eine Geschichte las, schickte ich das Manuskript ein – und gewann einen dritten Preis. Die Geschichte wurde in der Zeitung abgedruckt. Als ich meiner Mutter von dem Preis schrieb, antwortete sie mir, sie hätte mich bisher stets für einen erstklassigen Ökonomen gehalten, jetzt aber erkenne sie, daß ich ein drittklassiger Schriftsteller sei. Es blieb mein einziger literarischer Versuch, den ich mit tiefstem Ernst und Gefühl geschrieben habe, aber das reichte nicht aus, ein lohnendes Werk zu schaffen.

Ich glaube nicht, daß ich mich dieser beiden Versuche schämen muß – aber nur, weil ich mich eben nicht für einen lohnenden Schriftsteller halte. Und beide Versuche waren nicht ohne Nutzen. Auch vermittelte mir der zweite die Bekanntschaft mit Bernhard Kellermann, dem bedeutenden linksbürgerlichen Schriftsteller, der ihn als Jurymitglied für den Preis mit auswählte. Kellermann wollte mich ermutigen, weiterzuschreiben, aber ich kannte meine Fähigkeiten oder Unfähigkeiten besser als er. Er hat es mir nicht übelgenommen, daß ich seinem Rat nicht folgte, und wir waren in den folgenden Jahren öfter gern zusammen.

Ganz gelegentlich verfaßte ich auch Kurzgeschichten, zumeist für das »Magazin«, das meine alte Freundin Hilde Eisler herausgab. Über die letzte Kurzgeschichte schrieb eine Leserin, es sei die beste Humoreske, die sie seit vielen Jahren gelesen habe. Du siehst also, ich bereitete sogar manchen Menschen Freude damit.

Gedichte habe ich kaum geschrieben und das letzte an Deine Urgroßmutter, noch vor unserer Ehe. Ich war selbstkritisch genug, ihr nur davon zu berichten.

Mehrmals versuchte ich mich auch an einem Detektivroman, habe es aber stets nach ein paar Seiten aufgegeben, da ich merkte, er taugte nichts.

Ich bin also, wenn Du von meinen Hauptarbeitsgebieten absiehst, ein Dilettant im guten und weniger guten Sinne. Aber wegen des letzteren brauchst Du mir nicht böse zu sein, ich verschwendete auf »schönliterarische« Betätigung nicht viel Zeit, da ich mir nie Illusionen über meine Fähigkeiten machte.

NOCH EINE ZUSATZFRAGE

Wie hast Du die Zeit für so vieles Schreiben gefunden? Führst Du tatsächlich ein so schrecklich streng und genau geregeltes Leben?

Das erzählt Deine Großmutter gern, ich glaube aber, sie übertreibt dabei etwas. In meiner frühen Jugend führte ich gar kein so geregeltes Leben. Dann, als hauptberuflicher Funktionär der Partei, war ein streng geregeltes Leben erst recht nicht möglich, dazu waren die Anforderungen der Partei viel zu verschiedenartig und jeweils viel zu plötzlich.

Erst als wir nach Weißensee zogen, begann eine strengere Regelung, weil die gesellschaftlichen Anforderungen seit 1950 zwar nicht geringer, aber geregelter wurden. Jetzt hatte ich wirklich auch den Funktionen nach nur einen Hauptberuf: Wissenschaftler.

Öfter habe ich den Beruf des Wissenschaftlers mit dem des Sportlers verglichen. Beide müssen nicht nur fleißig sein und überhaupt ein äußerst diszipliniertes Leben führen. So wie der Sportler sich für den bestmöglichen Zustand seines Körpers verantwortlich fühlen muß, so muß der Wissenschaftler dafür sorgen, daß seine geistige Arbeitsfähigkeit in bester Verfassung ist – und das erfordert zumeist auch ein »körperlich« gut geregeltes Leben.

Als ich sehr jung war, zum Schulende, in der Studentenzeit und auch noch später, habe ich, wie Du aus den Memoiren weißt, viel getanzt, bin gern ins Theater gegangen, habe auch oft mit Freunden bis in die Nacht diskutiert oder einfach nur geplauscht. Schon aus Geldmangel trank ich wenig Alkohol, aber wenn es welchen gab, soviel wie auf mich kam, ohne jede Folgen – was mir später die Bewunderung mancher Sowjetfreunde einbrachte.

Leider entwickelte sich bei mir schon gegen Ende meiner Zwanzigerjahre ein starkes Schlafbedürfnis, und Anfang dreißig merkte ich, daß ich am Morgen nicht so gut arbeiten konnte, wenn ich abends lange aufblieb. Je älter ich wurde, desto deutlicher wurde auch, daß ich am späten Nachmittag und abends nicht mehr ordentlich schreiben konnte. Ich war während dieser Tageszeiten gewissermaßen ein wissenschaftlicher Invalide. Vormittags arbeitete ich ausgezeichnet und, wenn ich zu Hause Mittag aß und die Großmutter mir einen guten Kaffee zum Abschluß des Essens machte, auch noch ein, zwei Stunden nach dem Essen. Danach aber war Schluß.

Unter diesen Umständen habe ich natürlich alles getan, um den Vormittag zu Hause arbeiten zu können. Seit ich 1968 meine Funktion als Institutsdirektor aufgab, bin ich kaum mehr als zwei-, dreimal im Monat vormittags in die Stadt gefahren und fast immer gegen 20.20 Uhr schlafen gegangen. Wenn ich dann um 5.30 Uhr aufstehe, habe ich etwa fünf Stunden am Vormittag Zeit, um zu schreiben oder Briefe zu erledigen. Gegen 11.30 Uhr fahre ich in die Stadt, um Mittag zu essen, meist in der Mensa der Universität, wo ich mit Lehrkräften der Universität zusammensitze und so Kontakt mit ihnen behalte, im Kasino der Akademie oder auch in einem Restaurant mit einem Wissenschaftler von außerhalb oder aus dem Ausland, wodurch ich natürlich viel Zeit spare, weil das Ende des Essens auch das Ende unserer Unterhaltung bedeutet ... lassen sich doch die Probleme einer solchen Unterhaltung zumeist leicht in einer Stunde lösen. An einem der fünf Wochentage versuche ich, den ganzen Tag zu Hause zu bleiben; dann nimmt das Mittagessen nur wenig Zeit in Anspruch.

Aus der Biographie Max Webers weiß ich, daß er Wert darauf gelegt hatte, durch das Mittagessen nicht mehr als eine Viertelstunde in Anspruch genommen zu werden, und oft sagt die gute Urgroßmutter nach unserem Mittagessen: wie bei Webers. Glücklicherweise ißt unsere langjährige Haushilfe mit uns – wir essen immer in der Küche –, so bleibt die Urgroßmutter, wenn ich aufstehen darf, nicht allein. Abends, wenn wir zu zweit essen, bleibe ich natürlich bei ihr, bis sie fertig ist. Nach einem solchen Mittagessen zu Hause aber laufe ich immer schnell zum Schreibtisch, zünde mir eine Brasilzigarre an und fahre fort zu schreiben oder Geschriebenes durchzulesen. Während ich kaum Alkohol trinke, rauche ich den ganzen Tag: morgens, nach dem Frühstück, Pfeife; um 9.00 Uhr trinken die Urgroßmutter und ich eine Tasse Tee, danach rauche ich eine Brasil, dann wieder

Pfeife. Wenn ich in der Stadt esse und anschließend in die Bibliothek des Instituts für Geschichte gehe, um in der Presse der kapitalistischen Welt zu lesen – eine amerikanische, eine englische und eine westdeutsche Zeitung –, rauche ich eine Brasil. Schließlich noch eine am Nachmittag; erst abends kommt der Hauptgenuß des Tages: eine Havanna-Zigarre, dazwischen natürlich viel Pfeife. Als die Genossin Wittbrodt, die mich im Regierungskrankenhaus betreut, neulich fragte: »Jürgen, wie lange rauchst du denn schon?«, antwortete ich ihr: »Nun, etwa sechzig Jahre.« Und auf ihr »Wie lange willst du denn noch rauchen?« sagte ich: »Das kann ich dir ganz genau sagen: Das letzte Mal rauche ich in Baumschulenweg«, wo nämlich unser Krematorium gelegen ist.

Da ich, wie ich Dir schon sagte, morgens nicht gut arbeiten kann, wenn ich am Abend lange aufbleibe, gehen wir fast nie abends aus. Von Zeit zu Zeit haben wir Gäste, aber wir laden sie zu einem frühen Abendbrot ein, und sie wissen, daß wir zeitig schlafen gehen.

Du siehst also, wie streng geregelt einerseits unser Leben ist – aber auch, und das ist unbedingt notwendig, wie ungeregelt mein Leben am Nachmittag ist, außer natürlich der für meine Artikel unbedingt notwendigen Zeitungslektüre nach dem Mittagessen. Kein Plan, der den ganzen Tag einbezieht, kann funktionieren. Jeder Plan muß Platz für Unvorhergesehenes lassen. Wie kann ich planen, wen ich am Nachmittag im Institut für Wirtschaftsgeschichte oder in der Akademie treffe! Ist das doch das Geheimnis jeder guten Planung: streng das Geplante einhalten, aber immer planfreie Zeit für die Vielzahl der Reichhaltigkeit des Lebens lassen – sowohl für den einzelnen wie auch etwa für den Betrieb. (Eines der ernsten Hindernisse für den technischen Fortschritt in unserer Wirtschaft ist die hundertprozentige Planung unserer Produktion, die keinen Raum für technische oder organisatorische Experimente läßt.)

Komme ich am späten Nachmittag nach Hause, bleibt mir bis zum Schlafengehen wieder ungeplante Zeit. Im allgemeinen lese ich dann Zeitschriften und wissenschaftliche Bücher. Nach dem Abendbrot um 18.30 Uhr aber lese ich nur nichtwissenschaftliche Sachen, seit einigen Jahren schon, weil ich sonst nicht gut schlafe. Sonnabend- und Sonntagnachmittag bin ich, außer ein bis zwei Stunden nach dem Mittagessen, wo ich wie am Vormittag schreibe, ganz faul und lese Detektivromane.

Warum schildere ich Dir das alles so genau? Einmal, damit Du erkennst, wie notwendig ein diszipliniertes Arbeiten, ein diszipliniertes Leben für einen Wissenschaftler ist. Dann, damit Du die notwendigen Grenzen eines geplanten Lebens siehst. Schließlich aber auch, damit Du siehst, wie Deine Urgroßmutter alles getan hat, um mir ein so diszipliniertes Leben zu ermöglichen. Zu unserem Glück kann auch sie zumeist nicht abends und nachts arbeiten, obgleich sie sicher ohne mich öfter am Abend zu Freunden oder ins Theater ginge. Aber wie ungern würde ich es missen, daß sie um 20.20 Uhr an meinem Arm die Treppe zur Schlafetage hinaufgeht. Wie scheußlich fände ich es, am Morgen allein frühstücken zu müssen.

SECHSTE FRAGE

Sei nicht böse, Urgroßvater, und antworte mir nicht, wenn Du nicht möchtest, aber ich wüßte gern, was Du über Dich in der »Stalinzeit« sagen würdest.

Natürlich werde ich Dir antworten. Ich meine, daß kein verantwortlicher Genosse aus dieser Zeit einer Antwort sich selbst und späteren Generationen gegenüber entgehen kann. Das Schweigen, das viele über diese Zeit, über das eigene Denken in ihr ausbreiten, scheint mir grundfalsch oder elend feige.

Zunächst möchte ich Dir sagen, daß ich voll und ganz ein Kind der »Stalinzeit« gewesen bin, mit ihren großen Leistungen und ihren negativen Erscheinungen, gefangen von der bedeutenden Gestalt Stalins, seiner Politik, seiner Parteilinie, in einer, wirst Du vielleicht sagen, erschreckenden Naivität, oftmals bar jener kritischen Überlegung, wie sie Marx und Engels und Lenin immer geübt haben, sich selbst gegenüber wie gegenüber der Linie der Partei und der Entwicklung der Theorie des Marxismus. In vielerlei Beziehung glich ich mehr einem Gläubigen als einem Wissenschaftler, ohne mir das je eingestanden zu haben.

Du mußt Dir immer sagen: Stalin war eine große Gestalt im positiven wie im negativen Sinne. Auch nach dem XX. Parteitag habe ich ihn stets so gesehen und behandelt. Während ich meine vierzigbändige »Geschichte der Lage der Arbeiter« schrieb, war Stalin aus den Büchern der Sowjetunion und der mit ihr engstes verbundenen Länder verschwunden. Als ich ihn in meinen Manuskripten mit Zitaten aus seinen Schriften erwähnte, wollten die Gutachter und der Verlag diese Stellen gestrichen haben. Ich ging zur Partei, und wir einigten uns auf einen Kompromiß. In der »Lage der Arbeiter« würde ich Stalin positiv oder negativ, je nachdem es mir im einzelnen Fall wissenschaftlich richtig erschien, zitieren, in Artikeln nicht. Du wirst also die groteske Tatsache finden, daß in dieser Zeit meine Bände wohl die einzigen Bücher in der DDR oder der Sowjetunion waren, die Zitate von Stalin enthielten.

Selbstverständlich war diese bei uns allgemeine Behandlung von Stalin nur eine Fortsetzung des »Stalinismus«: War jemand »in Ungnade« gefallen, wurde er nicht mehr erwähnt.

Stalin hat, das mußt Du wissen, zwei große Leistungen vollbracht.

Die eine war eine politische: Er hat die Linie der Schwerindustrialisierung der Sowjetunion als Primat gegen alle Änderungsversuche durchgeführt und damit die Basis für die wirtschaftliche und militärische Stärke der Sowjetunion, die Basis für den Sieg gegen den Faschismus geschaffen.

Die andere war eine persönliche. Er besaß – noch nach 1945 – das tiefe Vertrauen des Volkes. Das wird Dir vielleicht angesichts der Zeit nach 1945, angesichts auch der Prozesse vor 1940, erstaunlich erscheinen. Aber ich will Dir einen Beweis geben: Auch nach 1956, nachdem sich herausstellte, welche Verbrechen unter seiner Führung begangen wurden, versicherten mir sowjetische wie deutsche Genossen, die während des Krieges in der Sowjetunion lebten, was es für sie bedeutet hatte, Stalin über das Radio sprechen zu hören, welche moralische und Kampfeskraft es ihnen gab.

Zugleich jedoch hat er dieses Vertrauen, das letztlich auch mit auf die einzigartige Rolle Lenins und die Leistungen der Bolschewiki unter seiner Führung zurückging, auf das schrecklichste mißbraucht.

Kein Zweifel kann auch darüber bestehen, daß Stalin der hervorragendste Propagandist des Marxismus-Leninismus war, glänzend begabt, schwierige Sachverhalte einfach darzustellen. Der Unsinn war nur, daß er und wir diese propagandistischen Leistungen, die für die Propaganda notwendigerweise vereinfachten Darstellungen für wissenschaftliche Leistungen hielten, eine Reihe propagandistischer Formulierungen zum Dogma erhoben und so auch den echten wissenschaftlichen Meinungsstreit abtöteten. Daraus ergab sich, daß wir uns von Stalins neuen wissenschaftlichen Ideen ebenfalls schnell überzeugen ließen, ohne sie als oftmals falsch zu erkennen.

Stalin war ein hervorragender Organisator – verwandte diese Fähigkeit aber zugleich darauf, einen ihm als Generalsekretär der Partei blind ergebenen bürokratischen Parteiapparat aufzubauen. So kam es häufig fast zur Ersetzung der Diktatur des Proletariats durch die Diktatur des Parteiapparats mit dem Generalsekretär an der Spitze – nicht einmal Diktatur der Partei!, denn das Zentralkomitee und selbst das Politbüro spielten zum Schluß kaum noch eine Rolle. Die Kombination von nicht sehr großen eigenen schöpferischen wissenschaftlichen Fähigkeiten sowie mangelndem Verständnis für schöpferische wissenschaftliche Arbeit anderer und vielfach praktizierter Diktatur des Parteiapparates führten zu einer Unterdrückung zahlreicher schöpferischer wissenschaftlicher (und auch künstlerischer) Kräfte. Wissenschaft und Kunst lagen auf vielen Gebieten, nach 1945, darnieder. Einstein wurde zum »imperialistischen Agenten«, zum »Kosmopoliten« erklärt, die allgemeine Relativitätstheorie entsprechend verurteilt. Die deutsche klassische bürgerliche Philosophie, insbesondere Hegel, wurde zu einer reaktionären Strömung. Ein Scharlatan wie Lyssenko – er wurde als Genie der Pflanzenzüchtung betrachtet – konnte die Biologie um ein halbes Jahrhundert und mehr zurückwerfen, noch vor den »Reaktionär« Mendel.

Du siehst also, wie zwiespältig die Gestalt Stalins und seine Zeit sich darstellen: Einzigartiges leisteten die Völker der Sowjetunion in diesen Jahren, und Großartiges, ja, so muß man formulieren, leistete auch Stalin. Aber Schlimmes, Schreckliches brachte die Zeit zugleich für viele Menschen, darunter zahlreiche gute, treue alte und junge Genossen. Niemals darfst Du nur eine Seite sehen – und Du mußt auch begreifen, daß die positive Seite der »Stalinzeit« in der Geschichte stets als die für das Schicksal der Menschheit entscheidende betrachtet werden wird.

Doch nun zu Deiner Frage: zu mir in dieser Zeit.

Das, was man »Stalinismus« oder »Stalinzeit« nennt, begann zwar schon in der zweiten Hälfte der dreißiger Jahre, drang aber erst allmählich in die anderen Parteien ein. In der Zeit der Illegalität spielte der »Stalinismus« in Deutschland für uns noch keine größere Rolle, und in England hatte er bis 1944, insbesondere in der Gruppe der deutschen Emigranten, relativ wenig Einfluß. Nur einmal wurde ich ein Opfer der »Stalinzeit« in einer Weise, deren ich mich immer schämen werde. Ich will Dir davon erzählen.

Damals lebte Hermann Duncker einige Zeit in England – auf dem Wege nach den USA zu einem seiner Söhne, der dorthin ausgewandert war. Hermann war ein großartiger Genosse, einer der Mitbegründer unserer Partei; ein glänzender Propagandist, vor dem ersten Weltkrieg mit Rosa Luxemburg und Franz Mehring an der zentralen Parteischule der Sozialdemokratie tätig, dort auch Lehrer von Wilhelm Pieck; uns, Deiner Urgroßmutter und mir, damals in England persönlich nahegekommen, lieb zu unseren Kinder – ein besonderes Erlebnis für uns.

Eines Tages erreicht uns die Nachricht, daß Bucharin, ein enger Freund Lenins, dessen politische Überlegungen zeitweise natürlich auch falsch waren, verhaftet worden war – und mit ihm der Sohn von Hermann, der in der SU lebte. Ich war damals Politischer Leiter der deutschen Genossen in England, und so war es meine Aufgabe, nach Erhalt der Nachricht zu Hermann zu gehen, ihm menschlich zu helfen und »vor allem natürlich« zu sehen, daß er nicht »politische Schwierigkeiten« haben würde, das heißt, daß er, wie ich »natürlich«, von der Schuld

Bucharins und seines Sohnes wirklich überzeugt war – die Sowjetjustiz machte keine Fehler. Selbstverständlich wurde mir der Weg zu ihm schwer, schon weil er mir so lieb war, aber auch »wegen der Bedeutung meiner politischen Aufgabe«, bei einem so alten und angesehenen Genossen wie Hermann »keinen Zweifel aufkommen zu lassen«.

Ich fand die Tür zu seinem Zimmer unverschlossen, Hermann auf dem Bettsofa liegend und weinend. Immer wieder sagte er, daß ein Fehler gemacht worden sein müsse, weder Bucharin, mit dem er gut befreundet war, noch sein Sohn könnten Verräter sein. Lange dauerte es, bis ich ihn davon überzeugen konnte, daß die Sowjetjustiz keine Fehler mache, keine Fehler machen konnte.

Als ich ihn nach einer Stunde verließ, hatte er sich ein wenig beruhigt, weinte nur noch leise vor sich hin, streichelte mir die Hand und sagte: »Sicher hast du recht, sicher macht die Sowjetjustiz in solchen Dingen keine Fehler, aber du verstehst, wie schwer es für mich ist, an den Verrat meines Sohnes und des alten guten Freundes Bucharin zu glauben.«

Wir blieben weiter einander gut, solange er lebte – und niemals wieder haben wir über diese Stunde gesprochen.

Natürlich war ich völlig unschuldig und naiv – aber wenn ich daran denke, wie verantwortlich ich mir in dieser Sache vorkam und wie ich von ihm wegging, zerwühlt und erschöpft, aber stolz – ja stolz! –, daß meine Aufgabe gelungen war – da schäme ich mich einfach, denn Unschuld und Naivität sollten ihre Grenzen haben, und die hatte ich hier überschritten.

Das ist aber wohl das einzige, dessen ich mich in der »Stalinzeit« wirklich zu schämen habe – was jedoch nicht an mir, sondern an meinen Umständen lag. Ich wurde einfach nicht wieder in eine solche Situation gebracht; andernfalls hätte ich bestimmt mehr Gründe zum Schämen gehabt.

Ansonsten hatte ich nur in dieser oder jener Weise unter der »Stalinzeit« ein wenig zu leiden, es war, bis auf meine Enthebung von der Präsidentschaft der Gesellschaft für Deutsch-Sowjetische Freundschaft, für mich recht bedeutungslos.

Doch wie steht es mit den wissenschaftlichen Arbeiten, könntest Du mit Recht fragen, nahmen sie keinen Schaden in der »Stalinzeit«?

Selbstverständlich kann kein Zweifel darüber bestehen, daß ich zu einem gewissen, vielleicht viel höheren Grad, als ich heute übersehen kann, dem »Stalinismus« erlag. (Ich spreche hier übrigens nicht vom Personenkult, den ich für ziemlich unbedeutend halte und der auch seine positiven Seiten gehabt hat. Dem unterlag ich natürlich genau wie alle Genossen, denen etwa eine Rede Stalins im Kriege neuen Mut gab. Sicher wird man ihn in meinen Büchern, vor allem in den Artikeln nach 1945, nicht vorher, nachweisen können.) Aber trotzdem habe ich immer schöpferisch marxistisch gearbeitet und vieles veröffentlichen können. Einen rührenden Beweis dafür, daß ich das heute richtig sehe, gab mir bei einem meiner zahlreichen Besuche in der Sowjetunion zwischen 1948 und 1953 ein guter Sowjetfreund und Wissenschaftler, der zu mir sagte: »Sie haben es gut, Genosse Kuczynski, Sie sind kein Sowjetwissenschaftler und dürfen Fehler machen.«

Er meinte damit, ich könne neue, möglicherweise nicht ganz richtig oder falsch gestellte Probleme aufwerfen und Lösungen in meinen Arbeiten mitteilen. In der Sowjetunion aber müsse man sich in den Gesellschaftswissenschaften mehr und mehr darauf beschränken, von »oben«, das heißt vor allem von Stalin Gesagtes zu wiederholen, zu illustrieren, historisch zu »beweisen« usw.

Mein Glück bestand darin, daß ich auf einem an sich wichtigen, aber vernachlässigten Gebiet arbeitete. Während die dümmsten Verfälschungen in immer neuen Büchern zur

Geschichte der Arbeiterbewegung veröffentlicht wurden, beschäftigte sich kaum jemand mit der Lage der Arbeiter in den kapitalistischen Ländern. Hier galt ich seit vielen Jahren als eine Autorität und konnte, da Stalin selbst wenig historisches (!) Interesse für diese Thematik zeigte, relativ ungestört und unbeeinflußt arbeiten und publizieren. Meine Bücher wurden sogar ins Russische und in die Sprachen der anderen sozialistischen Länder übersetzt.

Allerdings fehlte es mir an guter marxistischer Kritik und an Anregungen aus anderen Wissenschaftszweigen, hauptsächlich der praktisch nicht existierenden Soziologie. Hätte sich die Blüte der Gesellschaftswissenschaften in der Sowjetunion während der zwanziger und der ersten Hälfte der dreißiger Jahre fortgesetzt, dann wären meine Bücher zwar nicht so wichtig gewesen, sie wären aber methodologisch besser geworden, schon früher in die Richtung tendierend wie die letzte Ausgabe. Ganz einfach: Ich hätte mich zu einem gebildeten marxistischen Wissenschaftler entwickelt und wäre heute vielleicht in der Lage, eine Geschichte der Gesellschaftswissenschaften zu schreiben anstatt der zehn Bände Studien oder richtiger: Vorstudien dazu.

Was für meine Forschungsarbeit und meine Veröffentlichungen in der »Stalinzeit« gilt, kann man wohl auch über meine Vorlesungen sagen. Ich hielt Problemvorlesungen und brachte manches Neue – dabei vielfach auf Äußerungen Stalins aufbauend.

Wenn Du mich fragen würdest, ob ich als Genosse und Wissenschaftler in der »Stalinzeit« glücklich war, so gibt es darauf nur eine einfache Antwort: Ja!

Ja! Denn ich war von der Größe und Klugheit Stalins überzeugt und fühlte mich in meiner wissenschaftlichen Arbeit nicht bedrückt, erst recht nicht unterdrückt. Dabei darfst Du allerdings nicht übersehen, daß die Auswirkungen des »Stalinismus« in unserer Partei geringer waren als in der Sowjetunion. Allein die Verhältnisse – denke etwa an das Vielparteiensystem – machten die schlimmsten Verbrechen unmöglich, aber auch die Haltung einiger Genossen, ich brauche nur an Erich Honecker, an Hermann Matern oder an Franz Dahlem zu denken.

Das, mein Guter, war es, was ich über »mich in der ›Stalinzeit‹« zu sagen hatte. Sicherlich wäre noch vieles mehr hinzuzufügen, doch das war das wichtigste. Du hast wahrlich keinen Grund, stolz auf mein Verhalten zu sein, da ich jedoch Glück mit meinen Verhältnissen hatte, brauchst Du Dich meiner auch nicht zu schämen – bis auf die Sache mit Hermann Duncker ... aber da schäme ich mich schon selbst genug. Überhaupt darfst Du nicht vergessen, wie subjektiv unschuldig viele Genossen durch diese Zeit gingen. Das entschuldigt sie nicht, erklärt aber vieles. Und vor allem erinnere Dich stets an die einzigartigen Leistungen der Völker der Sowjetunion und zahlloser Genossen gerade auch unserer Partei in der Illegalität und den nachfolgenden Jahren.

Leider haben sich nur wenige Schriften von unserer Seite mit der Problematik der »Stalinzeit« beschäftigt. Mit geringen Ausnahmen überlassen wir das dem Feind. Eine dieser Ausnahmen ist die großartige Autobiographie von Jewtuschenko, die Du unbedingt lesen solltest. Was mich selbst betrifft, so habe ich ehrlich geschrieben, wie ich es sehe, und es ist mir auch nicht schwergefallen. Ja, ich habe die Frage nicht einmal ungern beantwortet, denn man fühlt sich immer besser, wenn man zu einem Vertrauten über eigene Fehler gesprochen hat, mehr, als wenn man über eigene Erfolge berichtet. Ich hoffe, daß es Dir auch so gehen wird.

Aber vielleicht sollte ich doch nicht so abschließen, ist es in einer Beziehung etwas einfach gesehen. Du könntest nämlich fragen: War denn mit dem Tode Stalins oder mit dem XX. Parteitag der KPdSU die »Stalinzeit« ganz plötzlich zu Ende? Die Antwort darauf müßte lauten: Nein!

Ich habe Dir schon die völlig bedeutungslose aber charakteristische Geschichte mit meinen Stalin-Zitaten aus dem Anfang der sechziger Jahre erzählt. Bedeutungsvoller und charakteristischer ist die Tatsache, daß es uns bisher noch nicht wieder gelungen ist, einen breiten Meinungsstreit unter uns Wissenschaftlern zu entwickeln, daß bis vor ganz kurzem die Idee wissenschaftlicher Schulen auf dem Gebiet der Gesellschaftswissenschaften als »Abweichung vom Marxismus« galt. Auch daß es in vielen gesellschaftlichen Gremien üblich ist, Beschlüsse einstimmig fassen zu müssen, erklärt sich als ein Überbleibsel der »Stalinzeit«. Bewertete man es doch neulich tatsächlich als ein Zeichen ungenügender politischer Arbeit in unserem Institut, daß der Vorsitzende unserer Gewerkschaftsgruppe bei seiner Wahl nicht alle Stimmen erhielt! Zu Lenins Zeiten wurde selbstverständlich im Zentralkomitee der Bolschewiki ganz intensiv diskutiert, die Meinungen trafen scharf aufeinander, Beschlüsse wurden stets mit wechselnden Mehrheiten gefaßt. Nur eines galt als eiserne Regel: Ein gefaßter Beschluß ist von allen durchzuführen. So erscheint es mir auch richtig. Das änderte sich im Laufe der »Stalinzeit«. Echte Diskussionen, Meinungsstreit wurden unterbunden, was man als Diskussion bezeichnete, war oftmals nichts anderes mehr als Zustimmung, verziert mit diesen oder jenen Illustrationen. Mangelnder Meinungsstreit aber muß unter allen Umständen für die Wissenschaft und auch auf anderen Gebieten des gesellschaftlichen Lebens gefährlich sein. Darum würde ich sagen, daß die Folgen der »Stalinzeit« auch heute noch spürbar sind, und es ist die Aufgabe aller Marxisten-Leninisten, dafür zu sorgen, daß sie bald völlig verschwinden.

SIEBENTE FRAGE

Warum sprichst Du trotz der »Stalinzeit« immer, ohne jede Einschränkung, so bewundernd von den Völkern der Sowjetunion?

Du hast recht, das tue ich, und seit den Griechen in alter Zeit scheint mir kein Volk so Großartiges geleistet zu haben wie die Völkergemeinschaft der Sowjetunion.

Als unsere Gesellschaft für Deutsch-Sowjetische Freundschaft am 30. Juni 1977 ihr dreißigjähriges Jubiläum feierte, da lud mich die Organisation an unserer Akademie ein, den Festvortrag zu halten. In diesem habe ich alles gesagt, was ich dazu zu sagen habe, und darum will Dir den Vortrag hier wiedergeben, dann wirst Du mich verstehen.

»In der alten Vorrede zum ›Anti-Dühring‹ sprach Engels von den Griechen der Antike als jenem kleinen ›Volk, dessen universelle Begabung und Betätigung ihm einen Platz in der Entwicklungsgeschichte der Menschheit gesichert hat, wie kein anderes Volk ihn je beanspruchen kann.‹

Zweitausendfünfhundert Jahre sind vergangen, seit jenes kleine Volk so Einzigartiges an universeller Begabung und Betätigung der Menschheit brachte, und auch in zweitausendfünfhundert Jahren wird man noch Engels recht geben.

Aber, wird man hinzufügen, so wie wir es heute schon tun sollten, neben jenem kleinen Volk der Griechen in ferner Vergangenheit muß man, aus ganz anderen Gründen, ein ebenso einzigartiges Phänomen nennen: die Völkergemeinschaft der Sowjetunion.

Es ist diese Völkergemeinschaft, die sich vor sechzig Jahren, damals noch ein Haufen locker zusammenhängender Einheiten – teils noch sich von den Folgen langer Kolonialisierung befreiend, teils analphabetisch, bisweilen auch, weil es noch kein

Alphabet in ihrer Sprache gab, in allen Fällen wirtschaftlich-technisch zurückgeblieben –, unter Führung der Bolschewiki, unter Führung des größten Revolutionärs der Geschichte, Lenin, an die Spitze des Fortschritts stellte, zur Avantgarde der Menschheit wurde.

Vier Jahren Krieg folgten drei Jahre der Intervention der imperialistischen Mächte und des Bürgerkrieges. An der Spitze der Intervention stand der amerikanische Imperialismus. Am 20. August 1918 schrieb Lenin einen Brief an die amerikanischen Arbeiter, in dem er davon sprach, daß das amerikanische Volk die Rolle eines ›gedungenen Henkers‹ der Russischen Sozialistischen Republik spielt, und die gleiche Rolle spielten die Völker Deutschlands, Großbritanniens, Frankreichs, Japans und damit auch die übergroße Mehrheit der Arbeiter unter der Verführung verräterischer sozialdemokratischer Funktionäre. Wohl ging eine kleine Saat bolschewistischen Fortschritts und Gedankenguts auf dem so fruchtbaren Boden des Marxismus auch in den imperialistischen Ländern auf, kleine kommunistische Parteien entstanden, Sympathie und Spenden flossen aus aller Welt in die Sowjetunion, aber die Sympathie tat den Bajonetten der Interventen nicht weh, und die Spenden, so oft echte Opfer vom eigenen Lebensnotwendigen der Gebenden, waren winzige Tropfen in dem Meer von Elend und Not der Sowjetvölker. Die Konterrevolutionäre des Bürgerkriegs, unter Führung zaristischer Generäle und Politiker, aber wurden von den Monopolmillionären des Westens zwar verachtet, doch reichlich mit Nahrung und Waffen versorgt.

So kühl und brutal muß man die Lage in jener Zeit kennzeichnen, damit einem das Herz warm wird und das Hirn lebendig-realistisch begreift, was die Gemeinschaft der Völker der Sowjetunion damals für die Menschheit geleistet hat. Mit einer im Kriege heruntergekommenen, im Laufe des Bürgerkrieges und der Intervention weiter zerstörten Wirtschaft, mit großen

Teilen des Landes von inländischen und ausländischen Feinden besetzt, kämpften die Völker der Sowjetunion praktisch ohne materielle Unterstützung – während die revolutionären Bewegungen außerhalb Rußlands, beginnend in Österreich-Ungarn und Deutschland, eine Niederlage nach der anderen erlitten.

So grausam war die Realität in den Jahre vom Oktober 1917 bis in das Jahr 1921. So gewaltig, so einzigartig war die Leistung der Völkergemeinschaft der Sowjetunion in jenen Jahren. Eine Leistung, die sich wie die der Griechen vor zweitausendfünfhundert Jahren nie wiederholen wird, nie wiederholen kann, denn jeder neue Fortschritt anderer Länder wird stets die starke materielle und moralische Unterstützung der Sowjetvölker haben, wie die Geschichte erwiesen hat. Nie wieder werden Völker auf dem Marsch in die Zukunft in solchem Maße auf sich selbst angewiesen sein wie die Völker der Sowjetunion in jener heroischen Periode des revolutionären Kampfes für den Sieg des Sozialismus. So wie Atlas in der griechischen Sage die Weltkugel auf seinen Schultern trug, so ruhte auf der Sowjetgemeinschaft der Völker Rußlands in jenen Jahren die schwere Last, die zu tragen nur einer heroischen Gemeinschaft gegeben ist.

Und der Freundschaft mit diesen Völkern ist unsere Gesellschaft gewidmet, die Freundschaft des Volkes der Deutschen Demokratischen Republik mit den Völkern der Sowjetunion, die vor sechzig Jahren uns den Weg für unsere eigene sozialistische Gemeinschaft bahnte.

Dem Ende der Interventionen und des Bürgerkriegs folgten zwei Jahrzehnte friedlichen Aufbaus unter ständiger kriegerischer Bedrohung, die 1932 mit dem Überfall Japans auf China, seinem Einmarsch in die Mandschurei, und 1933 mit dem Sieg des Faschismus in Deutschland besonders gefährliche Formen annahm. Unermüdlich aber wirkten die Werktätigen der Sowjetunion am Aufbau einer sozialistischen Gesellschaft.

Doch wie einseitig war dieser Aufbau, wie einseitig mußte er unter den damaligen Umständen sein!

Kaum hatte sich die Wirtschaft so weit erholt, daß die Nahrung einigermaßen ausreichte, die Kleidung nicht mehr zerrissen und geflickt war, die engst besetzten Wohnungen wieder warm waren, da mußte die Einheit von Wirtschafts- und Sozialpolitik fast zerrissen werden, da mußten Landwirtschaft und Verbrauchsgüterindustrie weit zurückbleiben hinter Schwerindustrie und Verteidigung. Denn immer noch stand die Sowjetunion allein, denn immer noch hatten die Verräter die Mehrheit der Arbeiterklasse in den imperialistischen Ländern hinter sich.

Ich sprach von der heroischen Gemeinschaft der Völker der Sowjetunion, die den Bürgerkrieg und den Krieg gegen die imperialistischen Interventen siegreich beendete.

Doch nicht minder heroisch war der Aufbau einer ›einseitigen‹ sozialistischen Wirtschaft. Kümmerlich genährt, bekleidet und wohnend schufen die Massen der Werktätigen einen wirtschaftlichen Riesen an Kraft und Stärke, als Basis eines besseren Lebens für ihre Kinder und Enkel, als Bastion gegen den täglich bedrohenden und drohenden Feind.

Zum Ende der dreißiger Jahre und 1940 konnte man ein wenig aufatmen. Der Aufbau der Schwerindustrie hatte ein großes Ausmaß erreicht, man konnte mehr Aufmerksamkeit der Konsumgüterindustrie widmen. Der Anteil der Sowjetunion an der Weltindustrieproduktion betrug 10 Prozent. Zwei Jahrzehnte schwerster Arbeit hatten sich gelohnt. Noch immer aber stand man allein gegen eine Welt von Feinden. Doch das furchtbare Erlebnis der Wirtschaftskrise von 1929/33, die die ganze Welt erfaßt hatte – mit Ausnahme des Sowjetlandes – , hatte vielen Arbeitern die Augen über den stabilen Charakter des Sowjetsystem geöffnet. Zwar hatte die Arbeiterklasse in Deutschland mit der Errichtung der faschistischen Diktatur eine schwere Niederlage erlitten, aber in Frankreich war die kommunistische Partei wesentlich stärker geworden und in China ebenfalls.

Als 1939 der zweite Weltkrieg begann, konnte sich die Sowjetunion heraushalten – bis 1941 die Faschisten sie überfielen. Kriegserprobte Armeen, vorzüglich ausgerüstet, seit zwei Jahren an schnelle Siege gewohnt, drangen in die Sowjetunion ein, brachten den Armeen der Sowjetunion schwere Niederlagen bei, raubten den Völkern der Sowjetunion weite Gebiete und zerstörten beachtliche Teile der Industrie und der Landwirtschaft.

Wiederum standen die Völker der Sowjetunion allein. Zwar hatten sie die Sympathie der Werktätigen der imperialistischen Länder außerhalb Deutschlands auf ihrer Seite – aber Sympathie ist keine Waffe im Kampf gegen einen Feind wie den deutschen Faschismus. Und erst nach heroischen Anstrengungen kam die Wende, die Faschisten wurden geschlagen, und zum Schluß, als das Rückgrat der deutschen Armeen gebrochen war, beteiligten sich auch amerikanische und englische Truppen am Kampf.

In gar zu vielen Geschichten des zweiten Weltkrieges, die von marxistischen Historikern geschrieben wurden, lesen wir, daß der Sieg der Sowjetunion über das faschistische Deutschland gesetzmäßig gewesen sei. Ach, wie einfach wäre der Fortschritt, wie billig, wenn er gesetzmäßig geradlinig wäre. Aber die Klassiker des Marxismus haben uns gelehrt, daß genau das nicht der Fall ist.

Nicht wer um irgendeine Gesetzmäßigkeit des Sieges weiß, erkämpft ihn in der Schlacht und im Krieg. Niemand ist optimistisch, daß das Gravitationsgesetz sich durchsetzt. An den Sieg aber muß man optimistisch glauben, und in diesem festen Glauben unerschütterlich ringen – gestützt auf das feste Wissen, daß die eigene Sache gerecht ist. Nicht irgendein bequemes Gesetz und deshalb auch kein Wissen um den Sieg, sondern der feste Wille, ihre Heimat und die große Sache des Sozialismus zu verteidigen, die heroischsten Anstrengungen, der feste Glaube an den Sieg aus eigener Kraft ließen die Völker der Sowjetunion am Ende den Sieg erringen.

Zwei Jahre nach dem Sieg der Sowjetvölker, nach der Beseitigung aller faschistischen Institutionen auf unserem Boden gründeten wir in unserem Lande die Gesellschaft zum Studium der Kultur der Sowjetunion. Von Freundschaft zwischen den Völkern der Sowjetunion und unserem Volke konnte selbstverständlich nicht die Rede sein. Mit Bitterkeit, Abscheu und Verachtung betrachteten die Sowjetvölker im allgemeinen noch unser Volk, und ein Großteil der Bevölkerung unserer Republik war noch antisowjetisch gesinnt.

Einen gedungenen Henker hatte 1918 Lenin das amerikanische Volk genannt, als es die amerikanische Intervention in den russischen Bürgerkrieg damals zuließ. Wie hätte er wohl unser Volk 1941 und später genannt? Gedungene Henker aber wandeln sich nicht schnell in fortschrittliche Menschen und nennen ihre Retter Befreier.

Und was sollen die Befreier von den gedungenen Henkern denken, wenn sie ihnen ganz konkret im täglichen Leben gegenübertreten? Waren es ja nicht die Monopolisten, die Sowjetmenschen henkten, sie gaben nur die Befehle, die Henker selbst waren einfache Menschen, denen die Befreier auf unseren Straßen, in unseren Betrieben, auf unseren Feldern begegneten.

Und doch trat die sowjetische Besatzungsmacht mit eiserner Strenge gegen ihre eigenen Gefühle auf und ging an ihre historische Aufgabe, unser Volk in dem von ihr beherrschten Gebiet aus dem Verfall in die Barbarei zu retten, indem sie allen fortschrittlichen Kräften den Weg zur Heilung unseres Volkes ebnete, sie in ihrer Arbeit anleitete und unterstützte.

Und wieder zwei Jahre später, auf dem Kongreß unserer Gesellschaft zum Studium der Kultur der Sowjetunion im Jahre 1949, durften wir uns umbenennen in die Gesellschaft für Deutsch-Sowjetische Freundschaft. Als der Leiter der sowjetischen Delegation und der Präsident unserer Gesellschaft sich auf diesem Kongreß umarmten, begann ein neuer Abschnitt in den Beziehungen der Völker der Sowjetunion mit unserem Volke auf dem Gebiet der Deutschen Demokratischen Republik. Langsam begannen sich die Gefühle und Beziehungen zu wandeln, und mit jedem Jahr bis in unsere Tage wurde die Freundschaft breiter und tiefer.

Nach dem zweiten Weltkrieg begannen die Völker der Sowjetunion von neuem aus eigener Kraft, mit eigenen Mitteln den Wiederaufbau in dem vom Feind einst besetzt gehaltenen Teil ihres so arg verwüsteten, so grausam zerstörten Landes.

Wie nach dem heroischen Sieg in den Jahren vom Oktober 1917 bis 1920 eine Periode des heroischen Aufbaus begann, so begann nach dem heroischen Sieg über den deutschen Faschismus eine Periode des heroischen Wiederaufbaus.

Jetzt aber standen die Völker der Sowjetunion nicht mehr allein. Im Westen und im Osten entstanden neue sozialistische Staaten. Doch waren sie damals noch vielfach auf die Hilfe der Sowjetunion angewiesen. Das heißt, die Sowjetvölker übernahmen zum Teil noch die Lasten des Aufbaus der neuen sozialistischen Länder, standen ihnen mit ideologischem und technologischen Rat und mit sehr materieller Tat zur Seite.

Gleichzeitig formierten die imperialistischen Länder einen feindlichen Ring um den sozialistischen Teil der Welt. Die Haupttriebkraft innerhalb dieses feindlichen Ringes war das amerikanische Monopolkapital, in dessen Herrschaftsgebiet auf dem amerikanischen Kontinent keine Kriegsschäden gutzumachen waren. Mit aller Kraft konnte es sich auf durch den Krieg mächtig gestärkter materieller Basis – die Industrieproduktion der USA hatte sich während des Krieges verdoppelt – der wirtschaftlichen und militärischen Expansion widmen.

Mitten im kalten Krieg mußte der Wiederaufbau in der Sowjetunion vor sich gehen. Und wiederum mußten Schwer- und Verteidigungsindustrie den Vorrang haben. In Stalingrad und anderswo rauchten zuerst die Schornsteine der Fabriken und erst später die der notdürftig wiederhergestellten Häuser, und erst nachdem man neue Schulen gebaut, baute man neue Wohnhäuser. Genau in der Reihenfolge, die ich fünfzehn Jahre zuvor erlebte, als ich Magnitogorsk, die erste völlig neu erstehende große Industriestadt der Sowjetunion, besuchte.

1930 war ich in Magnitogorsk gewesen. 1959 besuchte ich die erste neu entstehende Industriestadt Ungarns, in der es ebenfalls um Eisen, Stahl und Metallverarbeitung ging. Der Aufbau stand unter Leitung sowjetischer Ingenieure. Der leitende Ingenieur war früher am heroischen Aufbau von Magnitogorsk beteiligt gewesen. Doch statt der Reihenfolge Fabriken, Schulen, Wohnhäuser hatte man unter Leitung dieses Ingenieurs eine andere Reihenfolge: Wohnhäuser und Schulen kamen zuerst, und dann, ich sah noch keinen rauchenden industriellen Schornstein, die Betriebe. ›Die ungarischen Arbeiter sollen es leichter haben als wir‹, gab mir der sowjetische Genosse als Erklärung für die gewandelte Reihenfolge.

Das ist Hilfe sowjetischer Art.

Wir wissen, daß die sowjetische Industrie auf einem Gebiet alle anderen Länder der Welt – mit Ausnahme der Vereinigten Staaten von Amerika – weit hinter sich gelassen hat. Das ist die Rüstungsindustrie; natürlich zur Verteidigung des Sozialismus.

Ich sage ausdrücklich: des Sozialismus, nicht der Sowjetunion. Denn die mit den modernsten Waffen aus eigener Produktion ausgerüsteten militärischen Kräfte der Sowjetunion schützen alle sozialistischen Länder. Auch wir haben unsere bewaffneten Kräfte, ausgerüstet mit modernen Waffen aus der Sowjetunion, aber die militärische Hauptkraft des sozialistischen Lagers stellt die Sowjetunion. Hauptkraft nicht etwa nur entsprechend ihrer großen Bevölkerung, Hauptkraft auch in dem Sinne, daß alle anderen Armeen des Warschauer Vertrages nur zusätzliche Kräfte sind.

Wir achten die großen Heerführer der Sowjetunion. Sie reihen sich ein in die Zahl der großen Heerführer, die die Geschichte der Menschheit seit Tausenden von Jahren hervorgebracht hat.

Wir achten die großen Naturwissenschaftler und Techniker, die immer neue und in ihrer Wirksamkeit gewaltigere Waffen für die Sowjetunion erfinden und konstruieren. Sie reihen sich ein in die Zahl der großen Rüstungswissenschaftler seit Archimedes und noch zuvor.

Aber einzig ist unsere Bewunderung für die nirgendwo einzureihende Leistung der Sowjetvölker. Denn wie stets seit den gewaltigen Rüstungen am Beginn des Stadiums des Imperialismus, und seit dem zweiten Weltkrieg mehr noch als zuvor, bedeutet moderne militärische Rüstung eine schwere Belastung der Wirtschaft und allgemein des Lebens der Werktätigen.

Wenn über die Hälfte des wissenschaftlichen und technologischen Potentials eines Landes auf die Rüstung verwendet wird, dann kann sich die zivile Wirtschaft nicht entsprechend entwickeln, dann muß der Lebensstandard darunter leiden. Wenn aber die Sowjetunion die Hauptlast der Verteidigung des Sozialismus trägt, dann muß auch ihre zivile Wirtschaft, dann muß auch der Lebensstandard der Werktätigen in der Sowjetunion am stärksten von den Lasten der Verteidigung beeinflußt werden.

Wenn wir in die Sowjetunion reisen und feststellen, daß der Lebensstandard dort niedriger ist als bei uns, dann müssen wir wissen, daß der größte Teil der Differenz ein Opfer des Sowjetvolkes für die Verteidigung aller sozialistischen Länder, nicht zum wenigsten unserer Deutschen Demokratischen Republik ist. Mit wie unendlich großem Recht können wir wieder von den heroischen Leistungen der Völkergemeinschaft der Sowjetunion sprechen. Heroisch wie stets in ihrer Geschichte – doch hat sie dem Heroismus eine neue Eigenschaft beigemischt: eine in der Geschichte aller Völker unbekannte Uneigennützigkeit: proletarischer Internationalismus.

Seit dem Entstehen der Arbeiterklasse sind es die Werktätigen, die das Schicksal der Welt bestimmen, die schöpferisch den Fortschritt der Menschheit beschleunigen. Und uns allen voran marschieren einer großen Zukunft entgegen die Werktätigen, die Völker der Sowjetunion.

Doch wenn ich sage, sie marschieren uns voran, dann ist das eine Art physikalischer, eine Art optischer Einschätzung. Denn gleichzeitig marschieren sie neben uns, in freundschaftlicher Verbundenheit – wofür auch unsere Gesellschaft für Deutsch-Sowjetische Freundschaft ein sehr konkretes Symbol ist.

Es ist eine wundersame Dialektik, die uns mit den Völkern der Sowjetunion verbindet.

Bald sind sie ein unerreichbares Beispiel – so wie es Marx, Engels und Lenin für die Revolutionäre oder speziell für Gesellschaftswissenschaftler sind –, wenn wir an die Oktoberrevolution und die ihr unmittelbar nachfolgende Zeit denken.

Bald sind sie in ihrer Gemeinschaft einfach die größeren und stärkeren, die uns voranmarschieren, so wie es der Vater dem noch sehr jungen Sohn tut – wenn wir etwa an ihren durch revolutionäre Erfahrung und heroische Kämpfe gestählten Charakter denken.

Bald sind sie einfach brüderliche und schwesterliche Weggenossen, wenn wir an so viele persönliche Begegnungen denken – und manche von uns können auf mehr als ein halbes Jahrhundert solcher Begegnungen zurückblicken.

Es sind solche persönlichen Begegnungen, die im Leben unserer Akademie eine besondere und zunehmende Rolle spielen, für Naturwissenschaftler wie für Gesellschaftswissenschaftler. Begegnungen etwa, die zur Zusammenarbeit an einem Projekt führen – echter Zusammenarbeit, nicht einer Sammlung von Artikeln, die nur durch den Buchbinder zusammengehalten werden. Begegnungen auch, die zur Arbeitsteilung führen, bei der man sich von Zeit zu Zeit freut, wie gut der andere vorwärtskommt. Begegnungen auch zwischen Vertretern völlig verschiedener Arbeitsgebiete, bei denen man sich an des anderen wissenschaftlicher Haltung freut, und die Weltanschauung wie das Streben, die Wissenschaft im Sozialismus vorwärtszubringen, eint. Achtung vor der Leistung des anderen, sich einander völlig gleichstellend, gemeinsam und nebeneinander marschierend auf immer neue Höhen der Wissenschaft – auch so wirken wir zusammen.

Anders ist das Verhältnis, wenn wir so manche Institutionen in der Sowjetunion besuchen, mit wunderbaren Geräten, die es bei uns nicht gibt, oder mit einer Anzahl von Wissenschaftlern für ein ganz enges Spezialgebiet in einer Unterabteilung, die der Größe eines ganzen Instituts für ein großes Gebiet bei uns entspricht. Hier tritt uns die Größe und Stärke der Sowjetwissenschaft entgegen. Eine Kluft tut sich hier auf, die aber mit einem leichten Sprung von uns dank der deutsch-sowjetischen Freundschaft überwunden wird, da wir als Gäste der wissenschaftlichen sowjetischen Institutionen dort arbeiten dürfen – ohne daß uns das berechtigte Gefühl der Macht und Kraft der Sowjetwissenschaft verläßt.

Nur an einem können wir nicht teilhaben: am Heroismus der Sowjetvölker. Ich spreche nicht von den wenigen noch heute Lebenden unter uns, die innerhalb und außerhalb der Sowjetunion in ferner Vergangenheit mit ihr und für ein sozialistisches

Deutschland kämpften; sie waren auch nicht das reale deutsche Volk.

Aber wir können eines tun: eben diesen Heroismus in den letzten sechs Jahrzehnten wenigstens begreifen, mit allem, was er für die Geschichte der Menschheit bedeutet hat und heute noch täglich bedeutet. In der Großen Sozialistischen Oktoberrevolution erleuchtet zum ersten Male dieser Heroismus der Völker der Sowjetunion die Welt. Und wenn dieses Leuchtfeuer im Laufe der Jahrzehnte leicht die Farbe wechselte, je nach der Aufgabe, die es zu bewältigen galt, auch je nachdem, ob Krieg oder Frieden herrschte, stets blieb seine Leuchtkraft erhalten, ja wurde stärker und stärker, da es immer neue Stellen entzündete, zuletzt in Vietnam und Angola, und da auch auf uns ein Abglanz dieses Feuers gefallen ist: durch die Freundschaft unseres Volkes mit den Völkern der Sowjetunion, die zu erhalten und zu stärken die große, schöne und edle Aufgabe unserer Gesellschaft für Deutsch-Sowjetische Freundschaft ist.«

Jetzt verstehst Du, warum ich so über die Völkergemeinschaft der Sowjetunion denke, warum die »Stalinzeit« in dieses Denken auch überhaupt nicht eindringen kann. Sie hat gewissermaßen nichts damit zu tun, mein Denken und Fühlen, meine Bewunderung für die einfachen Menschen, für die Völker der Sowjetunion bleiben von ihr unberührt.

ACHTE FRAGE

Deine Festansprache bringt mich auf die Geschichtsschreibung Deiner Zeit, in der kaum vom Volke die Rede ist. Bist Du damit einverstanden?

Nein, natürlich nicht. Auf der einen Seite erklären die Historiker, daß es die Völker sind, die das schöpferische Element in aller vergangenen Geschichte darstellen, und man fragt sich fast, warum sie eigentlich von Unterdrückung befreit werden mußten. Auf der anderen Seite vergißt man sie in der neueren Geschichtsschreibung, sie, die nun tatsächlich unter Führung der Arbeiterklasse schöpferisch wirken.

Wie die Geschichte beweist und uns die Klassiker des Marxismus-Leninismus lehrten, waren es vor der Herausbildung der Arbeiterklasse die herrschenden Klassen, die die Gesellschaft schöpferisch entwickelten. Vielleicht kann man sagen, daß erst seit der Pariser Commune die Arbeiterklasse als Schöpfer der Geschichte auftritt und seitdem die Herrschaft der letzten schöpferischen Minorität in der Geschichte, der Bourgeoisie, zu verfallen begann.

Doch müssen auch die Völker aus den vorangegangenen Jahrtausenden ausführlich in der Geschichtsschreibung behandelt werden, als sie noch leidend wirkten, sich bisweilen jedoch in großartigen Klassenkämpfen gegen ihre Unterdrücker wehrten. Von Klassenkämpfen ist in unserer Geschichtsschreibung schließlich auch viel die Rede. Wie aber werden sie dargestellt? Im Grunde als Bewegungen der Massen. Kämpfe jedoch finden auf Schlachtfeldern statt, auf denen es bekanntlich zwei Seiten gibt, und man muß, um die Klassenkämpfe der Werktätigen zu verstehen, auch die der Unterdrücker kennen. Die aber werden ungenügend wiedergegeben.

Zu den ernsten Mängeln unserer Geschichtsschreibung gehören also einmal die im wahrsten Sinne des Wortes einseitige Darstellung der Klassenkämpfe, die es uns oft unmöglich macht, die Strategie und Taktik der Unterdrückten zu verstehen – ohne Analyse der Strategie und Taktik der Unterdrücker, und sodann vor allem das Fehlen einer realen, lebendigen Darstellung des Lebens und Wirkens der Völker.

Wie lebte und dachte die Masse unserer Bevölkerung, möchte Deine Generation wissen, wie änderten sich zum Beispiel die Gedanken von 1945 bis 1975 in den verschiedenen Klassen und Schichten. Wie gestaltete sich das Verhältnis der Gewerkschaftsmitglieder zur Führung des FDGB und umgekehrt, wie das Verhältnis der Millionen Menschen zur Sozialistischen Einheitspartei? Worüber freuten sie sich, was ärgerte sie? Fühlten sie sich geborgen bei uns?

Aus der Geschichtsschreibung unserer Zeit erfährst Du von Perioden und Abschnitten unserer Entwicklung in abstrakten Modellen, von Partei- und Staatsbeschlüssen, von Verträgen und anderen Dokumenten, die natürlich auch wichtig sind. Aber wie oft wird eine politische Geschichte geschrieben ohne jedes Gefühl und Interesse für die einfachen Menschen. Von ihnen ist nicht die Rede.

Versuch doch einmal in einem unserer zahlreichen lokalen Museen die Menüs von Kneipen oder einfachen Gasthäusern in kleinen Städten oder großen Dörfern einzusehen. »So etwas« wird überhaupt nicht gesammelt, doch wieviel würden sie über die Veränderungen in unserem Leben aussagen! In manchen Museen wirst Du Trachten finden, die die Menschen in alten Zeiten zu Festtagen trugen – aber keine Alltagskleidung. Niemand interessierte sich in früherer Zeit dafür, sie ist uns nicht erhalten geblieben. Wie aber steht es mit der Kleidung aus den Jahren 1950 und 1975? Auch diese findest Du kaum, weil unsere

Historiker dem Alltag des Volkes völlig ungenügende Beachtung schenken.

Wie wurde denn 1946 bei uns ein Parteimitglied von den anderen Menschen angesehen? Häufig scheel oder mißtrauisch. Wieweit hat sich das geändert? Welcher Art sind die Beziehungen zwischen Polizei und Bevölkerung? Lesen die Menschen unsere Presse, und was lesen sie darin? Gehen die Kinder gern zur Schule? Wie steht es mit der Erziehung der Männer zur Hausarbeit? Sind die Menschen höflicher und hilfreicher zueinander geworden? Wie kommt es, daß die Gleichberechtigung der Frauen in den unteren Organisationen so gut und in den oberen so schlecht verwirklicht wird – oder benötigt man mehr als dreißig Jahre, bis Frauen in gleicher Anzahl wie die Männer Minister oder auch Kreissekretäre der Partei werden können?

Viele derartige Fragen lassen sich für die fernere Vergangenheit nicht so leicht beantworten, aber doch weit besser als es unserer Historiker tun. Wie viele großartige Schilderungen des Lebens der Arbeiter vor 150 Jahren besitzen wir – einige habe ich in meiner Geschichte der Lage der Arbeiter wiedergegeben –, auch der Handwerker, schon weniger der Bauern. Aber in unseren allgemein historischen Schriften ist höchstens von »Arbeiterbewegungen« oder »Bauernbewegungen« die Rede, und selbst diese werden ungenügend dargestellt! Man lese einmal die Briefe von Engels an Marx aus Paris über dortige Arbeiterversammlungen, wie nüchtern und böse er sie bisweilen schildert! Und doch waren es diese Arbeiter, die großartig kämpfen konnten. Die ganze Kompliziertheit des Werdens und Wirkens selbst der so ausführlich dargestellten Arbeiterbewegung wird wenig beachtet, außer »natürlich« bei ihren Führern – als hätten wir eine »Elite«-Arbeiterbewegung.

Unsere Geschichtsdarstellungen sind oft nur flüchtige Sprünge von einem, dazu noch verzuckert beschriebenen oder mit Etiketten versehenen Glanzpunkt zum anderen. Völker haben aber vor allem ein Alltagsleben! Früher ein hauptsächlich leidendes, wurde doch erst das der Arbeiterklasse in einer Minderheit wenigstens auch im Alltag ein kämpfendes Leben. Doch auch da – wie schwer hatten es mitunter die Männer mit ihren Frauen, die sich in ihrer Sorge für die Kinder und den Haushalt, aus liebender Fürsorge für die Familie, gegen den im Streik stehenden Mann stellten, gegen seine gewerkschaftliche Tätigkeit ... Welche Konflikte mußte das für eine Ehe bringen! Wo lesen wir davon in den Werken unserer Historiker? Nur Beispiele großartigen Mitgehens der Frauen finden wir gelegentlich – wie elend vereinfacht wird oft das Leben der Arbeiterklasse!

Und wenn in großen Zügen die Geschichte eines Landes umrissen wird – wo bleibt dabei das Volk? Unsere Historiker haben sich einfach noch nicht an ihre eigenen Worte gewöhnt, nach denen heute die Völker schöpferisch geworden sind, sie sind noch so in der bürgerlichen und feudalen und Sklavenhaltergeschichtsschreibung befangen, daß sie auch die Völker der Vergangenheit nicht lebendig vor sich sehen und von ihnen berichten können. Es fehlt ihnen die Phantasie für die Realität des Lebens. Erika Stöcker zitiert in ihrer Biographie des sowjetischen Historikers Jerussalimski eine Notiz, die dieser 1944 nach dem Besuch des Konzentrationslager Majdanek machte, in dem auch einige deutsche Antifaschisten überlebten. Furchtbar war der Eindruck auf ihn: »Hier sah ich, was ich früher logisch begriffen hatte; es gab zwei Deutschland, neben der abstoßenden Fratze des Faschismus gab es auch das antifaschistische, demokratische Deutschland, dem die Zukunft gehört.«

Diesen Sprung von der Logik in die Realität können nur wenige unserer Historiker vollziehen. Es wird sie nicht gelehrt und von vielen Lesern gar nicht verlangt, weil sie glauben, Wissenschaft müsse betrieben werden ohne diesen Sprung von der Schablone (die die Historiker brauchen wie die Schneider) in die Realität des Volkes (bei den Schneidern in die des Körpers, für den der Anzug bestimmt ist). So aber werden sie niemals Historie, Geschichte berichten können. Und wie tief bewegend ist doch dieser Sprung von der eisig kalten Logik in die Realität des Volkes, auch wenn dieses nur leidend die Gesellschaft unter Anleitung der herrschenden Ausbeuterklasse baut und verändert; wie großartig ist dieser Sprung, wenn das Volk schöpferisch die sozialistische Gesellschaft baut. Verspürst Du aber beim Studium der Werke unserer Historiker, daß ihnen beim Schreiben das Herz geblutet hat, wenn sie von der Vergangenheit der Völker berichten, oder daß sie mitten in der Arbeit vor Begeisterung über irgendeinen Vorgang aufgestanden und im Zimmer auf und ab gegangen sind? Leider nicht.

Willst Du etwas über unsere Menschen im Alltag erfahren, dann lies Romane, die bei uns erschienen sind. Auch einige Reportagen werden Dir ein Bild geben. Du wirst sogar noch Gelegenheit haben, Hausvertrauensleute aus den sechziger Jahren zu sprechen, die Dir von unseren Problemen erzählen können. Auch die Eingaben unserer Bürger bei den verschiedensten Stellen solltest Du einsehen. So kannst Du ein wenig nachholen, was unsere Historiker versäumt haben.

Diese Versäumnisse erklären sich nicht zum wenigsten aus der Tatsache, daß wir der Partei in unserer Geschichtsschreibung keine genügend differenzierte Rolle geben. Selbstverständlich ist die Parteiführung der Initiator zahlreicher Geschehnisse in unserem Leben. Selbstverständlich stellt ein Teil unserer Massenpartei, die besten in ihr, den Hauptteil der Avantgarde des Volkes, des Vortrupps auf dem Weg in die Zukunft des Kommunismus. Man kann keine sozialistische Gesellschaft aufbauen ohne unserer Partei, deren Führung auch die Führung unserer Gesellschaft übernehmen muß, wie es die Pflicht jedes Parteimitgliedes ist, wo immer er steht, auf dem Wege zum Fortschritt voranzugehen.

Aber macht das, wie man bei uns üblicherweise so sagt, aus der Partei den Motor des Fortschritts? Was ist ein Motor, welche Aufgabe hat er? Er setzt tote Materie in Bewegung. Bewegt sich denn ein Auto ohne Motor? Natürlich nicht! Die Partei als Motor setzt also eine »tote Masse« des Volkes in Bewegung? Natürlich wird, so befragt, jeder Historiker das leugnen, sind doch »die Völker schöpferisch«! Aber siehst Du Dir unsere Geschichtsschreibung über die Zeit nach 1945 an, dann liest Du dauernd von dem »Motor«, und der Rest der Bevölkerung reagiert auf die Beschlüsse der Partei, eine unschöpferische Masse, durch ZK-Beschlüsse in dieser oder jener Richtung bewegt. Untersucht aber jemand ernsthaft, ob und wie weit sich die Beschlüsse im Handeln des Volkes durchsetzen?

Doch wieder zurück zu unserer Geschichtsschreibung allgemein. Sollte man nicht, auch was die fernere Geschichtsschreibung betrifft, zum Beispiel folgende Frage stellen: Gab und gibt es gar keine Kinder auf der Welt? Ein Fünftel bis ein Viertel und oft noch ein größerer Teil der Bevölkerung in aller Vergangenheit waren Kinder! Wer hat eigentlich von ihnen in den Geschichtsbüchern geschrieben? Ich kenne keine deutsche oder auch ausländische allgemeine Geschichte eines Landes, in der von dem Leben eines so großen Teiles der Bevölkerung berichtet wird. Ein klein wenig besser steht es schon mit den alten Leuten. Von der »Bettlerplage« im 17. oder 18. Jahrhundert liest man, weil schon die herrschende Klasse früher verärgert über sie geschrieben hat. Auch wir erwähnen die Bettler, mit einer marxistischen Erklärung ihrer Existenz. Nur von Kindern ist keine Rede; sie gehören offenbar nicht zum Volk oder zur Gesellschaft. Gelegentlich wird erwähnt, daß sie in früheren Zeiten schwer arbeiten mußten, nicht aber, wie sie lebten, dachten, fühlten, nichts über die Haltung der Eltern, die natürlich, um die Familie ernähren zu können, für Kinderarbeit waren, selbst wenn manchen das Herz dabei brach ... All das muß man bedenken, wenn man über das Leben der Kinder schreiben will – ich meine nicht nur in Spezialstudien, von denen auch die Bourgeoisie schon gute veröffentlicht hat, sonder in einer allgemeinen Geschichte.

Ja, das Ganze ist noch erstaunlicher. Es gab einige bürgerliche Historiker, die vom Leben des Volkes berichteten. Sie nannten das bisweilen merkwürdigerweise Kulturgeschichte. Eine Spezialgeschichte also? Vielleicht gar nicht falsch, betrachtet vom Klassenstandpunkt der Bourgeoisie. Auch wir haben eine solche »Spezialgeschichte« und bezeichnen sie als Volkskunde. Sie wurde vor allem von meinem Freunde Wolfgang Steinitz gefördert. Als ihre Bearbeiter nach seinem Tode in das Institut für Geschichte an unserer Akademie eingegliedert wurden, da bildeten sie eine Sonderabteilung, mit der unserer Historiker nichts Rechtes anfangen konnten. Grotesk, nicht wahr?

Unsere Historiker sind zumeist wissenschaftliche Ideologen und Diplomaten, aber es fehlt ihnen der wütenden Trieb, die wilde Lust, sich die ganze Realität anzueignen, sie zu meistern und wiederzugeben. Man merkt nicht, daß sie ein Herz haben und das Volk, ihr Volk, lieben.

Gibt es irgendeine Geschichte unseres Volkes seit 1945, der Geschichte unserer Republik, bei der man lachen oder weinen möchte, in der man scheußliche Seiten überschlagen und andere immer wieder lesen möchte? Wie viele solcher Stellen gibt es doch selbst in einem Werk wie dem »Kapital«, das nicht einmal Geschichte erzählen will. Besinnst Du Dich vielleicht auf die Stelle, in der Marx die Aussagen eines Arztes zitiert, der über die Zustände in den durch die Baumwollkrise während des amerikanischen Bürgerkrieges arbeitslos gewordenen Familien berichtet? Daß die aus den Fabriken geworfenen Frauen jetzt Zeit hätten, ihre Kinder an der Brust zu nähren, statt sie mit Godfreys Cordial, einem Opiat, zu vergiften; daß sie Zeit fänden, selbst zu kochen, allerdings unglücklicherweise kein Geld besäßen, etwas zum Kochen einzukaufen. Und wieviel Platz hat Marx dem Schicksal der Kinder im »Kapital« gewidmet, deren arbeitenden Müttern der Tod eines vernachlässigten Kindes bisweilen eine Erleichterung war, ja, von ihnen mitunter bewußt herbeigeführt wurde. Steht Dir das Herz nicht still, wenn Du solche Geschichte liest? Ist Dir das je bei einer seit 1945 geschriebenen Geschichte über unser Volk geschehen, daß Dir das Herz stillstand oder laut zu pochen begann?

Solltest Du meinen, in unserer Zeit hätte es keine Tragödien gegeben – wie unrecht hättest Du! Sie sind nur anderer Art. Wieviel Unglück brachte vielen Familien bei uns eine Wirtschaftspolitik, die den Wohnungsbau zeitweise sträflich vernachlässigte, und wieviel Glück anderen die Änderung dieser Wohnungspolitik seit dem VIII. Parteitag. Da hast Du gleich ein gutes Beispiel, auf welche Weise man einen Parteitag erwähnen kann und soll, um lebendige Geschichte von erfüllten Hoffnungen oder auch vergeblichem Sehnen zu schreiben. Oder denke daran, wie viele begabte junge Wissenschaftler die »Stalinzeit« auch bei uns zerbrochen oder deformiert hat und wie stark und fest andere aus ihr hervorgingen. Was für eine lebendige Geschichte durchlebte unser Volk seit 1945, mit echtem Zickzack, wie es Engels nennt, mit versäumten oder geschickt am Kopfe gepackten Gelegenheiten, mit unsagbaren Dummheiten und weisen Voraussichten. Wie klug hat unser Volk – ganz oder teilweise – auf manche Beschlüsse unserer Partei- und Staatsführung reagiert oder sie durch sein Verhalten erzwungen, und wie dumm fiel es häufig auf die Argumente des Gegners in Radio und Fernsehen herein! Welch eine Wellenbewegung in unserer Geschichte!

Vielleicht wirst Du sagen, Du merkst von einer solchen Wellenbewegung auch nichts in meiner Rede über die Sowjetvölker. Das ist wahr. Aber das war eine Festrede. Da ging es mir um die Darstellung des Heroismus der Sowjetvölker, der natürlich nicht identisch mit ihrer Geschichte ist. Ich hoffe aber, Du spürst, wie ich diese heroische »Geschichte« der Sowjetvölker mit dem Herzen und doch zugleich als Wissenschaftler, ja, sogar mit Meinungsstreit geschrieben habe – ist sie doch im Grunde das größte historische Erlebnis meines Lebens, diese heroische Geschichte einer Völkergemeinschaft.

Vielleicht wird Dir alles, was ich hier über unsere Geschichtsschreibung gesagt habe, als ein Notschrei aus ferner Vergangenheit erscheinen – wie schön wäre das! Doch glaube ich nicht, daß sich die Situation so schnell ändern wird. Sicher werden wir Fortschritte in der Entwicklung einer realen marxistisch-leninistischen Geschichtsschreibung machen, einer Geschichte der Völker, der einfachen Menschen, des Lebens der Unterdrückten in der Vergangenheit und des Lebens der Erbauer des Sozialismus in unserem Jahrhundert. Vielleicht wirst Du einer der Helfer aus der Intelligenz an diesem Fortschritt sein, sei es als Wissenschaftler oder auf künstlerischem Gebiet, und feststellen, daß ich zumindest eine Ahnung davon gehabt hätte, in welcher Richtung wir uns bewegen müßten.

Lenin hat einmal von den bürgerlichen Wissenschaftlern seiner Zeit gesagt, daß sie die wertvollsten Spezialarbeiten zu leisten in der Lage sind, man ihnen jedoch kein Wort mehr glauben könne, sobald sie »auf Philosophie zu sprechen« kommen. Von unseren Historikern kann man sagen, daß auch sie gute und nützliche Spezialarbeiten anfertigen, im Grunde aber schweigen, sobald sie auf die Völker zu sprechen kommen sollten. Sie, die seit mehr als zwanzig Jahren schon als Studenten bei jeder Prüfung über die Rolle der Völker in der Geschichte antworteten: »Sie stellen das schöpferische Element in der Geschichte dar«, haben fleißig gelernt, aber ganz offenbar nicht für die wissenschaftliche Praxis. Darum fehlt es uns auch am im Volk beliebten Historikern, wie sie zum Beispiel die Bourgeoisie in ihren besten Zeiten, den ersten zwei Dritteln des 19. Jahrhunderts, für das Bürgertum und die Kleinbourgeoisie hervorgebracht hat. Dieser Mangel ist heute sehr deutlich in unserer Bewußtseinsbildung spürbar.

NEUNTE FRAGE

Irgendwo habe ich gelesen, daß Du eine Schule begründet hast, und manche ältere Genossen, die wissen, daß ich Dein Urenkel bin, sagen mir, sie seien Schüler von Dir gewesen. Ist das wirklich so?

Ich weiß nicht recht, wie ich darauf antworten soll. Erlaube mir, mit drei Geschichten zu beginnen.

Die erste: Vor Jahren hatten wir eine Wahlberichtsversammlung unserer Grundorganisation der Partei im Institut für Wirtschaftsgeschichte. Nicht wenige Grundorganisationsversammlungen, vor allem die in den Wohnbezirken, aber auch in den Betrieben, werden von den Parteimitgliedern als langweilig empfunden. Unsere im Institut sind eigentlich immer sehr interessant, weil wir keine sogenannten heißen Eisen kennen und ehrlich im Meinungsstreit uns wirklich bewegende Fragen diskutieren. Sie geben mir das Gefühl, einige wirklich interessante Stunden verlebt, etwas gelernt zu haben. Auf unserer Wahlberichtsversammlung war nun auch ein Mitglied der Kreisleitung, teils um zu verfolgen, wie wir es machen, teils um uns in einem Schlußwort einen Rat für unserer Weiterarbeit zu geben und den Verlauf der Versammlung einzuschätzen. Das tat er dann auch. Dabei hob er vor allem die konstruktiv kritische Atmosphäre hervor, die während der Versammlung geherrscht hatte.

Die zweite: Auf einer Kreisleitungssitzung der Humboldt-Universität fand eine Besprechung über Förderung des Nachwuchses statt. Ein alter Schüler von mir sprach und schilderte, wie ich es gemacht hätte, wenn jemand eine größere Arbeit unter meiner Betreuung schrieb: »Zuerst begeisterte er einen für das Thema. Dann wollte er eine Konzeption sehen, die aber im Grunde keine Bedeutung für die Arbeit zu haben brauchte, weil sich bei der Arbeit selbst noch alles ändern könnte; er wollte nur sehen, ob wir fähig zu irgendeiner Übersicht der Problematik wären. Ja, und dann warf er uns ins Wasser und sagte: Komm wieder mit dem ersten Kapitel. Natürlich sahen wir ihn mehrmals in der Woche, sprachen mit ihm über viele Probleme, auch über solche, die in unseren Arbeiten vorkamen, aber über die Arbeit als solche sprachen wir, wenn wir nicht versagten, erst an Hand des ersten Kapitels. Er wollte, daß wir selber schwimmen lernten. Der Ausdruck ›Er hat mal wieder einen ins Wasser geworfen‹ wurde üblich unter uns Jüngeren.« Mir schien ein solches Vorgehen absolut richtig: Die Verbindung von mehrmaligem Kontakt innerhalb einer Woche zu den Schülern und ihre schnelle Erziehung zu selbständigem Denken, zu selbständiger Arbeit – auch etwa im Finden von Material, wo einige Tips genügten, um sie dann weiterbuddeln zu lassen.

Die dritte: Im Band 4 meiner »Studien zur Geschichte der Gesellschaftswissenschaften« findest Du ein umfangreiches Kapitel über einen recht unbedeutenden, zu seiner Zeit aber bisweilen hochangesehenen bürgerlichen Historiker namens Meinecke. Manche Gesellschaftswissenschaftler waren etwas verwundert darüber, daß ich ihn so ausführlich behandelte, zumal ich immer wieder betonte, wie relativ unbedeutend er war. Aber einige begriffen auch, warum ich ihm so viel Raum gab: seiner großartigen Haltung als Wissenschaftler wegen. Stell Dir folgendes vor: Er war schon neunzig Jahre alt, als ihn ein junger amerikanischer Historiker brieflich befragte, ob er ihn bei der Behandlung dieser und jener Frage richtig interpretiert hätte. Der uralte Meinecke schrieb zurück, daß er nicht mehr die geistige Spannkraft besitze, um seine eigenen, zeitlich weit zurückliegenden Auffassungen interpretieren zu können. Aber, fuhr er fort, kritisieren Sie mich nur, wo immer Sie es für richtig halten.

Großartig, nicht wahr?

Ja, und dann muß ich Dir noch eine vierte Tatsache mitteilen: In meinem Institut für Wirtschaftsgeschichte versuchte ich stets zu vermeiden, daß irgend jemand auf dem Gebiet der Lage der Arbeiter schrieb. Nicht, daß ich nicht jedem, der in unserer Republik darüber arbeitete, mit Rat und Tat zur Verfügung stand und Arbeiten auf diesem Gebiet anregte. Aber in meinem Institut sollten die jüngeren Mitarbeiter schöpferisch auf eigenen Gebieten arbeiten, unbeeinflußt von der Autorität des Direktors auf dessen Spezialgebiet.

Das letztere zeigt Dir vielleicht, daß ich gewissermaßen alles tat, um keine Schule zu begründen. Schüler im Sinne von solchen, die bei einem Vorlesungen gehört und Seminare mitgemacht haben, hat natürlich jeder Universitätslehrer. Sie begründen jedoch nicht das, was man eine wissenschaftliche Schule nennt. Eine solche Schule wird zumeist durch eine bestimmte Forschungseinrichtung oder Forschungsmethodologie bestimmt. Davon kann bei mir im Grunde keine Rede sein.

Und doch gibt es eine Reihe Wissenschaftler, die meinen, zu einer Schule Kuczynski zu gehören und fest darauf bestehen ... und in gewissem Sinne vielleicht auch recht haben. Aber das liegt nicht an irgendeiner Originalität von mir als Wissenschaftler, sondern daran, daß ich mich immer bemühte, eine wissenschaftliche Haltung – wie sie uns seit Jahrtausenden überliefert ist und in den zwanziger Jahren in der Sowjetunion einen Höhepunkt erreichte –, auch in der »Stalinzeit« und erst recht natürlich danach, als es leichter wurde, zu bewahren.

Parteibeschlüsse über wissenschaftliche Probleme schienen mir immer absurd – im Gegensatz natürlich zu wissenschaftlichen Äußerungen führender Parteifunktionäre. Mein alter Genosse Fogarasi hatte einen Krach mit Rakosi, als dieser ihm sagte, es sei seine Aufgabe, die Beschlüsse des Politbüros philosophisch zu interpretieren.

Kritik von oben nach unten schien mir in meinem Institut nicht berechtigter als Kritik von unten nach oben. Freier Meinungsstreit war für mich stets eine Selbstverständlichkeit, ganz gleich, um wessen Meinung es ging.

Einen jungen Wissenschaftler, der sich um eine Anstellung in meinem Institut bemühte, erstaunte ich mit der Frage, ob er auch schöne Literatur lese, sich literaturwissenschaftlich interessiere. Einen anderen, der über Imperialismus arbeiten wollte, befragte ich zu seiner Überraschung nach der Sklavenhaltergesellschaft. Allgemeinbildung und Allgemeininteresse erwartete ich von jedem Wissenschaftler, insbesondere natürlich Interesse für die verschiedenen Gesellschaftswissenschaften.

Einen Studenten, der eine ausgezeichnete Diplomarbeit angefertigt hatte, bat ich nach der Zensierung zu mir. Ich wollte ihm sagen, daß er die Eins, die ich ihm gegeben hatte, nicht dahin mißverstehen dürfe, ich stimme mit seinen Schlußfolgerungen überein. Im Gegenteil! Doch seine Thesen wie ihre Begründung zeigten eine ungewöhnliche Befähigung zu selbständigem wissenschaftlichen Denken, darum die Eins.

Vielleicht – und wie würde mich das freuen – sagst Du: Aber eine solche Haltung ist doch eine Selbstverständlichkeit! Sie kennzeichnet doch alle wirklichen Wissenschaftler der Vergangenheit!

Das traurige ist nur, daß eine solche Haltung in der »Stalinzeit«, sagen wir von der Mitte der dreißiger Jahre bis zur Mitte der fünfziger Jahre, eine große Seltenheit war, und daß sie noch immer nicht allzu verbreitet ist. Zwar könnte ich Dir in unserer Republik schon eine Anzahl Gesellschaftswissenschaftler mit einer derartigen Haltung aufzählen, kaum aber ein gesellschaftswissenschaftliches Institut benennen, in dem dieser Geist als Selbstverständlichkeit herrscht und bewußt herangezogen wird. Bitte, glaube nicht, daß ich aus Zuneigung zu meinem Institut für Wirtschaftsgeschichte übertreibe. Äußerte sich doch erst kürzlich der Vertreter eines anderen gesellschaftswissenschaftlichen Instituts der Akademie – er nahm durch Zufall an einer unserer internen wissenschaftlichen Veranstaltungen teil – anschließend ganz begeistert über den bei uns herrschenden »freien wissenschaftlichen Geist«, so etwas habe er noch nicht erlebt.

In Deiner Zeit wird das schon anders sein. Bereits heute ist eine Veränderung spürbar. Aber lange Zeit hindurch war unser Institut eine Art Insel in dieser Beziehung, auch nachdem mein Schüler Wolfgang Jonas die Leitung übernommen hatte. Das erzeugte das Gefühl einer besonderen Gemeinschaft. Und sind es Wissenschaftler, die sich in einer solchen Gemeinschaft verbunden fühlen, betrachten sie sich als eine Art wissenschaftlicher Schule.

Aber ich glaube nicht – obgleich das natürlich die, die sich einer Schule Kuczynski zugehörig fühlen, besser beurteilen können –, daß man von einer Schule Kuczynski sprechen kann, denn ich habe auf theoretischem oder methodologischem Gebiet nichts geleistet, was eine Schule hätte begründen können.

Als einziges kann man in diesem Zusammenhang von mir sagen, daß ich mich bemühte, die besten Traditionen der Haltung eines Wissenschaftlers auch in schwierigen Zeiten aufrecht, lebendig, wirksam zu erhalten, und dabei ein gewisses pädagogisches Talent, zu dem auch das eigene Beispiel gehört, gezeigt habe. Glaube nicht, daß es Bescheidenheit ist, die mich so argumentieren läßt – zumal es eine wirkliche Leistung war, wissenschaftliche Haltung, wie sie keiner großartiger als Marx besaß, zu bewahren und verbreiten. Ich schätze sie wahrlich nicht gering ein, und sie hat mir viele Schwierigkeiten eingebracht (einmal sogar die Existenz des Instituts gefährdet, aber da rettete uns der Genosse Erich Honecker, der ein großartiges Verständnis für gesellschaftswissenschaftliche Leistungen besitzt).

Doch man muß diese Frage sachlich und nüchtern beantworten, schon um einen so wichtigen Punkt wie den, was man unter einer wissenschaftlichen Schule versteht, mit klären zu helfen.

Das schönste jetzt in meinem Alter ist, in der nachfolgenden Generation wissenschaftliche Freunde auf den verschiedensten Gebieten gefunden zu haben, die von dem gleichen Geist beseelt sind. Denn, das mußt Du verstehen: So sehr wir uns an unseren inhaltlichen Leistungen miteinander freuen, dieser Geist ist es, der uns wirklich einander nahehält. Als besonders beglückend empfinde ich, daß sie in mir nicht nur einen »Nestor der wissenschaftlichen Haltung« sehen, sondern auch einen Genossen Wissenschaftler, der sie und ihre Haltung stets aktiv fördert und sie vor üblen Angriffen zu schützen sucht.

Wissenschaftliche Schulen lösen sich mitunter auf, weil das, was sie als besondere Einheit, eben als Schule vertraten, im Laufe der Zeit Allgemeingut der Wissenschaft geworden ist: eine Methode, ein Forschungsgebiet usw. Manchmal geschieht es auch, daß eine solche Schule einen vergessenen Schatz aus der Vergangenheit ausgräbt und ihn allmählich wieder zum Allgemeingut der Wissenschaft macht. Wenn Du willst, kannst Du vielleicht sagen, daß ich einen solchen Schatz, die echte Haltung des Wissenschaftlers, von vielen vergraben, einfach weiter hütete – in einer Zeit, in der dieses Bemühen sehr ernste Konsequenzen mit sich bringen konnte. Es war eine schwere Zeit, in der ich mit einigen Genossen auch in anderen sozialistischen Ländern engste Haltungsfreundschaften schloß. Sie sind tief und dauernd fürs Leben. Keiner dieser Freunde, mit Ausnahme meines Lehrers Varga, leitete ein Institut, und Varga verlor es, als die Situation kritisch wurde. Keiner konnte also eine solche Institutsinsel schaffen, wie es mir vergönnt war.

Vielleicht leitet sich aus diesem Umstand, der Existenz eines Instituts als eine einsame Insel im Reich der Gesellschaftswissenschaften (bei den Naturwissenschaften war das wohl anders), die Idee einer Schule Kuczynski ab. Wenn es sie gegeben hat und sogar noch gibt, müssen wir, insbesondere auch ich, alles tun, damit sie sich möglichst schnell in den allgemeinen wissenschaftlichen Betrieb auflösen kann. So ist es, glaube ich, richtig, Deine Frage zu beantworten.

ZEHNTE FRAGE

Urgroßvater, Du hast doch viele bedeutende, ja berühmte Menschen kennengelernt. Kannst Du mir nicht etwas von ihnen erzählen, vor allem etwas, das nicht in Büchern steht?

Du sagst, »bedeutende, berühmte Menschen«. Gut, daß Du das Wort »bekannte« fortgelassen hast. Denn viele Menschen, so oft Politiker, Schauspieler oder Sportler, sind während ihrer Lebenszeit oder während einer kurzen Zeit ihres Lebens sehr bekannt, ohne deshalb jemals als Mensch oder in ihrem Beruf bedeutend gewesen zu sein oder gar berühmt zu werden, das heißt, ohne von der Nachwelt, sei es auch nur auf ihrem Fachgebiet, geschätzt zu sein. Von ihnen willst Du sicher nichts hören, und obgleich ich viele kenne, habe ich auch keine Lust, über sie zu sprechen. Selbst dann nicht, wenn sie mit allen ihren Eigenschaften zwar nicht berühmt, aber berüchtigt wurden, wie etwa der Erzverräter unter den Sozialdemokraten, Südekum.

Auf der anderen Seite gibt es eine Vielzahl bedeutender Menschen, die nicht allgemein bekannt wurden, die die Geschichte vergessen hat und weiter vergessen wird oder richtiger: als »namenlose Helden« bezeichnet. Nicht wenige von ihnen habe ich kennengelernt, einfache Menschen von großer Charakterstärke, großem Mut oder großer Lebensweisheit, die zumeist auch überaus bescheiden waren. Zwei von ihnen hätte ich zum Beispiel in meinen Memoiren aus der englischen Emigration noch erwähnen sollen: Minna Fritsch, die wiederholt illegal aus der Tschechoslowakei in das faschistische Deutschland ging, um Parteiaufträge auszuführen, mutig, umsichtig und bescheiden, in London dann krank und zurückgezogen lebte, treu umsorgt besonders von den Genossen, die in der Tschechoslowakei mit ihr zusammengearbeitet hatten, und Otto Franke (einst der »Schatten« von Karl Liebknecht), den Deine Urgroßmutter so gern hatte und der öfter bei uns zu Hause war. Aber ist es nicht auch schön, in Reih und Glied der namenlosen Helden zu stehen? Wenn einmal gefragt wird: Wer hat die Partei, wer hat die Zukunft gebaut?, dann soll man antworten: Es waren vor allem die zahllosen namenlosen Helden, von denen viele es gar nicht schätzten, zitierte man sie nach vorn und gäbe ihnen Namen und Orden.

Andere bedeutende Leute gehen mit ihrem Namen in die Geschichte ein, sei es wegen einer einzelnen besonderen Leistung, sei es wegen ihres Lebenswerks. Nimm zum Beispiel Deinen Urgroßvater. Man wird keine Geschichte des Deutschen Volkes in der Weimarer Republik schreiben können, ohne die Volksbefragung über die Enteignung der Fürsten zu behandeln, und bei dieser hat er eine erwähnenswerte Rolle gespielt. An diesem Beispiel siehst Du aber auch, wie zufällig ein solcher Ruhm sein kann, denn niemals war Dein Urgroßvater hauptberuflich Politiker, und doch wurde er berühmt nur wegen dieser Tätigkeit. Dabei war er ein wirklich tüchtiger Wissenschaftler, dessen Arbeiten auf dem Gebiet der Lohn- oder Bevölkerungsstatistik noch lange von Bedeutung sein werden.

Es kann auch sein, daß ein unbedeutender Mensch durch den Zufall der Geschichte bekannt wird, sagen wir zum Beispiel durch sein Tagebuch als einem raren Zeitdokument mit realen Schilderungen eines ereignisreichen oder auch ereignislosen Lebens, eine wichtige Quelle der Information über Vergangenes.

Du siehst, wie kompliziert Deine Frage ist und welche Überlegungen ich anstellen muß, um sie zu beantworten.

Ich glaube, ich habe nur ein wirkliches Genie, einen in alle Zukunft berühmten Menschen kennengelernt, und das war Einstein. Über ihn habe ich bereits in meinen Memoiren berichtet, auch von seiner »klugen Bescheidenheit«. Dazu muß ich

Dir noch eine kuriose Geschichte erzählen. Einstein war schon ein unter den Physikern weltbekannter Mann, bevor er seine allgemeine Relativitätstheorie entwickelte, und er gehörte wie mein Vater einem Klub an, in dem sich während des ersten Weltkrieges namhafte Politiker, Wissenschaftler, Industrielle usw. trafen. Nachdem nun Einstein die allgemeine Relativitätstheorie ausgearbeitet hatte und ihre Bedeutung in die breite Öffentlichkeit drang, erschien von ihm ein großes Foto in einer illustrierten Zeitschrift, die ich meinem Vater aus irgendeinem anderen Grund zeigte. Dieser sah das Bild von Einstein, schlug sich mit der Hand an die Stirn und rief aus: »Das ist doch der nette rundlich-kleine Physiker, ich glaube, er wohnt in Dahlem, der mich so oft zum Bahnhof begleitet hat, wenn wir beide vom Klub nach Hause fuhren, und der mit mir auf dem Weg immer über die politische Situation plauderte.« Sage jetzt nicht (da hättest Du unrecht): So ungebildet war der Ururgroßvater, sondern sage: So bescheiden war Einstein! Was nicht ausschloß, daß er später zeitweise auf Leute hereinfiel, die mit ihm Reklame machen wollten. (Das geht auch aus dem Briefwechsel Einsteins mit Max Born und dessen Frau hervor, den Du lesen solltest.)

Da ich Dir nur von nicht mehr Lebenden berichten will, muß ich Dir sagen, daß ich leider kein anderes Genie näher kennengelernt habe, wohl aber jemanden, der dem ziemlich nahekam: meinen Lehrer Eugen Varga. Ihn habe ich schon oft erwähnt, in den Memoiren wie auch in Band 7 meiner Studien zu einer Geschichte der Gesellschaftswissenschaft. Aber eine Geschichte über ihn möchte ich noch erzählen, weil sie nicht so sehr seine Bescheidenheit, sondern seine Verachtung der äußeren »Ruhmeszeichen« anzeigt. Eines Tages besuchte ihn ein Mitarbeiter von mir, und Varga sprach von seinem Deutschlandbesuch 1945 anläßlich der Konferenz von Potsdam, auf der er einer der Berater Stalins gewesen war. Er sei damals auch, berichtete er, in der zerstörten Reichskanzlei gewesen, dort hätten alle möglichen Orden herumgelegen, und er hätte sich ein Ritterkreuz mitgenommen. Als die Genossin Varga, die ihn immer mit dem Nachnamen anredete, ganz erstaunt fragte: »Aber Varga, das habe ich ja nie gesehen, wo liegt denn das Ritterkreuz?«, antwortete er ihr mit einer wegwischenden Handbewegung: »Na da, wo alle meine Orden liegen.« In der Tat, ich habe ihn nie einen Orden tragen gesehen.

Dazu gehört eine andere Episode, ich erfuhr sie von Vargas Frau, mit der ich auch nach seinem Tode noch zusammentraf. Du weißt bestimmt, wie schrecklich sich gegen Ende der dreißiger Jahre die Partei in der Sowjetunion in mancher Beziehung veränderte. Alte Genossen, die unter der Führung von Lenin Großartiges geleistet hatten, klagte man furchtbarster Verbrechen an. Die Genossin Varga war mit der Genossin Krupskaja, der Frau von Lenin, befreundet und besuchte die bereits Schwerkranke wenige Wochen vor deren Tode. Beide wußten wohl, daß sie sich zum letzten Mal sahen, beide sprachen viel über alte Zeiten, schließlich auch über die Gegenwart. »Wie hat sich die Partei Lenins verändert!« meinte die Krupskaja. »Und dann«, fuhr Genossin Varga in ihrem Bericht fort, »haben wir beide geweint, haben uns umarmt und sind so für immer voneinandergegangen.« Als sie mir das erzählte, kamen ihr, die nun schon rund sechzig Jahre in der Arbeiterbewegung stand, wieder die Tränen. Ich erzähle Dir diese Geschichte, die Dir niemand anders erzählen kann, damit Du ein wenig siehst, wie die Frau von Lenin und die von Varga schon früh erkannten, welches Unglück Stalin bei allen seinen großen Leistungen über die Partei brachte. Wenige Jahre nach dem Zusammensein dieser beiden Frauen verloren die Vargas dann ihren Sohn durch eines der vielen Fehlurteile in dieser Zeit.

Ferne und abgeschlossene Geschichte wird all das für Dich sein. Und doch soll man sie nicht vergessen, um zu verstehen, wie groß in dieser Zeit die Leistungen einfacher Genossen, ja der Völker der Sowjetunion waren. Auch die Genossin Varga gehört zu den namenlosen Helden der Geschichte, und wie lieb und teuer und vertraut wird uns die Krupskaja durch eine solche Mitteilung.

Viele kluge und parteiergebene Genossen habe ich in der Sowjetunion kennengelernt. In einer ausführlichen Geschichte der Komintern werden sie zu nennen sein, gar nicht selten auch ihre Frauen. Sind wir uns vor dem zweiten Weltkrieg zumeist nur als Genossen begegnet, die sich wegen ihrer Arbeit schätzten, so wurden wir in der Zeit härtesten ideologischen Drucks in der Sowjetunion nach dem zweiten Weltkrieg Freunde. Wie beneideten sie mich um die größere geistige Freiheit, die bei uns in der SED und allgemein in der DDR aufgrund besonderer Umstände herrschte! Wie schmiedeten wir gemeinsame Pläne, um den leninistischen Geist in der Partei und speziell in der Wissenschaft zu erhalten und so den Leninismus-Marxismus weiterzuentwickeln! Dafür ein Beispiel: Modeste Rubinstein und ich kannten uns seit 1930. Beide waren wir als Politökonomen des Kapitalismus Vargas Schüler. Nach dem Kriege sahen wir uns, wenn immer er in Berlin und ich in Moskau war, bisweilen auch auf internationalen Konferenzen wie auf der Pugwash-Konferenz 1965 in Addis Abeba. Auf der Tagesordnung standen dort, einem Entwicklungsland, auch Bevölkerungsprobleme. Die sowjetische Delegation hatte die Richtlinie, die Frage der rapiden Bevölkerungsvermehrung als unbedeutend herunterzuspielen und auf der üblichen vulgär-antimalthusianischen Linie zu argumentieren: Sobald die Entwicklungsländer zum Sozialismus übergegangen sind, wird sich das Bevölkerungsproblem lösen. Wer die Bevölkerungsnot in den Entwicklungsländer kannte, der wußte, daß man ihnen gegenüber so nicht argumentieren durfte. Natürlich war Modeste auch entschlossen, keine derartigen billigen Argumente zu vertreten, sondern zu schweigen – denn gegen die Richtlinie der Delegation konnte er ja nicht auftreten. In der DDR beschäftigte man sich wenig mit Bevölkerungsproblemen; da ich aber durch meinen Vater etwas in der Problematik stand, hatte ich einen Beitrag zu diesen Fragen vorbereitet, der anfing, an die Problematik von dem Standpunkt aus heranzugehen, den wir heute allgemein vertreten. Modeste und ich sprachen meinen Beitrag durch, und er sagte, ich müsse unbedingt auf dieser Linie auftreten, ihm seien die Hände gebunden, aber die sozialistischen Länder könnten nicht wie bisher argumentieren. Ich folgte seinem Ratschlag, und wir freuten uns beide an diesem Bausteinchen zur Weiterentwicklung unserer marxistischen Wissenschaft, das auch freundlich von den uns nahestehenden Wissenschaftlern der Entwicklungsländer wie der imperialistischen Länder aufgenommen wurde.

Warum erzähle ich das? Eigentlich nur, um Dir zu zeigen: So wie im illegalen Kampf oder im Krieg Freundschaften durch gemeinsam erlebte »Abenteuer« entstehen oder bestehende enger werden, so auch im ideologischen Kampf für die Durchsetzung marxistisch-leninistischer Ideen, im Streben nach Weiterentwicklung der Wissenschaften. Manches Zusammensein mit Modeste und Freunden in der Sowjetunion oder anderen sozialistischen Ländern brachte die Frage auf: Wogegen müssen wir jetzt in unseren Ländern kämpfen, was müssen wir jetzt durchzusetzen versuchen? So mit Molnar und Fogarasi in Ungarn, mit Pankratova und Chmelnitzkaja in der Sowjetunion und mit vielen anderen Genossen, die zeitweise oder ihr ganzes Leben in der Avantgarde des marxistischen Fortschritts standen, schwere Niederlagen erlitten, aber immer wieder nach vorne stießen. Viele sind heute vergessen, suchten den Tod wie die Pankratova, andere, ernstlich krank und erschöpft, wollten ihm nicht länger widerstehen, wie mein Freund Jerussalimski, und wieder andere kämpften, sich stets der zweiten Front gegen den

Opportunismus bewußt, bis zum letzten Atemzug für die Weiterentwicklung ihrer Wissenschaft, stärker als die Götter, von denen man meinte, daß sie gegen Dummheit und Dogmatismus vergeblich angingen.

Die Genossinnen Pankratova und Chmelnitzkaja hatten als junge Mädchen im Bürgerkrieg eine hervorragende Rolle gespielt. Man erzählte mir, Lenin hätte sie wegen ihres großartigen Verhaltens zum X. Parteitag eingeladen und sie anschließend auf die »Rote Professur«, damals die höchste Parteischule, geschickt. Die Pankratova wurde Historikerin, später entsetzlich »stalintreu«. Befreundet wurden wir, als sie unter Chruschtschow wieder wissenschaftlich erwachte, und standen fest beieinander, als sie durch immer kühnere Vorstöße »Anstoß erregte« und befürchtete, daß die alten Zeiten zurückkehren würden.

Ganz anders als die Chmelnitzkaja, die das Glück hatte, eine Schülerin Vargas und seine Assistentin während dessen Deutschland-Zeit in den zwanziger Jahren zu werden und so stets von seiner Haltung und seinem Geist beeinflußt zu sein. Sie machte Schweres durch – auch persönlich. Aber stets ging sie mutig ihren Weg, kämpferisch, voller Charme und Lebenseifer. Wohl Ende der zwanziger Jahre kam sie als Lehrerin für Politische Ökonomie an die Frunse-Akademie, und mancher General, den ich nach dem Krieg traf, strahlte bei der Erwähnung ihres Namens in Erinnerung an seine Zeit als Hauptmann oder Major an der Militärakademie. Einer von ihnen, der ihren ersten Kurs besucht hatte, erinnerte sich, wie nach der dritten Unterrichtsstunde ein hoher Offizier aus einer der kleinen, früher halbkolonialen Nationen der Sowjetunion aufstand und sagte: »Genossin Chmelnitzkaja, ich habe jetzt dreimal bei Ihnen Politische Ökonomie gehabt und daraufhin versucht, das erste Kapitel des ›Kapital‹ zu lesen. Aber, Genossin Chmelnitzkaja, nichts habe ich verstanden.« Die Genossin Chmelnitzkaja vernahm traurig und verlegen diesen Mißerfolg ihrer ersten Unterrichtsstunden. Da sprang Budjonny, der die Akademie gerade inspizierte und auch ihre Vorlesung besucht hatte, auf und rief, ihr aus der schwierigen Situation helfen wollend: »Genosse! Du mußt doch wissen, daß das ›Kapital‹ zu einer Zeit, als überall Zaren herrschten, geschrieben worden ist, und da mußte sich Marx natürlich ganz konspirativ ausdrücken.«

Klug war sie, lebenslustig und unermüdlich tätig! Als ich sie das letzte Mal in Moskau sah, erklärte sie mir, die Ärzte hätten sie gewarnt vor den anstrengenden Reisen (sie war Propagandistin des Zentralkomitees); aber vorsichtig zu leben, dazu sei sie zu alt, meinte sie. Sie starb, wie es die Ärzte vorausgesehen, an einem Versagen des Herzens mitten in der Arbeit.

Und wie bescheiden war sie! Natürlich war es schändlich, daß man kaum Notiz von ihrem 60. Geburtstag nahm, aber sie hatte auch gar nichts getan, um daran zu erinnern.

Als junge Wissenschaftlerin schrieb sie für die an Qualität nie wieder erreichte erste Auflage der »Großen Sowjetenzyklopädie« den klassisch gewordenen Artikel über den staatsmonopolistischen Kapitalismus. Lange vergaß man dann dieses Thema in der marxistisch-leninistischen Theorie, und als es wieder aufkam, widmete sie sich ihm erneut intensiv, unter besonderer Berücksichtigung der BRD. Sie half Varga bei der Herausgabe des letzten Buches seines Lebens, einer Sammlung von Studien. Dabei, klagte sie mir, hätte sie, die kühne und mutige Denkerin, die größten Schwierigkeiten gehabt, Varga von »allzu freien Äußerungen« abzuhalten.

Wie reizend und lebhaft plauderte sie in privatem Kreise. Dabei klatschte sie niemals. Gern sprachen wir über die Entwicklung der sozialistischen Gesellschaft und speziell den Stand der Wissenschaft und der Wissenschaftler in unserem und ihrem

Lande. Welche Achtung und welche Verachtung konnte sie zeigen – stets richtig verteilt. Schließlich: Wie gut tat es uns beiden, von Varga zu sprechen!

Ganz anderen Charakters als sie war mein Freund Jerussalimski, der hervorragende Historiker. Auch er hatte einst bei Varga gearbeitet, vor allem aber auf dem Gebiet der internationalen Politik. Das letzte Mal – als er bei uns zu Hause war – es war kurz nach der Ablösung von Chruschtschow –; erzählte er von seinem neuesten Buch, das bald herauskommen würde, dessen Erscheinen aber monatelang verzögert worden war, weil der Verlag verlangte, er müsse irgendwie und irgendwo im Vorwort Chruschtschow zitieren, obgleich dieser überhaupt nichts mit der Thematik zu tun hatte. »Aber nun wird es so, wie ich es geschrieben habe, erscheinen können«, lächelte er. Er war ein wirklich bedeutender Historiker – wenn auch selbst zeitweise genau diesem Geist des Personenkults verfallen. Als ich ihn das letzte Mal in seiner Wohnung besuchte, zeigte er mir im Arbeitszimmer einen von innen elektrisch beleuchteten Glasschrein mit den Fahnen seiner Einleitung zur Übersetzung von Bismarcks »Gedanken und Erinnerungen«, die Stalin durchgesehen und mit Korrekturen versehen hatte.

Ich bin stolz darauf, daran mitgewirkt zu haben, daß er Mitglied unserer Akademie wurde, obgleich er nicht der Akademie der Wissenschaften der UdSSR angehörte. Das hatte er wegen seiner wissenschaftlichen Leistungen und auch wegen seiner Bemühungen um die Ausbildung unserer jungen Historiker verdient. Als ich 1958 in meiner Partei heftig wegen einer Reihe von Veröffentlichungen angegriffen wurde und man von mir verlangte zu erklären, sie seien revisionistisch, stand er fest an meiner Seite. Ein guter und treuer Freund in ideologischer Not! Oft kämpfte er in vorderster Front des wissenschaftlichen Fortschritts in der Geschichtswissenschaft. So war er führend in der

Gründung einer Abteilung Methodologie in der Geschichtsforschung im Institut für Geschichte an der Akademie der UdSSR, die dann sein Schüler Gefter leitete; sie wurde leider nach einiger Zeit wieder aufgelöst.

Als echter Wissenschaftler seufzte er, als er für die Herausgabe eines Bandes der sowjetischen Weltgeschichte verantwortlich gemacht wurde. Elend viel hatte er damit zu tun, er stieß auf zahlreiche »ideologische« Schwierigkeiten, sogar in der Wahl der Illustrationen. Aber wir beide waren uns klar: Kein anderes sozialistisches Land war in der Lage, eine marxistische Weltgeschichte herauszubringen. Und sie war nötig, selbst wenn sie zweit- oder drittklassig geriet. So biß er die Zähne zusammen, verzichtete auf erstklassige eigene Arbeiten und gab den Band heraus.

Du siehst, vor welchen Aufgaben dem Sozialismus ergebene Wissenschaftler in unserer Zeit standen, welche schweren persönlich-gesellschaftlichen Entscheidungen sie zu treffen hatten, und wie gut es uns tat, wenn ein Genosse Wissenschaftler dem anderen moralisch zur Seite stand.

Das letzte Mal sah ich ihn in Berlin. Er hatte wohl eine Bronchitis und Lungenentzündung, war müde von vielen Kämpfen, aber wollte gesund werden, um nach Moskau zurückzukehren.

In jüngeren Jahren war er voller Lebenslust und Lebensfreude. Wie ich aß er gern gut und viel, und obwohl wir nie viel Geld hatten, gingen wir, wann immer wir uns sahen, stets einmal in ein erstklassiges Restaurant. Es gab jedes Mal einen Streit darüber, wer den anderen einladen würde. Einmal, nach dem zweiten Weltkrieg, beschlossen wir, daß dieser Streit zu dumm sei und künftig derjenige den anderen einladen dürfe, der am Tage des Essens den langweiligsten Artikel in seinem Zentralorgan nachweisen könne. Aber es zeigte sich, daß der Streit weiterging, da wir beide, er ein kritischer Zeitungsleser und ich ein alter Journalist, denkbar unzufrieden mit der Aufmachung unserer Presse waren.

Von meinen Freunden und Bekanntschaften in England, Frankreich und den USA möchte ich hier nur noch eine merkwürdige Begegnung erwähnen: die mit J. B. Haldane, dem bedeutenden, außerordentlich gebildeten Naturwissenschaftler, der im »Daily Worker«, dem Zentralorgan der englischen Partei, glänzende populäre Artikel schrieb. Wir sprachen beide auf einer Tagung der allgemeinen Studentenvereinigung und trafen uns zum Frühstück. Er kannte mich wohl aus meinen Veröffentlichungen und begrüßte mich freundlich, ja herzlich. Wir setzten uns an einen freien Tisch, der Kellner kam, und wir bestellten. Er eine doppelte Portion Haferflocken, die schnell aufgetragen wurde und die er schweigend und mit konzentriertem Genuß aß, mir dabei gelegentlich freundlich zulächelnd. Als er fertig war, winkte er dem Kellner und bestellte eine zweite Doppelportion, die er ebenso genießerisch aß, ebenso schweigsam, mir ebenso freundlich von Zeit zu Zeit zulächelnd. Vielleicht wird er jetzt ein paar Worte mit mir wechseln, dachte ich, zumal ich mittlerweile mein Frühstück beendet hatte. Aber kaum war er fertig, bestellte er von neuem einen Riesenteller Haferflocken und fauchte den zögernden Kellner an. Obgleich er weiter schweigsam blieb, nahm ich selten ein so behagliches und gemütliches Frühstück ein wie das mit Haldane, und der Abschied war auf beiden Seiten entsprechend herzlich. Später erfuhr ich von einer gemeinsamen Freundin, Haldane hätte ihr erzählt, was für ein angenehmer und charmanter Frühstücksgenosse ich gewesen wäre. Ich schilderte ihr den Verlauf des Frühstücks, und sie berichtete mir von einem in ihrem Hause: Auch sie aßen Haferflocken zum ersten Frühstück, die sie stets am Montag für die ganze Woche koche, um sie an den anderen Tagen nur heiß machen zu müssen. Nun hätte Haldane nach einem Vortrag am Montagabend bei ihnen übernachtet – und am nächsten Morgen die Haferflocken für den Rest der Woche in einem Zuge gegessen.

Haldane war damals wohl der bekannteste Biochemiker Englands, zweifellos der populärste Naturwissenschaftler des Landes, längere Zeit Mitglied der kommunistischen Partei, dann, empört über den Lyssenko-Schwindel, der sein eigenstes Gebiet, die Genetik, betraf, aus der Partei ausgetreten, doch auch nachdem niemals feindlich gegen sie auftretend. Er war eine große Persönlichkeit – und gern erinnere ich mich an unser freundschaftlich-schweigsames Frühstück.

Seit ich die Memoiren beendet habe, sind zwei Deiner Urgroßmütter und mir sehr nahe Freunde gestorben: Grete Wittkowski und Siegbert Kahn, die beide eine (heute kaum noch beachtete) Rolle beim Aufbau unserer Republik gespielt haben und deren Gedächtnis erhalten bleiben sollte.

Über Siegbert Kahn schrieb ich nach seinem Tode in der »Weltbühne«:

»Von Jugend auf in der Partei, erst ›natürlich‹ im Jugendverband – später ›natürlich‹ im Zuchthaus wie in der Emigration und dann natürlich ganz aktiv am Aufbau unserer sozialistischen Gesellschaft tätig: im Apparat des Zentralkomitees der SED, als Direktor des Deutschen Wirtschaftsinstituts und schließlich, bei nachlassender Gesundheit, als hervorragender Publizist.

Goldschmied hatte er gelernt. Und ein Goldschmied ist Sieke immer geblieben. Aus Gold geschmiedet waren seine Worte und Taten, war sein Rat, war seine Freundschaft, war sein Charakter. Ein harter Kämpfer gegen den Feind, stand er fest auch gegen jede ›opportunistische Modernisierung‹ des Marxismus-Leninismus in unserem Lager. Eine Insel nüchterner Ruhe war er im falschen Sturm und ein Vulkan des Zorns, wenn ein notwendiger Sturm nicht aufkam.

Als ich ihn vor fast vierzig Jahren kennenlernte, interessierte er sich für ökonomische Fragen, als er von uns ging, war er ein altbewährter Meister der Analyse der kapitalistischen Wirtschaft, weit bekannt in der Welt des Sozialismus, gefürchtet von unseren Feinden in der Welt des Kapitals und hochgeachtet von unseren Freunden dort.

Zwei Tage vor seinem Tode besuchte ich ihn im Krankenhaus, und er erzählte von dem Artikel, den er gerade beendet hatte. Beim Abschied dankte er mir für den Besuch, und ich dankte ihm für unser Zusammensein.«

Er war ein guter Wissenschaftler und ein wundervoller Genosse von großartigem Charakter: mutig und ehrlich, aufopfernd und bescheiden. In England leitete ich ihn in seinen Studien auf dem Gebiet der Wirtschaftswissenschaften an, später führten wir beide eine Zeitlang gemeinsam das Deutsche Institut für Wirtschaftsforschung, bis er allein an dessen Spitze stand und die besten Wirtschaftsberichte über die BRD herausgab, die bisher irgendwo erschienen sind.

Grete Wittkowski war eine der hervorragendsten Frauen im ersten Vierteljahrhundert unserer Republik – führend auf dem Gebiet der Leitung unserer Wirtschaft, zuletzt aktiv als Präsidentin unserer Staatsbank. Schon als Studentin stieß sie zur Partei, emigrierte nach der Schweiz, promovierte in Basel und machte Parteiarbeit nach Deutschland. Später kam sie nach England und übernahm dort die Organisationsarbeit. Ein gerader Charakter, schnell das Entscheidende erfassend, als Funktionär unseres Staates später energisch und unbequem, unbeliebt bei Faulköpfen und Schönfärbern, hochgeachtet von den besten Genossen. Warmherzig und freigebend forderte sie ihre Mitarbeiter und holte das Beste aus ihnen heraus.

Sie, die ihren Jugendfreund in Spanien verlor und niemals heiratete, mochte Kinder gern und fühlte sich ganz zu Hause in unserer Familie – und sie genoß das gute Essen, das Deine Urgroßmutter kochte. Einmal, als sie besonders gut und viel bei uns gegessen hatte, fragte die Urgroßmutter, ob sie satt geworden sei, worauf sie antwortete: »Ja, es hat gerade gereicht, aber einen Fleck hätte ich nicht machen dürfen, sonst wäre ich nicht satt geworden.«

Ja, und dann möchte ich noch etwas über Wolfgang Steinitz sagen, mit dem ich eng und gut in der Gesellschaft für Deutsch-Sowjetische Freundschaft und in unserer Akademie der Wissenschaften zusammengearbeitet habe. In der Rede an seinem Grabe sprach ich von ihm als einem großen Menschen, einem bedeutenden Wissenschaftler und einem guten, treuen Genossen:

»Ja, Wolfgang war ein guter, treuer Genosse! ›Fest verbunden mit der revolutionären deutschen Arbeiterklasse‹ heißt es von ihm im Nachruf unseres Zentralkomitees. Stolz und glücklich sind wir, seine Genossen, daß sein politisches Leben, welches vierundvierzig Jahre gewährt hat, solch abschießendes Urteil unserer Partei findet.

Und wahrlich, Wolfgang war ein vorbildlicher Genosse – hart und unnachgiebig im Kampf mit dem Feind, einsichtig und klug in der Überzeugung dessen, der sich uns näherte, den es mehr und mehr für uns zu gewinnen galt, fest und aufrecht in der Vertretung dessen, was ihn richtig dünkte, im Kreise der Genossen.

Ja! Wolfgang war ein bedeutender Wissenschaftler. Schöpferisch, vielseitig, eine Autorität mit Weltruf. Reich geehrt und mit Ämtern bedacht im nationalen und internationalen Rahmen. Zweimal erhielt er den Nationalpreis unserer Republik, die Ungarische Akademie der Wissenschaften ernannte ihn zum

Ehrenmitglied, die Union Internationale des Sciences Anthropologiques et Ethnologiques wählte ihn zu ihrem Vizepräsidenten ... drei von vielen Ornamenten einer wissenschaftlichen Laufbahn, die über vierzig Jahre und an vierhundert Veröffentlichungen umfaßt – vor allem auf den Gebieten der Sprachwissenschaft, der Volkskunde und der Literaturforschung. Doch was den Wissenschaftler Steinitz vor anderen auszeichnet, ist vor allem die Vielseitigkeit seiner Betätigung – als schöpferischer Wissenschaftler auf drei Wissenschaftsgebieten; als Lehrer und Pädagoge, der eine große Schar von Schülern heranzog; als Wissenschaftsorganisator, der unter anderem die folgenden Unternehmen bei uns ins Leben rief und teilweise auch leitete: die ›Neue Russische Bibliothek‹, das ›Wörterbuch der deutschen Gegenwartssprache‹, das ›Marx-Engels-Wörterbuch‹, die internationale Reihe ›Volksmärchen‹. Und zugleich war er Direktor des Finnisch-Ugrischen Instituts der Humboldt-Universität sowie des Instituts für deutsche Volkskunde der Deutschen Akademie der Wissenschaften.

Ein guter, treuer Genosse, ein bedeutender Wissenschaftler war Wolfgang Steinitz. Viel ist das, und wer unter uns Genossen Wissenschaftler wäre nicht froh und stolz, wenn man am Ende seines Lebens solch ein abschließendes Urteil fällen würde!

Aber Wolfgang war weit mehr – er war ein großer Mensch. Und das verlieh dem Genossen und Wissenschaftler, das gab Wolfgang, wann immer und wo immer man ihn traf, seine besondere Qualität. Oder ist es nicht vielmehr so, daß nicht er, sondern alles um ihn, auch wir selber, in seiner Gegenwart eine besondere Qualität annahmen? Ob er auf irgendeiner zerstörten Straße in der Kälte des Winters 1946 vom Rad stieg, um zwischen den Trümmern der Stadt – weil es sich so glücklich gegeben hatte, daß man sich begegnete – irgendein Hochschulproblem zu besprechen, oder ob man sich in seinem weitläufigen altmodischen Arbeitszimmer als Vizepräsident der

Akademie traf – die Umgebung war plötzlich wohl vertraut, und es wurde einem warm ums Herz. Man mochte eilig gewesen sein, doch plötzlich hatte man Zeit. Man mochte müde gewesen sein, doch plötzlich war man wach. Wie alle großen Menschen machte er auch den anderen zum besseren Menschen. Den Bedrückten richtete er auf, den Satten machte er hungrig, dem Scheuen gab er Mut, wer im Kleinkram versank, wurde auf die große Bahn zurückgeführt, wer in der großen Phrase zu versacken drohte, den stieß er in die Probleme des Alltags. Wolfgang war nicht, was man ›allgemein beliebt‹ nennt. Er hatte etwas von der Unbequemheit des großen Menschen, die Lenin so an Gorki schätzte. Aber wie viele liebten und verehrten ihn! Unter Studenten und Assistenten wie unter uns Akademiemitgliedern, unter Chauffeuren und Schreibkräften wie unter alten Funktionären der Partei.

Tief ausgeprägt war sein Sinn für Recht und Unrecht. Im Großen, im Weltmaßstab – wie im Kleinen, im Maßstab seines Wirkungskreises, ganz konkret, hier und dort. Unendlich schienen seine Geduld und Ausdauer und Energie im Kampf um die Anerkennung unserer Republik wie im Kampf um die Anerkennung einer zu Unrecht mißachteten Leistung eines jungen Wissenschaftlers.

Groß war sein Mut, verächtlich schienen ihm Unterwürfigkeit und Feigheit. Er war mutig vor dem Feind und mutig vor dem Freund, und das letztere ist das schwierigere. Einsichtig beugte er sich vor der Autorität, doch niemals vor Macht oder Amt.

Der Talisman seines Lebens war seine Lauterkeit, die den Übelwollenden lähmte, den zunächst Gleichgültigen bewegte und den ihm Gutgesinnten erhob und mitriß.

Und zu alledem sein arglos fröhliches Lachen, da in den letzten Jahren mehr und mehr sich wandelte in ein erfahrungsreiches und gutes Lächeln. Und gar manches von der Beständigkeit, der Güte dieses Lächelns verdanken wir auch Inge Steinitz, die stets um ihn war.

Wir nehmen Abschied heute von dem, was sterblich an Wolfgang Steinitz. Doch wieviel hat er uns gegeben, das wir halten und hüten werden. Wieviel von Dir, Wolfgang, ist eingegangen in das Leben der Partei, in das Leben so mancher Genossen, an deren Seite du vor 1933 gekämpft und die vielleicht im Zuchthaus oder Konzentrationslager an dich denkend ein Partikelchen mehr Mut und Zuversicht hatten, und wer weiß, wie oft solch ein Partikelchen in dieser oder jener Situation den Ausschlag gab; in das Leben so mancher Genossen der Emigration in der Sowjetunion und in Schweden, denen du, oft ohne es zu wissen, durch deine Lebensfrohheit und Zuversicht über manche schwere Stunde hinweggeholfen, so daß sie anderen von ihrer gewachsenen Lebensfreude abgeben konnten; in das Leben von Tausenden von Genossen nach 1945, die sich dieses oder jenes an dir zum Beispiel genommen, das, vielleicht ohne deinen Namen zu kennen, ihre Kinder und Enkel von ihnen wieder übernehmen.

Wieviel von dir ist eingegangen in die Wissenschaft, die du so schöpferisch gepflegt. Neue Ideen, neue Methoden, große Unternehmen sind mit deinem Namen verbunden. Dieser und jener Richtung hast du neue Bedeutung gegeben, die uns der Erfassung der Wirklichkeit näherbringt. Ein Stück des Weges zu tieferer Erkenntnis, zu größerer Wahrheit hast du gewiesen und bist du vorangegangen, und dieses Stück des Weges trägt in dem ewigen Buch der Wissenschaft den Namen Steinitz. Schön und ehrenvoll ist es, für immer und immer, unzerstörbar, ein Stück des Weges zur absoluten Wahrheit freigelegt zu haben für alle Generationen, die nach uns kommen, und so in den Kreis derer eingetreten zu sein, die mitgeschaffen haben an der Zukunft fernster Zeiten.

Und wieviel nehmen wir, deine alten Freunde, von dir, Wolfgang, in das uns noch verbleibende Leben mit – auch dein so erfahrungsreiches und gutes Lächeln!«

Noch einmal sprach ich am Grabe eines Freundes und Wissenschaftlers, der – wie Wolfgang Steinitz – am Ende seines Lebens »im Schatten geringer offizieller Beachtung« stand und doch ein hervorragender Wissenschaftler, also Marxist war. Es handelt sich um Fritz Behrens. Über ihn sagte ich damals:

»Wir sind zusammengekommen, um, wie man sagt, Abschied zu nehmen von Fritz Behrens, und weiter, wird man sagen, daß wir seiner ehrend gedenken werden. Aber eine solche Haltung wird Fritz nicht zulassen. Immer wieder wird *er* es sein, der uns an ihn erinnert, und so wird er oft bei uns weilen.

Vielleicht braucht jemand eine Zahl aus der frühen Zeit unserer Republik – er greift zum Statistischen Jahrbuch, zum ersten, das wir herausgebracht haben – und das Vorwort ist gezeichnet: ›Der Leiter der staatlichen Zentralverwaltung für Statistik, Prof. Dr. Fritz Behrens‹. Ja, unter seiner Leitung gab es eine Blüte amtlicher statistischer Veröffentlichungen. Niemand, der Interesse an solchen Auskünften hat, wird sie vergessen, Fritz wird uns immer wieder an sie erinnern.

Wo immer Fritz aktiv war, gab es Blüte, gab es Glanz. Glanz gab es für ein paar Jahre an einer unserer Universitäten, mit dem Trio Werner Krauss, Ernst Bloch und Fritz Behrens. Werner Krauss, damals schon weltbekannt als Romanist, Ernst Bloch als Philosoph und Fritz Behrens hervorragend als Vorkämpfer des Marxismus-Leninismus allgemein und besonders in der Politischen Ökonomie. Doch ragten die drei nicht nur jeder für sich heraus. Sie waren auch ein Kollektiv des Kampfes für den Fortschritt, für die Gestaltung einer neuen Universität, die der Wahrheit und der Arbeiterklasse in einem dient. Sie und die jungen begabten Menschen, die sich um sie sammelten, waren echte Schüler von Engels, der allen Wissenschaftlern im ›Ludwig Feuerbach‹ zugerufen hatte: ›Je rücksichtsloser und unbefangener die Wissenschaft vorgeht, desto mehr befindet sie sich im Einklang mit den Interessen und Strebungen der Arbeiter.‹ Es war genau diese Art des Vorgehens, die in Leipzig die jungen Studenten und Assistenten, die Fritz um sich hatte, begeisterte und die ihn auch mit den anderen hier genannten verband, gegenseitige Achtung und Zuneigung gewinnend, zumal alle drei an die Realität, die sich nur interdisziplinär erfassen läßt, allgemein gebildet und, wie es Lenin immer wieder verlangte, kritisch schöpferisch herangingen.

Und die gleiche schöpferische Intensität des Schaffens begegnete uns von neuem, als Fritz im Institut für Wirtschaftswissenschaften zu arbeiten begann und eine Wissenschaft von der Arbeitsproduktivität im Sozialismus auf der Basis der Grundlehren von Marx aufbaute.

Begeisterung für die Arbeit, die er zu leisten hatte, Begeisterung und Ergebenheit der Forschung gegenüber zeichneten stets Fritz und seine nähere Arbeitsumgebung aus.

Dazu kam, entsprechend seinem Charakter, etwas, was ich ganz einfach Sauberkeit der Atmosphäre nennen möchte. Intrigen, Taktieren und Karrierismus verkümmerten in seiner Nähe, ebenso wie Bürokratismus, Byzantinismus und geistiges Rowdytum.

Fritz war ein starker Charakter, der, wie Engels es forderte, rücksichtslos in der Wissenschaft vorgehen konnte.

Fritz war ein einfacher Charakter und konnte darum, wie Engels es forderte, unbefangen in den Wissenschaften wirken.

Fritz war ein sensibler Mensch, und das war ein Glück für die, die ihn als Mitstreiter umgaben.

Aber es war kein Glück für ihn. Wer rücksichtslos und unbefangen, unbeschwert durch Dogmatismus und autorisierte Dikta die wissenschaftliche Wahrheit verfolgt, muß unter den heutigen Umständen auch stark im Nehmen sein. Dazu war er nicht fähig, und darum hing ein Schatten über dem letzten Teil seines Lebens, den zunehmende Krankheit noch verdunkelte. Vielleicht aber war es auch umgekehrt so, daß zunehmende Krankheit seine Fähigkeit, rüden Angriffen zu widerstehen, schwächte.

Doch wie es auch gewesen sein mag – gerade in dieser Zeit schuf er sein umfangreiches Buchwerk, seine »Geschichte der Politischen Ökonomie«, deren letzter Band, vollendet, zum Druck bereit, beim Akademie-Verlag liegt. Ein Standardwerk marxistischer ideologischer Forschung.

Und auch in dieser Zeit stand er allen, die sich an ihn wandten, mit Rat zur Verfügung. Als ich im vorigen Jahr zum Gedenken des 150. Jahrestages von Hegels Tod einen Aufsatz über Hegel und Nationalökonomie zu schreiben gebeten worden war – wem sandte ich das Manuskript zur kritischen Durchsicht? Natürlich Fritz, der sich schon vor Jahrzehnten mit dieser Problematik beschäftigt hatte. Und als er das Manuskript ordentlich fand, war für mich der Aufsatz mit einem Q versehen.

Für viele von uns, auch für mich, war es stets nicht nur eine Freude, mit Fritz zusammenzuarbeiten, sondern auch eine Sache des Stolzes. Stets schien es mir so,

stets haben wir das offen gesagt, nicht oft ihm, jedoch anderen gegenüber, und darum hat man wohl auch in einer Artikelsammlung zu meinem letzten Geburtstag kritische und weiter ausführende Bemerkungen von Fritz zu einem Aufsatz von mir aufgenommen. Natürlich voller mathematischer Formeln. War doch die Anwendung der Mathematik auf die Politische Ökonomie im Laufe der Zeit zu einer wahren Leidenschaft für ihn geworden. Aber nicht zum Schaden etwa seiner vielen anderen Interessen. Denn als wir uns vor einigen Monaten zum letzten Mal sahen, sprach er davon, mit welch ganz großem Interesse er wieder Kant lese, und sicherlich eine Stunde diskutierten wir die Aktualität so vieler Gedanken von Kant, Fichte und Hegel, während wir Hannas guten Kaffee tranken und seine älteste Enkelin, vielleicht etwas erstaunt über unsere Thematik, uns zuhörte.

Verzeih, liebe Hanna, wenn ich zuviel von der Freundschaft von Fritz für mich und der meinen für ihn gesprochen habe, aber auch in ihr spiegelt sich Fritz mit all seinen großartigen Eigenschaften ein wenig und für mich so ganz wieder. Wir alle, die ihm nahe gekommen, wissen natürlich, was für ein wunderbares Familienleben er mit dir und den Kindern und Enkeln gehabt hat. Wir wissen, wie ihr beide gemeinsam ein halbes Jahrhundert im Klassenkampf gestanden habt, wie du stets sorgend um ihn gewesen, auch wenn er, ein einstiger Seemann, seiner Leidenschaft des Segelns nachging. Wir wissen auch, daß sein Nachlaß von deinen treuen Händen gepflegt werden wird.

Wenn ich so gesprochen habe, mehr von Fritz und mir, dann, weil auch andere Freunde, darunter seine Mitarbeiter oder ehemaligen Schüler, ganz ähnlich von ihm gesprochen hätten wie ich, auch ganz natürlich und ganz plötzlich an so viel Persönliches zwischen Fritz und ihnen denkend, ja durch ihn – und so wird es immer sein – an diesen und jenen wichtigen Schritt in ihrem eigenen Leben erinnert werdend. Nur als ältester unter ihnen habe ich so gesprochen. Und wenn ich mich dankend vor Fritz verneige, dann werden es viele von uns tun, und nicht nur heute, sondern solange wir leben.«

Und über einen weiteren alten Freund will ich Dir schreiben, Rolf Wagenführ, eine sehr eigenartige Gestalt.

Als Student war er Mitglied des Kommunistischen Jugendverbandes gewesen, ging uns dann aber verloren. Ich lernte ihn erst 1929 bei meiner Rückkehr aus den USA kennen, als er im Institut für Konjunkturforschung arbeitete. In einem Nachruf für ihn schrieb ich über die Zeit, in der ich ihn zuerst aufgesucht hatte, um mich näher mit den Konjunkturforschungsmethoden des Instituts bekannt zu machen:

»Wie begeistert war er damals von der Arbeit im Institut, voller neuer Ideen, voller Pläne und zugleich so herzlich interessiert an meinen Arbeiten und Plänen. Manch alter Wissenschaftler, der auf ein solches Treffen nach fast einem halben Jahrhundert zurückblickt, hat dabei das Gefühl: Wie jung waren wir damals! Doch wenn ich an mein letztes Zusammentreffen mit Wagenführ denke, kann ich nur wieder sagen: Wie begeistert war er auch so viele Jahrzehnte später von seiner Arbeit, voller neuer Ideen, voller Pläne und sogleich so herzlich interessiert an meinen Arbeiten und Plänen. Einige Wissenschaftler scheinen begnadet mit solch wissenschaftlicher Lebensintensität bis in das hohe Alter – Jacob Grimm, Theodor Mommsen sind hier zu nennen, auch Rolf Wagenführ, selbst wenn er kurz nach Eingang zum hohen Alter verstarb.

Damals, 1929, hatte das Institut für Konjunkturforschung gerade eine Sammlung ›Russischer Arbeiten zur Wirtschaftsforschung‹ veröffentlicht. Es war eine Glanzzeit sowjetischer Wirtschaftsforschung, in der auch zuerst die Input-Output-Methode entwickelt wurde, und nachdem wir Deutschland und USA ›durchgesprochen‹ hatten, verabredeten wir ein zweites Zusammentreffen, um die sowjetische Konjunkturforschung, von der er damals mehr wußte als ich, zu diskutieren.

Politisch im engagierten Sinne war Wagenführ damals nicht. Ein anständiger linker Bürger, sagte ich mir, mit offenem Blick für die wissenschaftlichen Leistungen in der Sowjetunion. Das änderte sich mit der Verschärfung der Wirtschaftskrise. Nicht, daß er zu den Auffassungen seiner frühen Jugend zurückkehrte, aber er schrieb einige Wirtschaftsanalysen unter dem Decknamen Felix Burgk für die von mir herausgegebene ›Finanzpolitische Korrespondenz‹. 1933 erschien dann seine Arbeit ›Die Industriewirtschaft. Entwicklungstendenzen der deutschen und internationalen Industrieproduktion 1860 – 1932‹, die ihn in Fachkreisen weltbekannt machte. Endlich nach den Arbeiten von Day und anderen in den USA, von Dessirer in Frankreich, Flux und anderen in Großbritannien, hatten wir auch in Deutschland eine ›lange Reihe‹ der Industrieproduktion! Es war ein Festtag für gebildete Statistiker. Aber wir konnten ihn nicht mehr feiern, nur kurz konnten wir uns im Institut sprechen, denn mehr als das, und ich hätte ihn gefährdet. Doch konnte er noch arrangieren, daß ich weiter in der Bibliothek des Instituts arbeiten durfte, obgleich ich doch ›so jüdisch‹ aussah. Länger sprachen wir nur noch einmal auf der Toilette des Instituts, aber zublinzeln taten wir uns immer, wenn wir uns sahen. Dabei war ich der Vorsichtige, in solchen Dingen viel Erfahrenere, denn ›Wagenführ durfte unter keinen Umständen gefährdet werden‹.«

Als ich Deutschland im Januar 1936 verlassen mußte, erfuhren wir fast zehn Jahre hindurch nur durch unsere Veröffentlichungen voneinander. Wie merkwürdig die Umstände, unter denen wir uns dann wiedersahen! In dem zitierten Nachruf schrieb ich: »Es war im Sommer 1945; ich arbeitete mit dem United States Strategic Bombing Survey über die wirtschaftliche Entwicklung Deutschlands 1939 – 1945 in Homburg. Plötzlich erhielten wir die Nachricht, daß eine unserer Einheiten, die in Berlin gewesen war, einen ›wichtigen deutschen Statistiker‹ mitgebracht hätte. Am nächsten Tage sah ich diesen ›wichtigen deutschen Statistiker‹. Es war Wagenführ. Man hatte ihn einfach ›beschlagnahmt‹. Stundenlang diskutierten wir die Lage in Deutschland; auch seine Arbeit als Statistiker der sowjetischen Besatzungsmacht. Da er sobald wie möglich wieder zurück wollte, sprach ich mit Ken Galbraith, damals der Leiter des Survey, und nach drei oder vier Tagen kehrte er wieder zurück. Weder damals noch später sprachen wir über seine Tätigkeit in den Jahren 1936 bis 1944. Mir genügte es, daß er für die Sowjetbesatzungsmacht arbeitete, er hatte niemals das Bedürfnis, von sich aus mit mir über jene Zeit zu sprechen.«

1946 ging Wagenführ nach dem Westen, wo er Leiter des Statistischen Büros der britischen Besatzungsmacht wurde, dann einer der Leiter des Wirtschaftswissenschaftlichen Instituts der Gewerkschaften, dann Direktor der Statistischen Abteilung der Europäischen Gemeinschaft für Kohle und Stahl, schließlich – nachdem er 1957, gewissermaßen nebenbei, eine Professur für Statistik in Heidelberg übernommen und dort ein »Institut für International vergleichende Wirtschafts- und Sozialstatistik« gegründet hatte – 1958 Generaldirektor des Statistischen Amtes der Europäischen Gemeinschaften. Eine glänzende Karriere als bürgerlicher Statistiker, oder sollte man nicht sagen, als Statistiker des Monopolkapitals. Er war völlig aus meinem Leben ausgeschieden wie ich aus dem seinen.

Und dann, wie ich's schilderte: »Wir hatten uns seit 1945 nicht gesehen, auch nicht einander geschrieben, als wir uns ganz unerwartet auf dem Belgrader Kongreß des Internationalen Statistischen Instituts wiedertrafen. Wir beide waren um sechzig, das letzte Mal, als wir uns gesehen hatten, waren wir um vierzig, und das vorletzte Mal etwas über dreißig. Die Herzlichkeit, die zwischen uns herrschte, war spontan, ungetrübt und stärker denn je; von der ersten Minute an waren wir beglückt, uns zu treffen, und schworen einander, daß von jetzt ab unser Leben sich ändern müsse: Erstens würden wir uns regelmäßig schreiben, und zweitens würden wir uns, wenn irgend möglich, einmal im Jahr sehen. Und diesen Schwur haben wir auch gehalten – bis zu seinem letzten Brief vom Sterbelager, der endet: ›Das Diktieren ist sehr anstrengend, entschuldigen Sie bitte die Kürze des Briefes. Herzlichst.‹ «

Er war völlig unverändert gegenüber der Zeit, als wir uns auch politisch nahe waren. Und das nicht nur im vertraulichen Gespräch. Bald lud er mich zu einer Vorlesung nach Heidelberg ein, nie zu einer Sondervorlesung im ausgewählten Kreise, sondern als Teil seiner eigenen Vorlesung vor seinen Studenten. Wahrlich ein politisches Bekenntnis! Ein politisches Bekenntnis, genau wie sein großes Werk, die zweibändige Wirtschafts- und Sozialstatistik, deren Aufbau jedem Marxisten als Beispiel dienen kann.

Er besuchte unser Institut für Wirtschaftsgeschichte, wo er und seine Schüler sprachen. Er fuhr in andere Länder des Sozialismus und unternahm gemeinsame Arbeiten mit den dortigen Statistikern. Es gab keine Ländergrenzen für ihn und auch keine ideologischen Grenzen. Bekannt sind seine Berechnungen des Bruttosozialprodukts imperialistischer Länder nach den Methoden, die die sozialistischen Länder verwenden, und des gesamtgesellschaftlichen Produkts sozialistischer Länder nach den Methoden der westlichen Statistik, so daß wir endlich über vergleichbare Daten verfügten.

Öfter sahen wir uns in den noch nach 1965 verbliebenen Jahrzehnten in Heidelberg und in Berlin, wir tauschten Briefe aus und Manuskripte; ich schrieb in der von ihm herausgegebenen statistischen Zeitschrift und half ihm bei der Beschaffung sowjetischer Bücher.

Du verstehst, warum ich Dir so ausführlich von Wagenführ geschrieben habe. In seiner Art, in seiner Entwicklung war er ein Mensch der Übergangszeit vom Kapitalismus zum Sozialismus. Ganz anders als so viele andere fortschrittliche Menschen unserer Zeit. »Er ist der einzige Professor an der Universität, der ein ehrlicher bürgerlicher wahrhafter Demokrat ist«, sagte mir ein Führer der ultralinken Studenten in Heidelberg über Rolf Wagenführ – Commandeur de l'Ordre Grandducal de la Couronne de Chène und Träger des Großen Bundesverdienstkreuzes, Verfasser eines marxistisch aufgebauten Werkes der Wirtschafts- und Sozialstatistik.

Ich glaube, ich hatte recht, meinen Nachruf auf ihn zu schließen: »Immer, in einem halben Jahrhundert, fand ich ihn sich selbst treu geblieben, so daß jahrzehntelange Pausen im Gespräch mit ihm einem kurzen Schweigen glichen ... nur die Freude bei der Wiederaufnahme des Gesprächs ließ die Länge der Pause verspüren.

Wie wünschte ich, daß es ein Walhall für Statistiker gäbe, um dort das durch seinen Tod zwischen uns wieder einmal eingetretene Schweigen mit einem Gespräch über neue Arbeitspläne zu unterbrechen. Oder setzen wir, seine Freunde oder Schüler, nicht eigentlich unsere Gespräche mit ihm fort, indem wir, auf seinen Arbeiten aufbauend, das große Werk der Statistik fortführen? Ist unsere stete Dankbarkeit für das, was er geleistet, nicht eine stete Antwort auf die Frage, die er, wie jeder verantwortungsbewußte Wissenschaftler, sich oft gestellt hat: Ist meine Arbeit auch wirklich nützlich?«

Natürlich bin ich vielen Menschen begegnet, über die Du in nationalen Biographien und sonstiger Literatur nachlesen kannst – einige habe ich in meinen Memoiren erwähnt, von anderen kann ich nichts berichten, das Dich interessieren würde, es waren uncharakteristische Begegnungen. Und wieder andere sind zum Glück noch am Leben, über sie möchte ich darum nicht schreiben.

Vielleicht noch eine kleine Geschichte vom Genossen Mikojan, die Dir Spaß machen wird. Du weißt, er war sehr lange einer der führenden Genossen in der KPdSU, zum Schluß Präsident der Sowjetunion. Auf meiner ersten Reise in die Sowjetunion hatten wir auch ein Interview mit dem Genossen Mikojan. Zwei Stunden vorher versammelten wir uns zum Essen im Hotel »Metropol«, aber das Essen kam nicht, der Kellner sagte immer: Gleich, gleich. Schließlich mußten wir hungrig zum Interview gehen. Der Genosse Mikojan war sehr freundlich zu uns und fragte zuerst, ob wir auch ordentlich gegessen hätten. Aus Höflichkeit antworteten die Kollegen mit ja. Als er dann aber fragte, was es gegeben hätte, war es zu Ende mit meiner Höflichkeit, und ich sagte: »Gleich, gleich.« Der Genosse Mikojan lachte und ließ etwas für uns kommen. Mehr als ein Vierteljahrhundert später sprach Genosse Mikojan auf unserem IV. Parteitag. Zu seiner Rede brauchte er noch ein paar Zahlen, und er fragte den Genossen Ulbricht, ob er sie ihm beschaffen lassen könnte. Der sagte ihm: »Natürlich, der Genosse Kuczynski ist ja hier auf dem Parteitag, und ich werde ihm gleich sagen lassen, daß er sie heraussuchen soll.« Der Genosse Mikojan überlegte eine Sekunde und antwortete: »Gut, gut, der Genosse Kuczynski, ja, der Genosse ›gleich, gleich‹.« Walter Ulbricht sah ihn ganz erstaunt an, und dieser erzählte ihm die Geschichte von 1930. Später erfuhr ich sie von Walter Ulbricht.

Solche merkwürdigen Erlebnisse, die gewissermaßen nur einen Zug an einer Persönlichkeit hervorheben, könnte ich Dir natürlich in großer Zahl erzählen. Ich will nur noch eines hinzufügen: Vielleicht hast Du von den Webbs gehört, Beatrice und Sidney, die wichtige Arbeiten vom Standpunkt des Reformismus über die Lage der Werktätigen in Vergangenheit und Zukunft geschrieben haben. Lenin hatte eine sehr verschiedene Haltung zu ihnen. Als junger Mensch hielt er ihr Buch über die Geschichte des Gewerkschaftswesens (»The History of Trade Unionism«, London 1894) für so wichtig, daß er es ins Russische übersetzte und mit einem Vorwort versah. Später attackierte er sie als Reformisten. Lange nach Lenins Tod näherten sich die Webbs mehr und mehr unserem Standpunkt, und als beide über fünfundsiebzig Jahre alt waren, schrieben sie (1935) ihr damals überaus eindrucksvolles Werk »Soviet communism: a new civilisation?«. Noch später, sie waren bereits über achtzig Jahre alt, luden sie Deine Urgroßmutter und mich zu einem Besuch in ihr Landhaus ein. Es war ein wundervoller

Nachmittag und Abend für uns. Beatrice war von einer erstaunlichen Lebhaftigkeit, eine zarte und energische, sehr zerbrechlich und zugleich entschieden wirkende Greisin, lebhaft in ihren Handbewegungen und dabei so schön anzusehen, wie sie am Kaminfeuer saß. Sidney schmunzelte behaglich, in einem bequemen Sessel sitzend, kleiner als Beatrice, einen gemütlichen Eindruck machend, wenig redend, sich mit uns an ihr erfreuend. Wie zwanglos hatten wir bis zum Ende des Abends geplaudert, als sie aufstand und uns mit den Worten verabschiedete: »Und jetzt gehe ich hinauf, um noch in meinem Tagebuch zu schreiben, in dem Sie beide natürlich vorkommen werden.« Wir waren froh, daß wir das nicht vorher gewußt hatten. Ich bin sicher, daß wir dann weniger ungezwungen zusammengewesen wären. Das Tagebuch aus dieser Zeit ist noch nicht veröffentlicht, und ich weiß auch nicht, ob sie ihre »Drohung« wahrgemacht hat.

Mit vielen Menschen habe ich gut und eng verbunden gearbeitet und gekämpft – oft nur eine kurze Zeit, dann rissen uns die Ereignisse auseinander. Aber wenn wir uns nach Jahren oder bisweilen auch Jahrzehnten wiedersahen, fühlten wir uns, sei es auch nur für einige Stunden des Beisammenseins, eng verbunden wie immer. Ja, einmal waren es auch nur Minuten: Ende der sechziger, Anfang der siebziger traf ich vor meinem Hotel in Moskau einen Freund, den ich seit Jahrzehnten nicht mehr gesehen. Er hatte, als ich ihn kennenlernte, in der Tscheka, der Sicherheitsorganisation der Sowjetunion, gearbeitet. Wir umarmten uns voller Freude, und ich fragte ihn gleich, was er mache. »Nun«, sagte er, »auch ich bin alt geworden und bin jetzt nur noch Begleiter von Ministern und anderen bedeutenden Leuten, die zu uns kommen.« Ich sagte ihm, daß ich morgen früh abreise und wir uns unbedingt noch am Abend sehen müßten. Leider mußte er aber an diesem Abend mit irgendeinem »hohen Besucher« in das Bolschoi gehen, zur »Aida«-Aufführung. Gewissermaßen um uns beide zu trösten, sagte ich, ich hätte gehört, was für eine wundervolle Aufführung das sei. »Wundervolle Aufführung?« brachte er ganz ärgerlich hervor, »zum neunundzwanzigsten Male muß ich mir das Ding anhören.« Gerade, weil es eine so großartige Aufführung war, wurden die bedeutsamen Gäste dorthin geschickt, und er mußte sie immer begleiten. So konnten wir den Abend nicht miteinander verbringen, aber wir gingen noch einmal zusammen um das Karree des Hotels, schweigsam, denn die Zeit war zu kurz, um über irgend etwas sinnvoll zu sprechen, jeder vertieft in Gedanken an die gemeinsam verlebten alten Zeiten, uns freundschaftlich nah. Als wir wieder am Ausgang des Hotels anlangten, umarmten wir uns noch einmal brüderlich, wie alte Genossen es tun. Seitdem haben wir uns nicht mehr gesehen. Ob er noch lebt und noch immer hochgestellte Persönlichkeiten ins Bolschoi begleiten muß? Vielleicht sieht er auch gelegentlich ein Buch von mir und erinnert sich an unser kurzes und gutes Zusammensein.

ELFTE FRAGE

Wie stehst Du eigentlich mit Deiner Familie?

Nun, über meinen Vater habe ich ja eine Biographie geschrieben – wenn auch Deine Urgroßmutter meint, sie sei zu unpersönlich, zu kühl. Sicher hat sie recht. Aber das habe ich in meinen Memoiren wieder gutgemacht, ebenso an meiner Mutter. Was die Urgroßmutter betrifft, so hast Du unser Verhältnis in gewisser Weise selbst erlebt. Auch sie habe ich in den Memoiren mit größter Zurückhaltung erwähnt – und da Du weißt, wie bescheiden und zurückhaltend sie ist, kannst Du ermessen, wie gut mir das gelungen ist, wenn sie den Memoiren zugestimmt hat. Und doch, zu ihrer und zu meiner Überraschung, haben eine Reihe von Menschen, die mit uns nicht befreundet sind, auf deren Urteil wir beide aber viel geben, ganz spontan gesagt und geschrieben, sie hätten erst nach der Lektüre der Memoiren begriffen, was für ein wundervoller Mensch Deine Urgroßmutter ist. Das sagt Dir eigentlich alles über sie und unser Verhältnis.

Was die Schwestern betrifft, so will ich Dir ein Bild von der Familie im Jahre 1935 geben mit den Worten meiner Schwester Ursula: »Für die künftigen Ehemänner der Schwestern kann es nicht leicht gewesen sein, das erste Mal an einem solchen Sonntagsessen teilzunehmen. Der Schwiegersohn stieß als Fremdling auf einen Familienclan, der den Erwähnten nun plötzlich mit einschloß. Witze und Geistesblitze schossen von allen Plätzen an ihm vorüber. Vielleicht war es sein Traum, Ähnliches zu produzieren, um anerkannt zu werden. Aber wie war es möglich, sich bei diesem Tempo dazwischenzuschalten? Während er noch verkrampft über das letzte Bonmot lachte, lauschten die anderen bereits Vaters klugen Worten, um die sich eine lebhafte Diskussion entspann. Die Respektlosigkeit dieser sechs Kinder gegenüber ihrer Mutter mußte ihn ebenfalls erschüttern, bis er spürte, es war eine liebevolle Respektlosigkeit, die zugleich Achtung enthielt. Mutter war die einzige, die versuchte, dem Schwiegersohn eine normale Unterhaltung anzubieten. Wir waren der Ansicht, der Zukünftige lerne am schnellsten schwimmen, wenn er ins Familienwasser geworfen wurde. Bald gehörte er dazu, und alle Geschwister standen sich gut mit allen Schwägern; so ist es geblieben. Nur von ›Heulchen‹ und ihrem Mann haben wir uns entfernt. Der Ehrgeiz der beiden, in der bürgerlichen Gesellschaft etwas darzustellen, verdunkelte ihre fortschrittliche Gesinnung und vergiftete die Beziehung zu uns. Wir anderen hängen sehr aneinander.«

Von Deiner Urgroßmutter Marguerite ist hier nicht die Rede, weil wir noch vor Ursula heirateten und weil sie durch die besondere Zuneigung meines Vaters zu ihr in noch ganz anderer Weise zur Familie gehörte als die Schwiegersöhne.

Und wenn Ursula im letzten Satz plötzlich vom Imperfekt zum Präsens übergeht, dann deutet das an, daß wir noch so gut wie immer miteinander stehen. Jede der vier mit Namen genannten Schwestern ist heute ein altes Parteimitglied und hat Tüchtiges im Leben geleistet: Renate, die jüngste, haben wir immer besonders geliebt; sie ist auch der beste Charakter von uns sechs Geschwistern. Von ihr wird in dem Bericht über meine letzte Kuba-Reise noch die Rede sein. Sabine hat eine Zeitlang in unserer Vertretung in London gearbeitet und leitet nun schon seit einer Reihe von Jahren das Archiv des Zentralorgans der KP Großbritanniens, des »Morning Star«. Brigitte war lange in Institutionen der rumänischen und sowjetischen Freunde in London tätig und arbeitet jetzt, als Rentnerin, für das »Labour Monthly«, in dessen Redaktionskollegium ich vor vierzig Jahren eintrat. Beide kommen mit ihren Männern, die auch gute Genossen sind, von Zeit zu Zeit nach Berlin, und wenn einer von meiner Familie in London ist, besucht er sie, und immer ist es wie in alten Zeiten.

Ursula als die Älteste stand mir immer sehr nahe, worunter man aber nicht verstehen darf, daß wir uns etwa gegenseitig das Herz ausschütteten, was uns wahrlich nicht liegt. Sie ist auch als einzige von uns ein wirklich ungewöhnlicher Mensch geworden. Als ihr Buch »Sonjas Rapport« erschien, schrieb ich eine Besprechung:

»Was für ein erstaunlicher Mensch ist Ruth Werner! Mit fünfzig fing sie, Romane zu schreiben, beginnend mit dem ›Ungewöhnlichen Mädchen‹, dessen zweiter Teil mir stets besonders gelungen erschien. In den folgenden zwanzig Jahren erschienen Romane und eine Biographie, die man alle ordentlich und nützlich beurteilen kann – einige mehr, andere weniger. Und dann, mit siebzig, brachte sie ein dünnes Büchlein Erzählungen heraus, ›Der Gong des Porzellanhändlers‹, das die Kritiker mit Recht als ein großes Werk bezeichneten. Es gehört zu dem Besten, was unsere Schriftsteller in den letzten drei Jahrzehnten geschaffen haben.

Und nun folgt ›Sonjas Rapport‹, von dem sie selbst sagt, daß sie diese Erinnerungen ›nicht als literarische Arbeit‹ betrachtet. Sie sind es auch nicht, sie durften es auch nicht sein. Sie sind im Grunde ihr, eines sowjetischen Obersts Rapport an den vorgesetzten General, der aber ein Freund ist und der ihr außer der Dienstzeit, am Abend, sagt: Und nun, mein guter Freund, berichte noch einmal und ganz ausführlich und vergiß auch nicht ganz dein persönliches Leben dabei. Entsprechend erzählt sie ihm. Zuerst auf wenigen Seiten aus Kindheit und Jugend bis zur Heirat und der Abreise nach China. Der zweite Teil handelt von ihrer Arbeit als Kundschafterin der Sowjetarmee im China der Jahre 1930 bis 1933. Wir wollen in einer Besprechung nicht eine Kurzfassung dieses Teiles geben, sondern nur ein paar Zeilen über einen der ganz seltenen Ausflüge zitieren: ›Ich könnte unsere vergnügte Stimmung genau beschreiben; aber ich kann mich nicht mehr an unsere Unterhaltungen erinnern. Wahrscheinlich ist es nicht viel wert festzustellen, wie geschickt Sabo in der Küche des Hausbootes kochte, wie Agnes uns Witze erzählte, wie General Kléber in einem Hotelzimmer sang oder wie ich mit Richard und Paul auf der Wiese um die Wette rannte, bis wir uns vom Laufen und Lachen gleichermaßen erschöpft ins Gras warfen.‹ General Kléber ist ein Anachronismus. Damals hieß er für sie einfach Fred – General Kléber wurde er erst einige Jahre später im spanischen Bürgerkrieg. Richard und Paul, mit denen sie um die Wette läuft, sind der große Sowjetkundschafter Richard Sorge und sein damaliger Stellvertreter Karl Rimm. Sabo, die prächtige Köchin, ist die Frau des Genossen Arthur Ewert, über den sie in einer Fußnote bemerkt: ›Kommunistischer Reichstagsabgeordneter, später Kominternvertreter; in Brasilien verhaftet, gefoltert, wahnsinnig geworden.‹ Sabo wurde dann von Brasilien an das faschistische Deutschland ausgeliefert und kam in Ravensbrück um. Agnes ist die bedeutende amerikanische Schriftstellerin Agnes Smedley, einer der besten Reporter über das China jener Zeit.

Teil drei berichtet von der Arbeit in der Mandschurei nach einer Ausbildung als Funker in der Sowjetunion. So vieles aus dieser Zeit ist in die erste Erzählung des ›Gong‹ eingegangen. Ein merkwürdiges Phänomen, daß zuerst das literarische Produkt erscheint und dann, von der gleichen Person herausgebracht, das historische Rohmaterial der literarischen Erzählung, wobei das historische Rohmaterial aber einen völligen Eigenwert als Sonjas Rapport hat – und haben kann, weil der literarischen Erzählung ja ihr Inhalt als realistisches Leben des Autors vorangegangen ist. Und indem der Autor dieses Leben doppelt für uns widerspiegelt, wird es uns viel plastischer, weil die literarische Erzählung andere Schwerpunkte hat – viel persönlichere – als der militärische Rapport. Und da beide Widerspiegelungen ehrlich sind und nicht nur von der gleichen Person, sondern praktisch aus der gleichen Lebenszeit dieser Person stammen, wäre es reizvoll für den Literaturwissenschaftler wie den Historiker, sie tiefer analysierend zu vergleichen.

Teil vier behandelt die Kundschaftertätigkeit in Polen während der letzten Jahre vor dem Ausbruch des zweiten Weltkrieges. Vorher aber, nach vielen Jahren zum ersten Male, trifft sie wieder die ganze Familie in London, von der sie in wenigen Sätzen ein ebenso lustiges wie treffendes Bild beim Mittagessen, zum Teil reflektiert in den Augen eines in sie gerade aufgenommenen Schwiegersohnes, gibt. Zugleich regt dieser Teil zu einer erneuerten Überlegung literarischer Art an. Während ihrer Arbeit in Polen hatte sie auch in Danzig zu tun. In Danzig spielt auch die wirklich meisterhafte kleine Geschichte ihrer Fahrprüfung im ›Gong‹, eine politische Arabeske im besten Sinne des Wortes. Das ist natürlich eine dritte Dimension der Erfassung der Wirklichkeit, ganz verschieden von der literarischen Darstellung der ersten und dritten Geschichte im ›Gong‹ und der Berichterstattung im ›Rapport‹. Man soll zwar weder Schriftstellern noch Berichterstattern Ratschläge geben, womit ihr nächstes Buch sich beschäftigen möge, aber wäre es nicht auch für Ruth Werner reizvoll, dem jetzigen Band eine Reihe Arabesken, Kurzerlebnisse gewissermaßen, in literarische Form gefaßt, folgen zu lassen? Wenn sie daran denkt, was Tizian noch mit neunzig Jahren geleistet hat, sollte sie die ungewöhnliche Begabung für dieses Genre, die sie mit siebzig zeigt, nicht verkümmern lassen.

Zwischen Polen und der Arbeit in der Schweiz, die die letzte Zeit vor dem zweiten Weltkrieg und die ersten Kriegsjahre umfaßt, lag wieder ein kurzer Aufenthalt in der Sowjetunion – wie die vorangehenden einem Weiterbildungskurs als Kundschafter gewidmet. Wie in allen anderen Teilen des Buches erfreut auch in der Berichterstattung über die Schweiz die Einfachheit der Schilderung abenteuerlicher Erlebnisse, und auch folgendes Merkwürdige, das jeder, der illegale Arbeit, die ständige Todesgefahr einschloß, an sich selbst erlebt hat, wird so klar: die völlige Gewöhnung an die Todesgefahr, die zur alltäglichen, unbeachteten Selbstverständlichkeit wird, verbunden mit einzelnen aufregenden Stunden und Tagen. So lebt Ruth Werner nun schon mehr als ein Jahrzehnt und wird noch ein zweites Jahrzehnt so leben. Interessant an diesem Teil des Berichtes ist auch, wie sie nicht nur gesellschaftlich in bürgerlichen Kreisen verkehrt, um Nachrichten zu sammeln, sondern daß einige fortschrittliche Menschen aus dem Bürgertum zu echten persönlichen Freunden, auch in der Not, werden – unter anderen auch die Freundin des Lehrers ihres Vaters, Lujo Brentano.

Von der Schweiz aus wird sie mitten im Kriege nach England, dem letzten Lande ihrer Kundschaftertätigkeit, geschickt. Hier zieht sie ganz unbekümmert Teile der Familie in ihre Arbeit mit ein, die natürlich ebenso unbekümmert mitmachen. Die Familie ist also nicht nur eine lustige Einheit beim Mittagessen.

Bei alledem darf man nicht vergessen, daß sie in diesen zwanzig Jahren drei Kinder hatte, deren drei Väter Hervorragendes im Kundschafterdienst geleistet haben und die auch als Menschen, jeder in seiner Art, etwas Besonderes waren. Und auch das muß man sehen: In diesen Jahren eignete sie sich nicht nur eine hervorragende politische, sondern auch eine umfassende Allgemeinbildung, nicht zum wenigsten auf dem Gebiete der schönen Literatur, an – und sprach deutsch, russisch, chinesisch, polnisch und englisch.

Nach zwei Jahrzehnten Kundschaftertätigkeit kam sie in unsere Deutsche Demokratische Republik, wo sie sechs Jahre hindurch nützliche staatliche Tätigkeit ausübte. Und dann folgen wieder zwanzig Jahre eines ganz neuen Lebens. Ruth Werner wird eine erfolgreiche Schriftstellerin, deren Roman und deren Biographie von Olga Benario viel gelesen werden.

So gliedert sich ihr Leben in sechs Jahre Vorbereitungszeit als Jungkommunistin und Parteimitglied mit Berufsarbeit in Buchhandlung und Verlag, zwanzig Jahre Kundschafterdienst in vier Ländern, sechs Jahre Arbeit im Staatsdienst unserer Republik und wieder zwanzig Jahre Arbeit als Schriftsteller. Was für eine Frau! Was für ein Mensch!«

Was aber die weitere Familie betrifft, unsere drei Kinder und die späteren Generationen, so möchte ich hier nur sagen, wie Deine Urgroßmutter und ich uns immer freuen, wenn wir am Sonntag mit ihnen allen zusammen sind.

Du siehst, was für ein Glück ich mit meinen Eltern, Geschwistern und Kindern gehabt habe!

ZWÖLFTE FRAGE

Immer wenn ich an Dich denke, sehe ich Dich in Deinem großen Haus mit den vielen Büchern vor mir. Aber findest Du es richtig, daß Du nun allein mit der Urgroßmutter in einem so großen Haus lebst, wo doch viele Menschen noch so schlecht wohnen?

Ja, mein Guter, das ist eine Frage, die Deine Urgroßmutter und mich oft bewegt hat. Als die Kinder das Haus verlassen hatten, wollte Deine Urgroßmutter auch gern in eine kleine Wohnung ziehen, schon weil der Haushalt viel einfacher für sie gewesen wäre. Aber dann ist sie doch um meinetwillen in dem großen Haus geblieben.

Du weißt, daß wir in Schlachtensee ein wunderschönes kleines Haus bewohnten, auf dem Grundstück, auf dem auch das große Haus Deiner Ururgroßeltern stand, und das einer Deiner Ururgroßväter erworben hatte. Nach dem Krieg fand ich unser Häuschen zerstört, und ich beschloß mit einem kleinen Bauunternehmer den Wiederaufbau. Zugleich begann ich mit dem Wiederaufbau meiner Bibliothek, denn unsere Bücher hatten die Faschisten beschlagnahmt und auf andere Bibliotheken verteilt. (Der umfangreichste Teil der Bibliothek meines Vaters war aber von meiner Mutter, als sie 1934 nach England emigrierte, mitgenommen worden.) Für einen großen Teil der neuen Bücher zahlte ich kein Geld, sondern tauschte sie mit einem Buchhändler, der ebenso gerne rauchte wie ich, gegen Tabak; während mir aber jeder Tabak für die Pfeife recht war, war er wählerisch, und ich gab ihm für die Bücher guten englischen Tabak, den mir die Urgroßmutter aus England durch amerikanische Freunde zukommen ließ.

So wuchsen von 1946 bis 1947 das Häuschen und die Bibliothek. Als die Urgroßmutter mit unseren Kindern, zusammen mit zahlreichen anderen Emigranten, im März 1947 zurückkam, war das Häuschen fast fertig, und ich hatte bereits viele Bücher gesammelt. Auch waren von ihr die Bücher, die ich in England angeschafft hatte, in Kisten verpackt worden und warteten auf die Absendung. Dazu kam dann noch ein Teil der Bücher, die ich nach dem Tode meines Vaters Ende 1947 aus dessen Bibliothek erhielt.

Wir lebten bis Anfang 1950 in Schlachtensee. Als Kommunisten aber hatten wir einen Großteil unserer Umgebung und vor allem die amerikanische Besatzungsmacht gegen uns. Die letztere versuchte, uns mit allen möglichen Schikanen zu verjagen. Zum Beispiel stellten sie eines Tages unser Telefon ab, darauf sperrte die sowjetische Besatzungsmacht in ihrem Teil von Berlin das Telefon von drei den amerikanischen Besatzungsbehörden nahestehenden Sozialdemokraten; innerhalb von vierundzwanzig Stunden erhielten wir unser Telefon zurück. Oder einer der Nachbarn warf durch unser Fenster einen großen Stein, der mich nur verfehlte, weil ich zufällig von meinem Schreibtisch aufgestanden war. Als dann mein Freund Klaus Fuchs in England wegen Spionage verhaftet worden war, beschloß der Genosse Walter Ulbricht, daß ich gleich in den Osten unserer Stadt ziehen und Marguerite mit den Kindern und den Büchern nachkommen sollte, sobald wir einen Platz zum Wohnen gefunden hätten. Mit seiner Hilfe fanden wir dann das Haus in Weißensee, von dem er sagte: »Natürlich ist das Haus für die Bücher, aber ihr könnt auch darin wohnen.« So zogen wir mit unseren Büchern Anfang Mai 1950 in das Haus, das Du auch kennst. Es beherbergt also vor allem die immer größer werdende Bibliothek, in der sich Bücher aus sechs Generationen unserer Familie befinden – die ersten von dem Großonkel meines Urgroßvaters, also der achten Generation vor der Deinen. Wenn Du Bücher aus dieser Bibliothek bei Dir aufstellen solltest, würde es eine Neungenerationenbibliothek sein, ziemlich einzigartig für eine zu Ende des 18. Jahrhunderts entstandene bürgerliche und dann sozialistische Bibliothek. Übrigens kannst Du über ihre Geschichte in einem Büchlein nachlesen, das ich für die Pirckheimer-Gesellschaft geschrieben habe.

Jetzt wirst Du schon ein wenig besser verstehen, warum wir in einem so großen Haus wohnen. In Wirklichkeit wohnt ein Stück Kulturgeschichte darin. Die Bücher sind in vierzehn Räumen und auf vier Korridoren untergebracht. Nur in den Schlaf- und Badezimmern, Toiletten, in der Küche und Waschküche, Heizung, zwei Kellerräumen und auf dem Boden sind keine zu finden. Daß in den Schlafzimmern keine Bücher stehen, ist einem Verbot Deiner Urgroßmutter zuzuschreiben. Ich hätte, bevor sie mich heiratete, die Erlaubnis dazu von ihr herausholen sollen und drohe ihr stets, daß ich das bei meiner nächsten Frau nachholen werde ... (lache nicht so frech, man kann auch ernste Fehler nach mehr als fünfzig Jahren Ehe wieder gutmachen!)

Ohne diese Bibliothek nun hätte ich niemals – ich will nicht sagen so viel, wohl aber – so umfassend, so interdisziplinär schreiben können. Nimm zum Beispiel die Tatsache, daß ich in der vierzigbändigen Ausgabe meiner »Geschichte der Lage der Arbeiter« häufig Biographien und Autobiographien zitiere. Warum? Natürlich, weil sie gutes Material enthalten, treffliche Schlaglichter werfen. Das ist gewissermaßen der objektive, der wissenschaftliche Grund. Aber warum habe ich so viele Biographien und Autobiographien gelesen? Doch nur, weil Deine Urgroßmutter und ich sie liebten, sie gesammelt haben, und als ich an der letzten großen Auflage schrieb, weit über zweitausend von ihnen in den Regalen standen. Nachdem ich ihren Wert für meine Arbeit begriffen hatte, las ich sie alle, soweit ich sie nicht schon kannte, in alphabetischer Reihenfolge und konnte ihnen reichlich Material entnehmen. Das wäre mir niemals möglich gewesen, hätte ich sie nicht zu Hause in der Bibliothek gehabt; durch vorhergehendes Überlegen, welche ich lesen sollte, hätte ich viele gar nicht in Betracht gezogen, die dennoch zufällig etwas Wichtiges enthielten, kurz und gut: Ich wäre um manche interessante Äußerung von Nutzen für meine Arbeit gekommen.

Ich glaube, jeder Wissenschaftler wird später einmal eine große Bibliothek besitzen, entsprechend seinen gesellschaftlichen Interessen – nicht, um bestimmte Bücher lesen zu können, denn die kann er aus öffentlichen Bibliotheken entleihen, sondern um unbestimmte Bücher zu lesen und so seinen Blick auch zufällig zu weiten. Außerdem braucht er neben vielen Standardwerken, wie die Klassiker des Marxismus-Leninismus und die der Weltliteratur und der Weltwissenschaft der Vergangenheit, Nachschlagewerke, Wörterbücher, Lexika, Enzyklopädien u. ä. – wobei man in manchen Enzyklopädien nicht nur nachschlagen, sondern sie zu eigener Weiterbildung wie »normale« Bücher lesen sollte.

Natürlich leihe ich keine Bücher aus, sie gehen dabei mitunter leicht verloren; aber nicht wenige Doktoranden haben bei mir Material (insbesondere aus der Emigrationszeit) eingesehen und im Hause tagelang gearbeitet.

Als ich noch an der Universität war, habe ich des öfteren Übungen, Seminare oder auch Buchbesprechungen bei mir zu Hause durchgeführt. Da schaffte eine besondere Atmosphäre, die dem Meinungsstreit und dem Miteinander-Vertrautwerden überaus förderlich war. Eine alte Sitte an den deutschen Universitäten, die wir, sobald es die Wohnungsverhältnisse erlauben, wieder einführen sollten.

Und dann darfst Du nicht vergessen, daß ich seit 1947 stets eine Privatsekretärin gehabt habe, die meine Manuskripte und Briefe schrieb und von mir im Laufe der Zeit auch zu wissenschaftlich-technischen Arbeiten herangezogen wurde. Sie verfügt über ein Zimmer neben meinem Arbeitszimmer. Ohne sie hätte ich nicht so viel, so pünktlich und so bequem schreiben können, und die Schreibkräfte an der Universität wie im Institut wären durch mich überlastet worden. Ich hatte Glück mit ihnen – es waren drei in den letzten dreißig Jahren, und jeder von ihnen verdanke ich viel.

Du siehst also, das Haus ist nicht nur ein persönliches Wohnhaus. Es ist gewissermaßen das Haus eines Wissenschaftlers im vollendeten Kommunismus (abgesehen natürlich von all dem Handwerker- und anderen Kummer, den Deine Urgroßmutter mit ihm hat!), und ich hoffe, Du hast nun das Gefühl, daß es nicht an mich verschwendet war.

Die Frage aber ist damit noch nicht beantwortet. Ist es richtig, daß ein Genosse Wissenschaftler Arbeitsbedingungen hat, die denen im vollendeten Kommunismus gleichen, und andere nicht, viele Menschen dazu noch in ungenügenden Wohnverhältnissen leben?

Ich möchte sagen: ganz vielleicht – wenn die Parteiführung dieser Ansicht ist, wenn der betroffene Wissenschaftler diese Sonderposition stets als eine Forderung an ihn betrachtet, sein Bestes zu geben, und wenn dieses Beste anerkanntermaßen relativ unter dem Großteil anderer Leistungen herausragt – und wenn er in jeder anderen Beziehung bescheiden lebt. Ganz vielleicht, habe ich gesagt. Du siehst, ich bin keineswegs sicher. Und wenn die Partei etwa entscheiden sollte, die Bibliothek als Kulturgut dem Institut für Wirtschaftsgeschichte zu übergeben und Deiner Urgroßmutter und mir eine Zweizimmerwohnung zuzuweisen, würde ich das keineswegs als ein Unglück betrachten. Ich müßte meinen Arbeitsstil ändern. Aber warum nicht? Ich würde weniger leisten können. Aber wie sollte ich abwägen können, ob weitere Leistungen von mir so wichtig wären wie etwa das Glück von Menschen, die in unser Haus zögen!

Sicher ist allein, daß die Frage nicht so einfach zu beantworten ist.Einverstanden?

ZUSATZFRAGE

Du hast eben gesagt, daß Ihr ansonsten immer bescheiden gelebt habt. Was meinst Du damit?

Ich meine damit zum Beispiel, daß wir nicht kostspieliger gegessen haben als die große Masse der Menschen. (Natürlich hat das Essen viel besser geschmeckt, weil Deine Urgroßmutter wundervoll kochen kann, und es war gesünder zusammengesetzt.) Wir kleideten uns bescheiden, tranken praktisch keinen Alkohol, gaben keine großen Feste und suchten niemals aufwendiges Vergnügen. Unsere Tage verliefen einfach, ruhig und friedlich. Es waren Alltage, was die materiellen Verhältnisse betrifft.

Du wirst vielleicht sagen, das bedeutete kein Opfer für uns, weil wir es so wünschten. Damit hättest Du völlig recht. Ich wollte auch nur deutlich machen, daß unser materieller Lebensstil nicht der Größe des Hauses entsprach. Er paßte genauso zu einer Familie mit einer kleinen Wohnung. Er paßte genau zu zwei alten Genossen.

Vielleicht hat uns das auch ein wenig streng gemacht gegen das, was man im Westen eine Konsumgesellschaft nennt und deren Geist auch bei uns eingedrungen ist. Vielleicht sind wir darum auch besonders froh zu sehen, wie bescheiden in mancher Beziehung Funktionäre in Partei und Staat leben. Nie werde ich einen Parteitag vergessen, auf dem ich neben der Frau unseres Ministerpräsidenten saß, die wie ich ein Gast war. Gegen 16.00 Uhr stand sie auf und sagte mir, sie müsse jetzt leider nach Hause gehen, weil niemand da sei, wenn die Kinder aus der Schule kommen. Gleichzeitig aber siehst Du eine Reihe anderer in großen westlichen Autos fahren und in vielen Fällen teuerste Geschenke für die Jugendweihe.

Wir sind eben eine echte Übergangsgesellschaft, und auf vielen Gebieten ist der Sozialismus noch recht unentwickelt.

Meinst Du, die kurze Antwort auf Deine Frage wirkt ein wenig wie eine Entschuldigung? Vielleicht hast Du recht. Für einen alten Genossen und Wissenschaftler wie mich ist es wirklich schwer, den eigenen Lebensstil richtig zu beurteilen. Einerseits reicht mein Leben mit seinen Möglichkeiten – der Arbeit, die ganz meinen Bedürfnissen entspricht, mir erstes Lebensbedürfnis ist, ganz einfach, weil sie so schön ist – in den Kommunismus hinein, andererseits sehe ich, wieviele Menschen noch eine schwere oder langweilige Arbeit ausüben und unter schlechten Wohnbedingungen leben. Einerseits bin ich in bezug auf viele materielle Lebensbedingungen zu einfacher Lebensweise erzogen worden, nicht zum wenigsten durch die Kampfzeit im Kapitalismus, andererseits sehe ich, wie sich das Konsumverhalten bei uns, sogar bei Parteifunktionären, ausbreitet. Vielleicht erscheint mir manches nur bescheiden, weil andere in dieser Beziehung unbescheiden leben; vielleicht erscheint mir manches Luxus, wie etwa unser Wohnraum, nur weil andere noch so ungenügenden zur Verfügung haben.

Vielleicht sollten wir beide die Beantwortung dieser Frage Dir, wenn Du älter bist, überlassen.

DREIZEHNTE FRAGE

Wie ist das überhaupt mit der Wahrheit und dem gesellschaftlichen Nutzen, wenn Du forschst, woran denkst Du bei Deiner Arbeit?

In der Schule hast Du sicher gelernt, daß die Arbeiterklasse immer ein Interesse am Herausfinden der Wahrheit hat und es darum auch in der wissenschaftlichen Arbeit keinen Gegensatz zwischen Wahrheitsfindung und Nutzenbringung für die Gesellschaft oder die Arbeiterklasse gibt. Diese Schulweisheit ist sicherlich zutreffend. Wissenschaftler wollen vor allem wissen, wie es eigentlich zugeht, wie es zugegangen ist, wie man dies oder das erreichen kann in Natur und Gesellschaft, sie wollen eben die Wahrheit entdecken über die Vorgänge, die sie untersuchen. Aber dazu hast Du ja eigentlich keine Frage gestellt. Du hast vielmehr wissen wollen, woran ich bei der Arbeit denke, ob an die Wahrheit oder den Nutzen. Und da lautet die Antwort selbstverständlich: an die Wahrheit.

Das ist die einzig mögliche Haltung für einen Wissenschaftler überhaupt. Ich sage nicht, daß ich sie immer gehabt habe. Nicht, daß ich je die Unwahrheit schreiben wollte, aber als junges Parteimitglied und später in der »Stalinzeit« brach ich aus mißverstandener Parteilichkeit manchmal eine Untersuchung ab, wenn sie nicht das Resultat zu ergeben schien, das ich »für die Partei« erwartete. In diesen, Gott sei Dank, wenigen Fällen dachte ich allein an den unmittelbaren Nutzen für die Partei oder die Arbeiterklasse oder unsere Gesellschaft. Die sozialistische Gesellschaft aber hat ein Interesse an jeder Wahrheit, ob sie nun von unmittelbarem Nutzen ist oder nicht. Nie darfst Du eine Untersuchung aufgeben, weil Du glaubst, sie führe zu Resultaten, die nicht in die Tagespolitik und die Tagesaufgaben passen. Die Wahrheit ist immer kostbar, wenn auch nicht immer gleich brauchbar. Zudem ist es, ganz offen gesagt, eine überhebliche Frechheit eines einzelnen Wissenschaftlers, darüber entscheiden zu wollen, ob die Wahrheit unmittelbar nützlich ist oder nicht. Außerdem weiß er gar nicht, ob die neue Wahrheit, deren Finden er aufgab, nicht zu weiteren Wahrheiten geführt hätte, die überaus wichtig auch für den Tag wären. Für den Wissenschaftler muß die Wahrheit das Höchste im Leben sein – als Wissenschaftler! (Ich werde noch darauf zu sprechen kommen, daß er auch anderes ist als nur Wissenschaftler.)

Natürlich kann, auf der anderen Seite, unter Umständen eine sozialistische Gesellschaft nicht daran interessiert sein, riesige materielle Mittel für das Finden einer Wahrheit auszugeben, deren Erkenntnis möglicherweise noch Zeit hat. Die Führung von Staat und Partei, aber auch schon ein Institutsdirektor, müssen Überlegungen über den relativen Nutzen von Wahrheiten anstellen – relativ in dem Sinne, daß sie abwägen, ob nicht die gegenwärtig vorhandenen materiellen Mittel besser für das Finden anderer Wahrheiten verwandt werden sollten. Aber in eine solche Situation bin ich als Verantwortlicher für Untersuchungen nie gekommen, weil die für die einzelnen gesellschaftswissenschaftlichen Forschungen notwendigen Mittel meist relativ gering sind.

Wohl aber gibt es eine Gefahr: die sogenannten Modeuntersuchungen. Du weißt, ich habe bereits sehr bald nach meiner Rückkehr aus der Emigration Untersuchungen über den deutschen Imperialismus, speziell über Monopole und Monopolorganisationen, durchgeführt und zwei Bücher darüber veröffentlicht (1948 und 1950). Sie wurden auch freundlich aufgenommen. Einige Jahre später verlangte die Parteiführung plötzlich von der Geschichtswissenschaft, daß sie sich unter Vernachlässigung aller anderen Gebiete möglichst ganz dem Studium des Imperialismus zuwenden sollte. Zum Erstaunen aller trat gerade ich dieser »absoluten« Ausrichtung entgegen und wies darauf hin, wie viele andere wichtige Gebiete wir dann vernachlässigen müßten. Es kam zu heftigen Auseinandersetzungen mit mir. Ich erklärte, ich verstünde sehr wohl die führenden Genossen, die von den gegenwärtigen politischen Bedürfnissen ausgingen, aber ich fühlte mich vor allem verantwortlich für die Gesamtentwicklung unserer historischen Wissenschaft nicht nur heute, sondern auch in der Zukunft. Unter der geforderten absoluten Ausrichtung müßte aber zum Beispiel das Studium der Feudalzeit völlig vernachlässigt werden. Leider verlor ich diesen Kampf. Die Linie der Parteiführung war zwar taktisch richtig, doch wissenschaftstrategisch falsch. Der Genosse Walter Ulbricht sah allein den Tagesklassenkampf gegen den damals stärker aufkommenden westdeutschen Imperialismus. Ein Wissenschaftler aber muß sowohl wissenschaftstaktisch als auch wissenschaftsstrategisch denken. Das Studium der Feudalzeit hat sich bei uns bis heute nicht so entwickelt, wie es notwendig ist, während die herrschende Klasse in der BRD es sehr wohl verstand, gerade diese Geschichtsepoche – etwa die deutsche Kaiserzeit oder die Zeit der Reiterorden – im Klassenkampf gegen uns einzusetzen.

Natürlich bedeutet das absolute Streben des Wissenschaftlers nach Wahrheit nicht, daß jede Wahrheit allgemein bekannt gemacht werden muß. Ein Beispiel dafür ist die Entdeckung von Wahrheiten speziell militärischer Bedeutung. Ein anderes, komplizierteres Beispiel betraf auch mich persönlich. In meiner frühen Zeit gab es einen großen Bauarbeiterstreik. Ich untersuchte, wie sich die Löhne der Bauarbeiter in der letzten Zeit entwickelt hatten, und stellte fest, daß sie merklich gesunken waren; vor allem aber fand ich, wieweit sie unter dem amtlich festgelegten Existenzminimum lagen. Beides für die Streikenden nützliche Feststellungen, die schnell veröffentlicht wurden. Ich wollte nun die Beziehung zwischen Existenzminimum und Löhnen der verschiedenen Berufe innerhalb des Baugewerbes berechnen. Nachdem ich aber für zwei gelernte Berufe feststellte, daß deren Löhne über dem Existenzminimum lagen, gab ich die weiteren Untersuchungen auf und sagte mir: Man spielt damit nur den Spaltungstendenzen des Kapitals in die Hände und fällt den streikenden Kumpels in den Rücken.

Zweifellos hatte ich mit solchen Überlegungen hinsichtlich der Veröffentlichung von entsprechenden Zahlen recht. Aber ebenso zweifellos war es falsch, die Untersuchungen nicht weiterzuführen. Denn einmal handelte es sich nicht um ein statistisches Rechnungsergebnis, sondern um eine Realität, die ihre Folgen in der Realität haben muß, und zweitens hätten diese differenzierenden Zahlen einer guten Streikführung gezeigt, wo sich unter Umständen Einbrüche in der Streikfront ergeben könnten, der Feind seine Hauptmanipulierungskraft einsetzen würde. Das hatte ich damals gar nicht gesehen, als Wissenschaftler war ich noch zu unerfahren im Klassenkampf. Und, wie gesagt, ist es überhaupt nicht Aufgabe eines einzelnen Wissenschaftlers, allein und von sich aus zu entscheiden, welche Wahrheiten von unmittelbarem Nutzen sind und welche nicht, und entsprechend diesen Überlegungen dann seine Untersuchungen fortzuführen oder nicht.

Selbstverständlich muß ein Wissenschaftler, geht er an eine größere Forschungsarbeit, Überlegungen über deren gesellschaftlichen Nutzen anstellen. Ebenso selbstverständlich muß er dann für seine Nützlichkeitsauffassung bei den vorgesetzten verantwortlichen Stellen eintreten. Entscheidend für die Durchführung eines größeren Forschungsunternehmens, das einen einzelnen oder eine Gruppe von Wissenschaftlern über Jahre hinaus beschäftigt, ist in erster Linie die gesellschaftliche Nützlichkeit (unter Berücksichtigung der aufzuwendenden Mittel).

Aber wie oft schon hat ein Wissenschaftler, es sei denn, er wäre in leitender Stellung, solche Entscheidungen zu fällen? Vielleicht zehnmal in seinem Leben. Zumeist treibt ihn einfach die Suche nach Wahrheit. Und ist einmal eine Entscheidung über den gesellschaftlichen Nutzen gefallen, dann darf nur noch diese Suche nach der Wahrheit eine Rolle spielen. Jeder Gedanke an irgendwelchen Nutzen im Sinne einer Beziehung zwischen dem ursprünglich erwarteten Nutzen vor dem Beginn der Forschung und den sich laufend ergebenden Resultaten gefährdet die Forschung, treibt sie unter Umständen in eine falsche Richtung. Nur an die Wahrheit darf der Forscher bei seiner Untersuchung denken! Es gibt unter Wissenschaftlern folgende ironische Erzählung: Ein Student kommt zu seinem Professor und berichtet ihm, er hätte eine Konzeption für seine Abschlußarbeit gefertigt. Darauf der Professor, ohne sie angesehen zu haben: »Na, dann überarbeite sie noch mal.« Umgekehrt muß es sein. Da die Konzeption natürlich durch die Anfangsüberlegungen über den Nutzen der Arbeit bestimmt ist, sollte sie sich der Professor sehr genau ansehen, um festzustellen, ob der Student die Thematik erfaßt, ob er wirklich eine Konzeption von der Problematik entwickelt hat: Ist das der Fall, dann sollte er dem Studenten sagen: »Das ist wirklich eine gute Konzeption. Aber nun vergiß sie vollständig bei der Arbeit, denn wir wissen ja gar nicht, was für neue Wahrheiten du bei der Forschung entdeckst und wohin sie führen. Denn jede wissenschaftliche Arbeit, die Neues bringt, ist ein Abenteuer, jedes Buch mit neuen Ideen und Forschungsresultaten ist wie ein Detektivroman, bei dem man nicht weiß, wie er ausgeht. Ist deine Arbeit dann abgeschlossen, hast du vielleicht einige neue Wahrheiten, die dir wichtig erscheinen, entdeckt und logische Schlußfolgerungen überdacht. Die Wahrheiten sind für dich nun Selbstverständlichkeiten. Sicherlich ist nicht genau das ursprünglich Erwartete herausgekommen – vielleicht mehr, vielleicht weniger, in jedem Fall entspricht es aber nicht mehr genau der Konzeption, die du zu Anfang hattest. Sicherlich sind nun eine Reihe von Wahrheiten für dich als solche ›erledigt‹.«

Erledigt im Denken – wenn auch einige Untersuchungsresultate noch zweifelhaft sein mögen und in späteren Arbeiten weiter untersucht werden müssen. Was aber fängt der Wissenschaftler nun mit den Wahrheiten an?

Jetzt tritt wieder, wie bei der Vorbereitung der Arbeit, die Problematik des gesellschaftlichen Nutzens in den Vordergrund. Bei gesellschaftswissenschaftlichen Fragen etwa: Soll man die neuen Erkenntnisse gleich in die Agitation und Propaganda überführen oder erst in einer wissenschaftlichen Anhandlung veröffentlichen, sie vielleicht gar nur als Manuskript staatlichen oder Parteistellen zugänglich machen? Das letztere ist für den Wissenschaftler keine leichte Entscheidung, und er wird sie vor allem nicht allein treffen, denn jede Entscheidung für Nichtveröffentlichung behindert natürlich den wissenschaftlichen Fortschritt, wenn es sich wirklich um neue Erkenntnisse handelt. Und die Tatsache, daß viel zu wenige neue Erkenntnisse, klare Tatsachen- und Problemschilderungen in den sozialistischen Ländern veröffentlicht werden, hält den Fortschritt auf dem Gebiete der Gesellschaftswissenschaften auf. Nicht, daß sich übergroße Vorsicht etwa mit der Unterdrückung von neuen Erkenntnissen durch die imperialistischen Monopole vergleichen läßt, denn die sind für die Gesellschaft verloren, während die nicht veröffentlichten Erkenntnisse in der sozialistischen Gesellschaft von Partei- und Staatsführung genutzt werden. Die Nichtveröffentlichung ist nur ungünstig für die Weiterentwicklung der Wissenschaft selbst.

Bei naturwissenschaftlichen Erkenntnissen steht meistens die Frage der Überführung in die Praxis der Produktion. Hier gilt es natürlich abzuwägen zwischen dem technischen Fortschritt im weitesten Sinne des Wortes und den ökonomischen Kosten der Überführung.

Du siehst, wie einfach sich im Grunde die Beziehungen zwischen der eifrigen Suche nach Wahrheit und den gesellschaftlichen Nutzungsüberlegungen darstellen – wenn man sie richtig sieht. Aber weder ich noch viele Parteifunktionäre in der Vergangenheit haben sie immer richtig gesehen. Vielleicht kann man sie am besten so definieren:

Die Wissenschaft muß der Gesellschaft dienen, ihr Nutzen bringen. Der Wissenschaftler muß bei seiner wissenschaftlichen Forschungsarbeit der Wahrheit dienen. Darin liegt an sich gar kein Widerspruch. Der Widerspruch entsteht erst, wenn von einer Forschungsarbeit stets Nutzen für die Gegenwart, für den Alltag, für den Klassenkampf heute erwartet wird. Die große Bedeutung der Grundlagenforschung haben wir im Laufe der Zeit begriffen, aber es gibt eben auch zahlreiche Wahrheiten ohne Grundlagenbedeutung oder besonderen gegenwärtigen Nutzen, unter Umständen sogar augenblicklich schädliche, und doch muß man sie als kostbar hüten.

Beispiel: Allgemeine Erfahrung ist heute, daß die modernen vielstöckigen Appartementhäuser zur Entfremdung unter den Menschen führen. Als ich vor Jahren bemerkte, daß die Menschen in diesen Häusern froh darüber sind, nichts miteinander zu tun zu haben, und darüber mit anderen sprach, entdeckte ich, daß diese Erkenntnis nicht mehr neu war. Sie hilft uns auch nicht in der Gegenwart. Bei unserem Wohnungsmangel muß man die schnellste und ökonomischste Bauweise anwenden, um für alle Wohnraum zu beschaffen, und es wäre geradezu schädlich, ausführliche Studien über ihren die Entfremdung begünstigenden Einfluß zu veröffentlichen. Aber Untersuchungen über die Entfremdung heute schon durchzuführen, die Wahrheit bei allen Fachleuten immer fester zu etablieren, bis es nicht mehr darum geht, die Menschen irgendwie anständig unterzubringen, und – wo möglich – diese neue Wahrheit sofort zu berücksichtigen – das ist wahrlich notwendig.

Vielleicht stimmst du mir gar nicht zu und meinst, man sollte schon jetzt mit diesem Problem in die Öffentlichkeit gehen, und ich sei eben doch zu sehr ein »Kind meiner Zeit«, die noch immer in weit größerem Maße, als wir es erkennen, von Stalin geprägt ist? (Sicher ist, daß in der Zeit Lenins und den seinem Tode folgenden zwanziger Jahren auch über diese Problematik sowohl geschrieben als auch öffentlich diskutiert worden ist, wie zum Beispiel im Zusammenhang mit den Großstadtproblemen überhaupt und speziell auch mit den amerikanischen Wolkenkratzern.) Natürlich müßte man dann darauf hinweisen, daß es sich um ein heute noch nicht lösbares Problem handelt. Sollte man nicht tatsächlich mehr Vertrauen als bisher in das Verständnis der Bevölkerung für unsere Schwierigkeiten zeigen? Und wenn deren Bewußtsein vielfach noch in einem Maße dem Sein hinterherhinkt, das ein solches Vertrauen nicht gerechtfertigt erscheinen läßt – wird das Bewußtsein nicht gerade auch durch größeres Vertrauen gehoben?

Ob ich den letzten Absatz auch vor zehn oder zwanzig Jahren geschrieben hätte? Ich glaube, ich dränge mit dem Alter immer stärker nach vorne, nehme, wie es Lenin gelehrt, in solchen Fällen immer weniger Rücksicht auf den Feind. Ohne dessen Gefährlichkeit zu unterschätzen, vertraue ich wohl immer dem Bewußtsein unserer Menschen. Allerdings: Wir dürfen nie vergessen, daß ein Fehler von mir in dieser Beziehung mit einer kleinen Handbewegung abgetan werden kann, ein Fehler seitens der Partei- und Staatsführung aber ernste Folgen für uns heraufbeschwört.

Scheußlich, nicht wahr, wie ich in meinen Überlegungen hin und her schwanke? Das ist, möchte ich sagen, fast ein objektiver Fluch unserer Übergangszeit in einer Welt, in der der Kapitalismus zwar längst zum Tode verurteilt, aber noch immer recht stark ist. Kann man es persönlich, gesellschaftlich, historisch einer Partei- und Staatsführung übelnehmen, wenn sie sich sagt, lieber zuviel als zuwenig Vorsicht, auch wenn dadurch die Entwicklung des Sozialismus auf Gebieten wie der Demokratie und der individuellen Freiheit, der Wissenschaft und der Kunst und anderen verlangsamt wird? Wahrlich nicht, wird ein alter erfahrener Genosse wie ich sagen. Ich bin aber auch ein alter, erfahrener Wissenschaftler, der sich seiner Partei, seinem Staat, seinem Volk, seinen Mitwissenschaftlern gegenüber mitverantwortlich fühlt für die unter den jeweiligen Umständen mögliche schnelle Entwicklung der Wissenschaft. Daß sich hier ein Konflikt zwischen Wissenschafts- und Sicherheitserwägungen entwickeln muß, ist doch offenbar. (Nicht zwischen Wahrheit und Sicherheit. Wohl aber zwischen Wahrheitsverbreitung und Sicherheit. Die Wahrheit ist immer von Nutzen für die Gesellschaft im Sozialismus, ihre Verbreitung nicht unbedingt.) Einem solchen Konflikt auszuweichen oder ihn zu verhindern suchen, bedeutet Verrat an der Wissenschaft und am Sozialismus. Sich aber bei einem derartigen Konflikt nicht der Entscheidung der für die Sicherheit Verantwortlichen diszipliniert zu beugen, bedeutet Verrat an der realen sozialistischen Gesellschaft, und zwar Verrat aus Überheblichkeit, weil man sich auf einem Gebiet, auf dem man kein Fachmann ist: dem der Sicherheit, die letzte Entscheidung anmaßen würde.

Seit langem gibt es einen sarkastischen Spruch: »Der Helm eines alten Genossen ist voller Beulen, und einige davon stammen auch vom Feind.« Übertrieben, wahrlich übertrieben! Aber daß einem Kämpfer für den Sozialismus auch manche Beule von seiner eigenen Gesellschaft geschlagen wird, ist in der heutigen Zeit nur verständlich. Auch diese Kämpfe machen froh und stark und bilden einen wichtigen, vielleicht entscheidenden Teil unseres Lebens. Das wichtige ist nur, daß Dir der Helm bleibt, das Zeichen des Kämpfers für den Sozialismus, der Helm, den Dir kein Feind, sondern allein Deine Gesellschaft nehmen kann, wenn sie meint, Du seist kein würdiger Kämpfer mehr für den Sozialismus.

VIERZEHNTE FRAGE

Du bist doch viel in der Welt gereist. Was waren das für Reisen? Was hast Du auf diesen Reisen gemacht, was hast Du Besonderes erlebt?

Ja, mein Guter, ich bin viel in meinem Leben gereist, habe vier Kontinente besucht, und den fünften, Australien, nur deswegen nicht, weil nach der Einladung unserer Delegation zur Tagung der Internationalen Statistischen Gesellschaft, auf deren Programm die westdeutsche und unsere Vertretung als Deutschland und nur in Klammern als BRD und DDR angekündigt wurden. Partei und Regierung waren aber angesichts des Kampfes um unsere staatliche Anerkennung der Ansicht, daß es einfach DDR und BRD heißen müßte, und so konnte unsere Delegation nicht fahren. Damit entfiel auch der für mich geplante Vorlesungsaufenthalt von einem Monat, der sich an diese Tagung anschließen sollte.

Mit Ausnahme einer Anti-Gallenstein-Kur in Karlovy Vary, das ich damals Gallensteins Lager taufte und während der mein Kinderbuch »Vom Faustkeil zur automatischen Fabrik« entstand, sowie einer Einladung der Sowjetfreunde 1949 mit Deiner Urgroßmutter in ein Erholungsheim und einer Einladung, auch mit Deiner Urgroßmutter, in ein Erholungsheim der Ungarischen Akademie der Wissenschaften am Balaton bin ich seit 1945 niemals zur Erholung oder zum Vergnügen ins Ausland gefahren. Es waren immer Forschungen, Vorträge oder Konferenzen und Besprechungen, die mich dorthin führten.

Die Erholungsreise in die Sowjetunion im Jahre 1949 machten wir zusammen mit Anna Seghers, die wir sehr lieben und verehren. Von dieser Reise muß ich Dir eine gute Geschichte erzählen. Das Heim war kein medizinisches, hatte aber einen Keller, in dem sich alle möglichen Bestrahlungsgeräte befanden. Als ich am Tage nach unserer Ankunft dort hinunterging, traf ich einen älteren Genossen mit zahlreichen Apparaturen an der Nase. Ich fragte ihn – es war ein Genosse Stschukin, früher in der Tscheka tätig und jetzt Lehrer für Geschichte der KPdSU an der Parteihochschule –, ob er ein schweres Nasenbeinleiden hätte. »Nein, Genosse Kuczynski«, antwortete er mir, »aber wissen Sie, damals, im Oktober 1917, bei dem Sturm auf das Winterpalais, da war es so kalt, und wir schwitzten vom Laufen und Stürmen, und da hatte ich mich erkältet; seitdem hatte ich so viel zu tun, daß ich die Erkältung nicht wieder los wurde. Und jetzt hat das ZK verlangt, daß ich endlich nach mehr als dreißig Jahren etwas gegen sie tue, und darum bin ich hier.« Es war ein großartiger alter Genosse, auf der einen Seite zwar außerordentlich konservativ-dogmatisch – so erklärte er mir, daß die Impressionisten eine völlig dekadente Kunstrichtung wären, und er liebte die schrecklichsten Schinken an den Museumswänden –, auf der anderen Seite, und aus genau dem gleichen Grunde, konnte er sich nicht mit der damals in der SU aufkommenden Idee abfinden, daß Hegel ein Reaktionär gewesen sei, und tröstete mich, daß sich diese Auffassung wieder ändern würde. Er liebte Hunde, und Knochenreste gab er stets dem Hund des Heims. Eines Tages ging ich mit ihm spazieren, und wir trafen einen Bauern, der einen Hund schlug. Damals konnte ich mich russisch unterhalten, aber die Flüche, die Stschukin dem Bauern zuschrie, konnte ich nicht verstehen, insbesondere nicht den letzten, sehr langen. Ich fragte ihn danach, und er erklärte mir etwas verschämt: »Direktor der Staatlichen Weinkellerei in Georgien sollst du werden!« Als ich den Fluch auch jetzt nicht verstand, erklärte er weiter: »Die Direktoren der letzten Jahre sind immer wegen Weinpanschens ins Gefängnis gekommen.« Wir haben ihn und seine viel jüngere Frau, eine Staatsanwältin, dann noch in Moskau besucht und einen wunderschönen Abend bei ihnen verbracht.

Auf manchen Reisen zu Konferenzen wurden wir auch Staatshäuptern vorgestellt, eine bedeutungslose Angelegenheit. Nur über eine solche Begegnung schrieb ich in der »Weltbühne«:

»Professor Markov hat in der Weltbühne mitgeteilt, daß ich keine Lust gehabt hätte, den Kaiser von Äthiopien zu besuchen. Das ist ein Irrtum. Ganz im Gegenteil! Dem Historiker Markov ist hier eine Verwechslung der Kongresse und ihrer Gastgeber unterlaufen. Es handelte sich um den König von Schweden, den zu besuchen ich mich weigerte – nicht etwa wegen seiner Funktion als Monarch. Der arme König von Schweden hatte nämlich 1960 den ganzen in Stockholm tagenden Historikerkongreß zu sich aufs Schloß laden müssen, um jedem die Hand zu geben. Und da dachte ich – zumal ich mir mit Recht sagte, es würde nichts zu essen geben –, es könnte nur human sein, dem armen alten Mann, der wirklich andere Interessen hat, wenigstens 1 (in Worten: einen) Händedruck zu ersparen.

Aber der Kaiser von Äthiopien war doch etwas ganz anderes. Nicht nur hatte ihn die Weltgeschichte, wie ein Freund es formulierte, so oft in eine Position gedrängt, in der er irgendwie fortschrittlich handeln mußte. Es waren teils persönliche, teils (indirekt) weltanschauliche Bande, die uns beide nahebrachten. Der Kaiser und ich hatten nämlich eine gemeinsame Bekannte, die ihm eine gute Freundin geworden war und an die Lenin einen berühmten Brief geschrieben hatte. Doch mehr noch: Der Sohn dieser außerordentlichen Frau hatte die glänzendste Karriere gemacht, die je einem Wirtschaftshistoriker in der ganzen Weltgeschichte beschieden war: Er war Hof-Wirtschaftshistoriker von Äthiopien geworden.

Die Frau, um die es sich handelt, ist Sylvia Pankhurst. Geboren 1882, gehörte sie mit ihrer Mutter Emmeline und ihrer Schwester Christabel zu den Suffragetten Englands, die vor dem ersten Weltkrieg auf der Straße, innerhalb der Bannmeile vor dem Parlament, für das Frauenwahlrecht demonstrierten.

Während des Krieges war sie schärfste Kriegsgegnerin. Nach der Oktoberrevolution tat sie als eine Vertreterin der Linken alles, um das englische Volk über die Bedeutung der Vorgänge in Sowjetrußland aufzuklären. Ich besitze eine Reihe Briefe von ihr an Alexander Sirnis (lange Zeit Mitglied der Russischen Sozialdemokratischen Partei und dann Verbindungsmann der Labor Party zu Litwinow, dem Vertreter der Bolschewiki in England), in denen sie ihn um Beiträge über die Revolution für den ›Dreadnought‹ und den ›Socialist‹ bittet.

1920 fuhr sie als britische Delegierte zum 2. Kongreß der Kommunistischen Internationale in die Sowjetunion, doch schon ein Jahr zuvor, am 28. August 1919, hatte Lenin ihr seinen berühmten Brief über die Frage der Beteiligung an den Wahlen in kapitalistischen Ländern geschrieben.

Als das faschistische Italien am 3. Oktober 1935 Äthiopien überfiel, setzte Sylvia Pankhurst ihre ganze organisatorische und propagandistische Fähigkeit für die Sache Äthiopiens ein. Sie gründete die Zeitung ›New Times & Ethiopia News‹, die sich völlig diesem Kampf widmete. Nach der zeitweiligen Niederlage Äthiopiens ging Kaiser Haile Selassie ins Exil nach England, wo Sylvia Pankhurst einer seiner engsten Berater und Vertrauten wurde.

1939 erhielt ich eine Einladung, in einer ›New Times Bookshop‹ genannten Buchhandlung in London zu sprechen und Bücher von mir zu signieren. Da es für uns selbstverständlich war, überall und bei jeder Gelegenheit antifaschistische Propaganda zu machen, sagte ich zu – wegen der Autogramme mit etwas Widerwillen, der sich noch steigerte, als mir im Schaufenster der Buchhandlung das lebensgroße Bild eines recht häßlichen und nicht übermäßig gepflegt aussehenden Intellektuellen namens Kuczynski entgegenstarrte. Wie groß aber war meine Überraschung und Freude, als mich die Inhaberin des Ladens herzlich begrüßte: Sylvia Pankhurst. In der Folgezeit sandte sie mir häufiger Einladungen zu den Veranstaltungen ihres Buchladens. Man kann sich also vorstellen, wie gern ich der Einladung von Haile Selassie an die Teilnehmer der Pugwash-Konferenz im Januar 1966 zu einem Tee im Kaiserpalast folgte.

Das äthiopische Kaisergeschlecht leitet bekanntlich seine Herkunft von Salomon ab, der zweitausend Frauen gehabt haben soll. (Ein kleiner Theologiestudent, dem diese Tatsache in der Vorlesung bekannt wurde, ging anschließend, von moralischen Zweifeln geplagt, zu dem Professor und meinte erschrocken: ›Aber Herr Professor, das grenzt doch an Bigamie!‹)

Auch wenn die Nachfolger Salomons in dieser Beziehung etwas zurückhaltender gewesen waren, ist doch die kaiserliche Familie außerordentlich groß. Als darum ein amerikanischer Teilnehmer der Pugwash-Konferenz sich bei mir über den äthiopischen Wirtschaftsminister, mit dem ich gerade geplaudert hatte, erkundigte und ich ihm unter anderem sagte, er wäre ein Mitglied der kaiserlichen Familie, und als der Amerikaner darauf von Nepotismus zu schwafeln begann, konnte ich ihm mit bestem Gewissen sagen: ›Das hat nichts mit Nepotismus zu tun, das ist eine durchaus demokratische Minister-Auswahl, denn die kaiserliche Familie ist in diesem Lande eine Massenorganisation.‹

Am Tag nach dem Empfang hielt ich einen Vortrag an der Universität von Addis Abeba. Die Studenten bestätigten meinen Eindruck: Auch von ihnen waren fast 10 Prozent Mitglieder der kaiserlichen Familie, darunter eine Reihe auffallend schöner und intelligenter Mädchen.

Man wird verstehen, warum ich etwas ausführlicher gegen die Verwechslung meiner Beziehungen zum König von Schweden und zum Kaiser von Äthiopien durch Professor Markov protestieren mußte.

PS: Wie der ehemalige deutsche Kronprinz mich um eine Zigarette anbettelte und ich sie ihm verweigerte, gehört in ein anderes Kapitel, da er ja nie Kaiser oder König geworden war, und der Umgang mit Kronprinzen für einen protokollarisch gebildeten Menschen natürlich ganz etwas anderes als mit Kaisern und Königen ist.«

Später erzählte man mir, man hätte in Schweden Bemerkungen in der »Weltbühne« über den König an irgendwelchen offiziellen Stellen übelgenommen. Als Deine Großmutter diese Stelle las, fand sie: »Vielleicht sollte man als Wissenschaftler nicht nur in der Wissenschaft, sondern auch in der Diplomatie Disziplin üben – auch wenn es nichts zu essen gibt – und lieber mit knurrendem Magen eine exaltierte Hand drücken, als durch exaltierte Handlung das Ergebnis eines knurrenden Monarchen hervorrufen.«

Der Kaiser von Äthiopien aber wurde einige Jahre darauf von fortschrittlichen Kräften des Landes aus seiner Position entfernt, und die kaiserliche Familie, soweit sie nicht mit ihren Gelder das Land verlassen oder im konterrevolutionären Kampf umgekommen ist, wird hoffentlich nützliche Arbeit als Bauern leisten.

1957 reisten die Urgroßmutter und ich nach China. Ähnlich unserem ersten Besuch in der Sowjetunion 1930, brachte der Aufenthalt dort wieder ganz, ganz große Eindrücke, zumal es wohl die letzte Reise in meinem Leben war, auf der ich mich sehr stark auch dem reinen Genuß der Kultur hingegeben habe, wenigstens die ersten vier Wochen, die ich mit der Urgroßmutter in Peking verbrachte. Ich schrieb viel an die Freunde in meinem Institut, sie haben die Berichte aufgehoben:

8. Oktober 1957

... Am Nachmittag ein Spaziergang im ›Kaiserlichen Garten‹. Hunderte von Teehäusern, Tempeln, Toren, jedes einzig in seiner Art. Formen und Farben wie in einem Märchen – das Blau vom sattesten Wäscheblau bis zum tiefsten Blau der Gotik in der Pariser Cité, das Grün von dem unheimlichen Grün Vermeers bis zum so unglaublichen leichten Grün Watteaus und dazu vielerlei Rot und Gelb – Drachen, Fische, Löwen und anderes Getier, Buddhas, fett dahingegossen sitzend und andere voll Strenge und körperlicher Beherrschtheit, die Luft milde sommerlich, überall ausgelassene Kinder, auf einer Bank oben an der weißen Pagode eine bezaubernd schöne Chinesin mit ihrem Baby auf dem Arm, zum fernen See, der auch zum Garten gehört, blickend. Wenn ich heute abend abreisen müßte – die Reise hätte sich gelohnt.

Man versteht auch die alten Berichte der Ordensbrüder über China jetzt viel besser, ihre gräßliche Wut auf die »barbarischen« Schönheiten, die sie hier entdeckten und welche die armen Mönche trotz all ihrer Gebete immer wieder überwältigten. Wie konnte Gott so grausam sein, den chinesischen Heiden solche Kunstfertigkeit zu verleihen! ...

10. Oktober

Es ist weiter warm wie im Sommer, und heute gehen wir zum Tempel des Schweigens, der mir schon allein durch seinen Namen wohltut ...

›Freund, Freund‹, hätte meine Mutter gesagt: Er heißt, wie Marguerite mir zuruft, Tempel des Himmels und ist unbeschreiblich schön. Der Hauptnebentempel von einem intimen Reiz und Charme wie das Trianon oder Sanssouci, so daß die Schönheit ihre Fremdartigkeit verlor und man einfach tiefergriffen war. Glücklich die Menschen, die diesen Tempel zum zweiten Male sehen und, seine Wirkung vorwegnehmend, viel reifer genießen können!

Nachmittags im Wirtschaftsinstitut der Akademie, wo wir Arbeiten und Arbeitsweise des Chinesischen Instituts und des unsrigen in der DDR verglichen.

Abends in einem Sommertheater (überdacht und nach außen offen), wo ganz reizend gesungen, musiziert und getanzt wurde. Hübsche und auch einige schöne Frauen. Man gewöhnt sich immer mehr an die Musik.

11. Oktober

Heute früh für einige Minuten bei Tutti und Jonnie Heartfield, um uns mit ihnen für morgen abend in unserem Hotel zu verabreden. Welche Freude, sie hier zu sehen! Beide noch mehr als sonst ganz sie selbst.

Sodann in dem kaiserlichen Palastkomplex. Drei Reihen von Palästen, Höfen usw. nebeneinander. Die zentrale Reihe stellt acht bis zehn kaiserliche Paläste dar, jeder von einem großen Hof umgeben – in der Architektur weit weniger prächtig als etwa die Bauten im Garten der weißen Pagode, aber durch ihre Macht imponierend ... Ming-Periode, von den Mandschus ausgeweitet und wohl zum Teil verflacht. Jedoch verstehe ich noch viel, viel zuwenig von den verschiedenen Stilen, um irgendwie schon auch nur an den Anfang eine Urteils kommen zu können ...

12. Oktober

Merkwürdig, auf welche Weise man sich hier näherkommt. Einer von denen, die uns am Flugplatz abholten, Vizedirektor des Instituts für Wirtschaftswissenschaften an der Akademie, verstand an jenem Tage kein Wort Englisch. Bei der Institutssitzung verstand er Englisch. Heute sprachen wir miteinander Englisch ...

Wie in Frankreich und in der Sowjetunion, sieht man nicht selten Frauen, die in Parks usw. ihre Kinder nähren. Heute, als wir den dritten, den Westteil der Anlage der Kaiserstadt besuchten, saß am Eingang eine Frau, an deren Brust ein mehr als dreijähriger Junge, natürlich stehend, saugte. Man sagte, daß Kinder hier bis vier Jahren genährt werden.

Der Besuch des Westflügels des Kaiserlichen Palastkomplexes war noch schöner als der der zentralen Paläste und des Ostflügels. Wiederum Palast an Palast – vor allem für die Kaiserin und die Konkubinen bestimmt, mit herrlichem Schmuck – Gold, Perlen, Diamanten – und prächtigen Jade-Gefäßen. Phantastische Holzschnitzereien in den Räumen – besonders in dem Palast, in dem der Kaiser unter den Schönheiten des Hofes seine Konkubinen aussuchte. Wie klein wirkt selbst die Pracht des Zarenhofes gegenüber der des Hofes des ›Sohnes des Himmels‹!

13. Oktober

Der Abend gestern mit Jonnie und Tutti Heartfield ein besonderer Genuß. Jonnie und ich waren uns einig, daß Peking uns einfach trunken mit Schönheit macht, daß China das größte persönliche Erlebnis seit dem ersten Besuch der Sowjetunion vor mehr als einem Vierteljahrhundert für jeden von uns beiden ist ...

Wie rückständig das Land in den Arbeitsmethoden vor dem Sozialismus war, deutete folgende Bemerkung unseres Freundes Chen an: ›Nächstes Jahr werden wir anfangen, Traktoren zu bauen. Aber auch ohne sie ist der Fortschritt in den letzten Jahren sehr groß gewesen. Wir setzen jetzt mehr und mehr den eisernen Pflug ein. Wissen Sie, wie die Produktionsmittel Amerikas im 18. Jahrhundert!‹ So wird hier der Sozialismus aufgebaut! Welch überragende Leistung unter unglaublichen historischen Umständen! ...

Ich höre täglich die Nachrichten auf chinesisch – erkläre Marguerite, daß dem Tonfall nach nichts Aufregendes passierte – und damit ist, zum ersten Male, seit ich mit dreizehn Jahren begann, regelmäßig die Zeitung zu lesen, mein Durst nach Tagespolitik gestillt ....

15. Oktober

Gestern nachmittag gab Marguerite in dem Wirtschaftswissenschaftlichen Institut der Akademie eine Lektion und anschließend Diskussion, insgesamt drei Stunden. Sie machte es sehr ordentlich. Anschließend gingen wir zu einer Cocktailparty in die Botschaft, wo der Botschafter mich bat, zum 7. November in der Botschaft die Festrede zu halten – aber dann bin ich schon in Shanghai.

Da der Vortrag von Marguerite mich sehr hungrig gemacht hatte, aß ich zwanzig kleine Brötchen, fünf Stück Kuchen und klaute mir wegen Zigarrenmangels, genau wie übrigens der erste Botschaftssekretär der Indonesen und der Botschaftsrat der Nepalesen, ein paar Zigarren für ›zu Hause‹. Später abends wurde es ungeheuer interessant im Zimmer von Rewi Alley, früher einmal Chief Inspector of Factories in Shanghai – mit erschreckenden Geschichten über Kinderarbeit –, dann Organisator der Kooperativen der von uns verwalteten Gebiete nach 1938, jetzt aus einem Neuseeländer zu einem Chinesen geworden, der über die Mongolei und die Chinesische Oper, Fabrikhöllen in Shanghai und Gedichte an Peking schreibt. Zum Schluß kam noch Joshi hinzu, der frühere Generalsekretär der Kommunistischen Partei Indiens, ein alter ›schriftlicher‹ Bekannter von mir, und Marguerite diskutierte mit ihm die Marx-Manuskripte über Indien. Um 1.15 Uhr gingen wir schlafen ...

Heute vormittag bei Tao Meng Ho, Vizepräsident der Akademie der Wissenschaften – ein würdiger kluger alter Mann von etwa siebzig Jahren, mit dem ich über meine Arbeit in Shanghai und ihre eventuelle Veröffentlichung durch unsere und die chinesische Akademie sprach. Marguerite meinte auf dem Nachhauseweg, daß ich bald wieder nach China kommen würde, und ich sagte ihr: zur zweiten, stark erweiterten Auflage meiner Shanghai-Arbeit in vielleicht drei Jahren ...

Am Nachmittag dachten wir, es würde eine nette harmlose wissenschaftliche Diskussion im Wirtschaftsinstitut geben. Aber es kam anders.

Zunächst fuhren wir nicht ins Institut, sonder in das Zentralgebäude der Akademie. Dort kamen wir in einen Saal mit einem großen Tisch, an dessen Seite etwa fünfunddreißig Chinesen aufgereiht standen. Der erste, der uns vorgestellt wurde, war der stellvertretende Leiter der Plankommission, der zweite Stellvertreter des Finanzministers, und so ging es weiter. Fast alles führende Wirtschaftler bis unmittelbar unter das Ministerniveau, dazu die hervorragendsten Wissenschaftler der Akademie. Nachdem wir uns alle an den Tisch gesetzt hatten, sagte Marguerite: ›Mir ist nicht nur das Herz in die Hose gerutscht, sondern ich habe das Gefühl, als sei mir auch noch die Hose mit dem Herzen weggerutscht.‹ – Man legte uns neun Fragen aus den verschiedensten Gebieten der Wirtschaft vor. Die ersten vier beantwortete ich in achtzig Minuten. Dann kam Marguerite mit drei Fragen und sechzig Minuten, schließlich übernahm ich die letzten zwei Fragen mit dreißig Minuten, so daß wir fast drei Stunden auf diese Weise beschäftigt waren. Der Abschied wieder zeremoniell. Die stellvertretenden Minister usw. bildeten zwei Flügel am Tisch, wir gaben jedem die Hand. Die Besprechung nannte sich zwar Seminar – aber abgesehen von wenigen Zwischenfragen von chinesischer Seite waren wir es, die sprachen. Die Reaktion schien freundlich, und die Stimmung wurde im Laufe der Zeit aufgelockert. Ich hoffe, wir haben's ordentlich gemacht.

16. Oktober

Jeden Tag ist es warm wie im Sommer, zwischen 24 und 28 Grad im Schatten, und wir gehen ohne Mantel. So kommt zu aller Schönheit und Weisheit, die uns begegnen, auch noch die Behaglichkeit des Wetters. –

Marguerite ist heute vormittag im chinesischen Institut für Marxismus-Leninismus, während ich behaglich ›zu Hause‹ über Shanghai arbeite ...

Morgen werde ich meine erste Lektion, über Imperialismus, an der Universität geben ...

18. Oktober

Wir sehen fast jeden Tag für ein paar Minuten Rewi Alley, der wirklich ein wunderbarer Mensch ist. Auch lernen wir durch ihn die erstaunlichsten Menschen kennen – so vorgestern den Arzt Maheytha, Amerikaner, der, wie mir Rewi sagte, eine ganz ähnliche Rolle spielt wie Gordons ›Arzt aus Leidenschaft‹, und heute zum Frühstück General Two-Gun-Cohen, den früheren Adjutanten von Sun Yat Sen ...

19. Oktober

Am Vormittag eine dreistündige, sehr interessante Diskussion im Institut für Philosophie über meine Arbeit zum Problem des antagonistischen Widerspruchs in der sozialistischen Gesellschaft.

Anschließend Lunch mit Cohen, der anregend aus dem alten China erzählte. Er ist einer der wenigen überlebenden ›Radicals‹ Englands, und es ist immer wieder eine Freude, solchen »Überresten« des Bürgertums aus einer Zeit zu begegnen, in der es noch fortschrittliche Schichten besaß. Arnold Zweig ist ein solcher Vertreter, aber, da er unter uns lebt, fortgeschrittener, konsequenter als die überlebenden ›Radicals‹ in England und anderen kapitalistischen Ländern ...

Jetzt sitzt Joshi bei Marguerite, um mit ihr über seine Ausgabe der Schriften von Marx über Indien zu sprechen. Anschließend gehen wir in eine Peking-Oper.

(Ich vergaß zu berichten, daß mir, als uns gestern einige Gebäude als Ming genannt wurden, diese eher als Mandschu-Stil erschienen – und ich recht hatte! Ganz allmählich lernt man doch einige Grundbegriffe, und ich freue mich sehr darüber.)

20. Oktober

Alles, was ich je über Opern gesagt habe, gilt nicht für die chinesische. Die Heroine war ein Freudenmädchen, aber hoher sozialer Stellung, mehr als die großen Hetären der Antike. Das Stück spielte zur Zeit des Untergangs der Ming-Dynastie und des ersten Mandschu-Kaisers. Da wenig gesungen und wenig Orchester gespielt, doch ausgezeichnet artikuliert wird, fällt bereits ein Großteil der europäischen Albernheiten in der Oper fort. Die Schauspielkunst ist auch formal auf ganz großer Höhe. Viel mehr als bei uns wird mit den Augen und Händen und vor allem mit dem Gang (Füße, Beine und Oberschenkel) gespielt. Die Heroine war unbeschreiblich – eines meiner größten Theatererlebnisse. In ihrer ersten Szene trat sie betrunken auf – großartig realistisch gespielt und dabei von einer Anmut und Lieblichkeit, die bezauberten.

Nachdem wir um 23.45 Uhr schlafen gegangen waren (Dauer der Oper vier Stunden!), klingelte noch einmal das Telefon – mein alter Freund Bruno Frei, der hier als Korrespondent österreichischer Partei- und anderer Zeitungen arbeitet ...

22. Oktober

Gestern abend sehr nett zusammen mit Bruno Frei, dessen Frau und Zempelburgs, Korrespondenten des ›Neuen Deutschlands‹ und ADN. Wie bei Jonnie Heartfield genügten wenige Worte, um mit Bruno die alte, offene Vertrautheit herzustellen.

Heute vormittag Besuch einer landwirtschaftlichen Kooperative, vor allem Gemüsebau. Zuerst im Meetingplace des Dorfes eine Unterrichtung über die Kooperative durch den Direktor und das Gemeindeoberhaupt. Ein einfaches Zimmer mit einem langen Tisch. An der Wand eine Karte von China und eine Weltkarte. Der Direktor zieht aus der Tasche einige Blätter mit Zahlen und berichtet genau von den Erfolgen. Als ich ihn nach den Hauptfehlern frage, sagt er: mein Arbeitsstil, kommandieren statt überzeugen.

Auf den Feldern unkrautrein ein Kopf chinesischen Kohls an dem anderen – die Hauptpflanze der Kooperative. Ein gutes Bewässerungssystem. Dazu Glashäuser für Tomaten, Peppers und Gurken. Für etwa 150 Schweine saubere, einfache Ställe. Außerdem hält jede der ca. 500 Familien der Kooperative ein »privates« Schwein. Über 50% der Familien besitzen ein Fahrrad.

Wir gehen in eine der neuerrichteten Wohnungen – zwei Zimmer. Im Schlafzimmer das große Familienbett, das, wie überall im Norden, geheizt werden kann. Ähnlich die Wohnung der Dorfschwester.

Überall fallen wieder die heitere Freundlichkeit und die ruhige, ungehetzte, aber sicherlich stete Arbeitsweise der Menschen auf. –

Vergaß von gestern zu berichten: Mein Artikel über den Gebrauch bürgerlicher Statistiken, den ich 1956 in ›Woprossy ekonomikii‹ veröffentlichte, sowie der über Wert der Ware Arbeitskraft und Verelendung aus der ›Wirtschaftswissenschaft‹ in diesem Jahr, sind hier in Übersetzungen erschienen. –

Am Nachmittag Vorbesprechungen für morgen und übermorgen mit dem Dekan der Wirtschaftswissenschaftlichen Fakultät der Universität Peking (nicht zu verwechseln mit der Volksuniversität in Peking.)

Traf gestern abend bei Rewi Alley Nan Green, eine englische Genossin, die im Januar 1940 an dem Tag, an dem ich verhaftet und konzentriert wurde, Kurt Hager vor dem gleichen Schicksal bewahrte. Seitdem habe ich sie nicht mehr gesehen. Sie machte mich auf ein Buch von Tun Li-Ch'en aufmerksam, in dem sich die Namen zahlreicher chinesischer Chrysanthemen finden, chinesisch und englisch. Ich zitiere: ›Tränen auf der Wange einer betrunkenen Konkubine‹, ›Abendsonne auf dem Rücken einer Ente‹, ›Zwei stolze Menschen, die in Schönheit wetteifern‹, ›Blumen, die an einem Quell gewachsen sind‹, ›Alter Unsterblicher vom Südpol‹, ›Pfirsichblüte mit einem Menschenantlitz‹, ›Himmlisches Mädchen, Blumen streuend‹.

Wir sollten heute in eine Baumwollfabrik gehen – aber es paßte dort nicht. So besuchten wir den Zentralen Buddhistischen Tempel Chinas, in welchem einer der beiden erhaltenen Zähne von Buddha in einem goldenen Schrein aufbewahrt wird. (Der andere befindet sich in Ceylon, wo ihn meine Schwester Sabine während ihres Aufenthaltes anläßlich der Friedenskonferenz in Colombo besichtigte. So kennt die Familie jetzt sämtliche erhaltenen Zähne Buddhas.) Wie der uns geleitende Mönch berichtete, wurde 1955 der hiesige Zahn in seinem goldenen Schrein für acht Monate nach Burma verliehen. Das Haupt der Ceyloner Buddhisten und der Ministerpräsident eilten zum Flugplatz, um ihn in Empfang zu nehmen ... Nachher lud uns der Chef-Mönch (wir würden Abt sagen) zu einer Tasse Tee ein; aber er versuchte nicht, uns zu bekehren – bot uns im Gegenteil eine Zigarette an.

Am Nachmittag in der Peking-Universität vor etwa 200 Studenten über Westdeutschland gesprochen. Ich hoffe, ordentlich.

24. Oktober

Heute früh eine dreistündige Diskussion mit dem Lehrkörper der Wirtschaftswissenschaftlichen Fakultät der Pekinger Universität. Hauptfragen betrafen, wie fast immer hier, Probleme der absoluten Verelendung und Fragen des Zyklus bzw. der Krise. Ich glaube, es ging einigermaßen.

Am Nachmittag geht Marguerite in die Baumwollfabrik (von der ich ja eine ganze Reihe in Shanghai sehen werde) und ich auf den Kurio-Markt.

25. Oktober

Gestern abend war Chen wieder bei uns, von dem wir in einer Stunde mehr lernen als manchmal in Tagen woanders. Chen ist ein alter Freund meiner Schwester Ursula aus ihrer China-Zeit. Er sprach besonders über die neuen Maßnahmen, die Land und Stadt enger zueinander bringen sollen, vor allem dadurch, daß man versucht, die Lebensstandards, die Lebensweise einander anzugleichen. Eines der Mittel hierzu ist, allein aus Peking etwa zweihunderttausend Staats- und Stadtangestellte, Parteifunktionäre usw. für zwei Jahre zu manueller Arbeit in die Produktivgenossenschaften zu entsenden, wo sie wie alle anderen arbeiten und bezahlt werden, während ihnen die Differenz zu ihrem jetzigen Gehalt gutgeschrieben wird.

Heute früh besuchte mich Professor Yen vom Institut für Wirtschaftswissenschaften, um mit mir über meine Shanghai-Arbeit zu sprechen. Ich hatte den Eindruck, daß er mit meiner Konzeption einverstanden und völlig überrascht war von meinen Kenntnissen über das Gangsterwesen, die Methoden des Arbeiterkaufs, die Verflechtung von contract-labour und Prostitution usw. Diese Kenntnisse verdanke ich vor allem Rewi Alley sowie meinen Studien in den USA vor nunmehr dreißig Jahren, wo manches in kleinen Südstädten oder Einwanderer-Industrien an Shanghai-Verhältnisse erinnerte, so daß ich mich leicht zurechtfand. Werde in Shanghai versuchen, möglichst viele Arbeiterinnen zu interviewen, die früher in den englischen Baumwollfabriken arbeiteten.

Hatte heute nachmittag ein reizendes Erlebnis im Institut für Marktforschung beim Außenhandelsministerium. Kurz bevor er Gouverneur einer chinesischen Provinz wurde, hatte Marco Polo gschrieben: ›China gewöhnt sich schon an mich‹ – woran ich erinnert wurde, als bei dem heutigen Vortrag mit Diskussion auf meinem Platz 10 Zigarren lagen, von denen ich in den folgenden dreieinhalb Stunden 6 rauchte und 4 bescheiden liegenließ. Aber die Genossen sagten mir, ich müsse sie mitnehmen, im ganzen Institut rauche niemand Zigarren, und sie seien nur für mich angeschafft worden.

Die Diskussion bezog sich ausschließlich auf Westdeutschland und die zukünftige Entwicklung dort wie im Rest der kapitalistischen Welt. Ich kam mir vor wie ein alter Prophet – nur daß ich mich nicht auf einen Gott oder Eingeweide eines Schafes, sondern auf Zahlen berufen mußte, und mir der Bart fehlte.

26. Oktober

Gestern abend wieder in der Oper und wiederum ein ganz großartiges Erlebnis. Diesmal die Setschuaner Oper, die hier in Peking sprachlich so schlecht verstanden wird, daß an den Steinwänden der Bühne zwei Streifen erklärenden Textes (wie beim Film) laufen müssen.

Die liebliche Schönheit der Heroine der ersten Oper fehlte, das wurde aber (objektiv gesehen, in meinem Kopf, auch in meinen Augen, nicht ganz in meinem Herzen!) ausgeglichen durch die unglaubliche Grazie des Spiels der Heldin, eine Grazie, die auch ihren Liebhaber, einen jungen Gelehrten, sowie das gesamte Ensemble auszeichnete. Das ganze spielte, wie fast alle Opern hier, in der fernen Vergangenheit.

Das Entscheidende ist wohl, daß die chinesische Oper im Gesang bei weitem nicht die Anforderungen der westeuropäischen Oper stellt, darum viel natürlicher wirkt, aber auch viel, viel mehr von den Schauspielern verlangt. Und, mein Gott!, was für Schauspieler! Welche Technik des Spiels, der Bewegung, des Ausdrucks! Zuerst wollte ich gar nicht wieder in die Oper gehen, weil es das erstemal so schön war und ich keine Enttäuschung riskieren wollte; aber ich bin froh, das Risiko auf mich genommen zu haben. Jetzt ist mein Urteil doch gesicherter. Auch hat mir gerade die zweite Aufführung klargemacht, auf welch kluge Weise Brecht vom chinesischen Theater gelernt hat. Wie traurig, daß ich – wie so oft in den letzten dreißig Jahren – nach der Reise nicht zu ihm gehen und bei einer guten Zigarre mit ihm plaudern kann, vor allem ihm zuhören!

27. Oktober

Gestern vormittag mit einem stellvertretenden Generalsekretär der Academica Sinica (der Generalsekretär, mit dem ich verabredet war, ist plötzlich erkrankt) vor allem über die Struktur der Akademie und der Parteiorganisation gesprochen.

Dann am Nachmittag im 3. Historischen Institut, wo wir ausführlich – drei Stunden – über Fragen der Entstehung des Kapitalismus in Europa, die Stärke des Feudalismus in China bis 1949 usw. diskutierten. Meine Auffassungen sowohl über den ›preußischen Weg‹ der Industrie in Europa als auch über die Rolle des Feudalismus in China (die im Gegensatz zur Auffassung der Großen Sowjetenzyklopädie steht) fanden volle Billigung. Außerordentlich das Niveau der Diskussion und die Kenntnisse der chinesischen Freunde von der europäischen Geschichte.

Anschließend abends bei Nan Green in ihrem chinesischen Haus, wo sich nach dem Essen Epstein mit seiner Frau einfand. Wir aßen chinesisch und erfuhren viel über China. Was für ein erstaunlicher Moment in der Geschichte dieses Landes: Sie bauen den Sozialismus auf und haben noch einen ›Gott‹ in der Regierung, den Dalei Lama, der Vizepräsident ist. Sie bringen den Sozialismus auch Stämmen, die noch im Stadium der Urgemeinschaft leben und nicht verstehen, warum nicht alles wie bisher gleich, sondern ›nach der Leistung‹ verteilt werden soll. Die nationalen Minderheiten machen nur 6% der Bevölkerung aus, bewohnen aber 60% des Landes. Und in der kommunistischen Partei ist die Zahl derer, die zur Intelligenz gehören, größer als die Zahl der Arbeiter!

Heute vormittag die Tempel des schlafenden Buddha und der Azurblauen Wolken im Westen der Stadt besucht. Welche Häufung von eigenartigen Schönheiten! Anschließend zum Park des ›Hügels der Düfte‹, wo wir Mittag aßen. Zurück im Hotel fanden wir zwei reizende Teeschalen vor – ein Geschenk von Rewi Alley.

28. Oktober

Heut vormittag im Institut für Internationale Beziehungen meinen Vortrag über den Krisenzyklus nach dem zweiten Weltkrieg gehalten. Sehr interessante Diskussion, die wir morgen vormittag fortsetzen wollen ...

29. Oktober

Vormittags im Institut für Internationale Beziehungen mit dreistündiger Fortsetzung der gestrigen Diskussion über Fragen des Zyklus. Sehr kluge Bemerkungen der chinesischen Freunde und das ganze ein intellektuelles und marxistisches Fest.

Zum Frühstück kam General Cohen an unseren Tisch und erzählte uns, was ihm eine amüsante Lösung aller Schwierigkeiten im Kapitalismus schien. Es war, ohne daß er sich darüber klar war, eine der tiefsten, groteskesten und tragischsten Bemerkungen, die ich je gehört habe. Er sagte, er habe jetzt das

Mittel gefunden, um nicht nur für immer die Arbeitslosigkeit zu vermeiden, sondern überhaupt alle Widersprüche im Kapitalismus zu beheben: Man müßte eine Maschine erfinden, die von sechs Menschen bedient würde, aber nur die Arbeit eines einzelnen leistete ...

31. Oktober

Gestern abend besuchte uns Professor Chien Po-tsan, ein bedeutender Historiker der Pekinger Universität und Spezialist für die Han-Zeit, von der er – wie viele andere in China – sagt, es sei die Zeit, in welcher der Feudalismus heranwuchs, während vor allem sowjetische und jüngere chinesische Historiker die Zeit noch zur Sklaverei-Periode rechnen. Seine Argumente für den Feudalismus (bei Weiterbestehen der Sklaverei noch für einige Hunderttausend) waren sehr interessant. Zwei von ihnen seien erwähnt: 1. Die Gesetzgebung gab den Sklaven einen besonderen Schutz – das wäre natürlich unmöglich, stellten die Sklaven die große Masse der Unterdrückten dar. 2. Bei Tötung von Kriegsgefangenen gab es im Heer Belohnung und Beförderung – das wäre unmöglich in einer Sklavengesellschaft, die die Kriegsgefangenen als Sklaven brauchte.

Ich fand ihn sehr überzeugend.

1. November

Noch in Peking – immer noch bei herbstwarmem Wetter. Übermorgen soll ich, wenn alles gut geht, nach Shanghai fahren.

Heut vormittag ein großes Erlebnis. Das als Museum eingerichtete, nur ein- oder zweimal in der Woche zugängliche Wohnhaus des größten chinesischen Malers unserer Zeit, Hsu Pai-Hung (gestorben 1953) – wir haben ein von ihm gemaltes Pferd in unserer Wohnung hängen –, wurde extra für uns geöffnet. Nachdem uns der Direktor begrüßt hatte, führte uns die Witwe des Malers durch die Wohn- und Ausstellungszimmer, das Atelier mit der angefangenen letzten Arbeit, ihr altes Schlafzimmer und ein Zimmer mit Andenken an die letzten Jahre, darunter ein Bild von der Bestattung, auf welchem die Frau mit den beiden Kindern in tiefer Trauer steht; gerührt zeigte sie auf das Bild und sagte: ›Seine beiden Kinder.‹ Viel sprach sie über einzelne Arbeiten, erklärte die Hintergründe und schenkte uns zum Schluß ein Album mit seinen Bildern, in das sie ein paar freundliche Worte schrieb.

Da Hsu auch in Frankreich und Deutschland gearbeitet hatte, fanden wir Bilder sehr verschiedener Art – europäische (nicht wenige Akte darunter, die es in der chinesischen Malerei nicht gibt) und chinesische, der Form nach. Manche Arbeiten sehr eindrucksvoll und das ganze ergreifend durch die Worte der Frau, die alles auf besondere Art lebendig machten. –

3. November

Gestern abend noch einmal nett zusammen mit Bruno Frei und Frau, auch Zempelburgs kamen.

Las gestern und heute vormittag Burchetts neues Buch über Laos und Cambodia – wirklich gut geschrieben; habe viel Neues gelernt.

4. November

Sitze im Schlafwagen nach Shanghai – zusammen mit drei anderen, darunter (bei meinem Glück!) ein Stellvertreter des Vorsitzenden der Plankommission, so daß ich manches erfahre.

Eben fahren wir an einer großen Erdarbeit vorbei. Hunderte von Menschen mit Spaten und Körben, um die Erde zu bewegen! Welche Lehre wieder darüber, wie und mit welchen Mitteln dieses Land arbeitet und den Sozialismus aufbaut! Und gleichzeitig neben der Eisenbahnstrecke und quer über das Land viele Elektrizitätsleitungen.

6. November

War in der Shanghai Library – zwei Millionen Bücher und ein Chefbibliothekar nach meinem Herzen. Er gab mir gleich 15 Bände à 400 Seiten mit und versprach mir mehr für Freitag früh, bis dahin wird hoffentlich Wolfgang eingetroffen sein.

Wie lange man doch gelebt hat! War heute auf der Revolutionsfeier der Shanghaier Organisation. Zwölftausend Menschen auf dem ehemaligen Gelände der englisch-amerikanischen Hunderennbahn in einer riesigen Halle. Für morgen abend hat mich der sowjetische Generalkonsul zu seinem Empfang geladen. Vor vierzig Jahren erhielt ich meine ersten, sehr handfesten politischen Prügel in der Schule, als ich für das sowjetische Friedensangebot eintrat. Vor siebenundzwanzig Jahren hatte ich meine erste Feier in der Sowjetunion im Bolschoitheater – mit dem Politbüro der KPdSU unter Stalin auf der Tribüne. Vor zwölf Jahren schleppte ich mit einem sowjetischen General einen Sack Briketts in ein Auto, den er mir zum »wirklichen Einheizen« am 7. und 8. geschenkt hatte ...

Wie lange man doch gelebt hat! Und wie lange man noch leben muß! Während der Feier, bei der Aufführung des vierten Satzes von Tschaikowskis 4. Symphonie, überlegte ich mir, daß die neue Auflage der ›Lage der Arbeiter‹ dreißig Bände umfassen muß. Als danach ein unerhört graziöser Schwertertanz von acht reizenden Chinesinnen vorgeführt wurde, bekam ich allerdings nur noch siebenundzwanzig Bände zusammen, und als diesem ein bezaubernder Bauerntanz folgte, waren es nur noch sechsundzwanzig Bände, an die ich mich erinnerte ...

Verzeiht, Ihr Lieben in Akademie-Abteilung und Fakultätsinstitut, wenn Euer alter Lehrer seine Berichte so schließt – folgt doch ab morgen Wolfgang mit seinen Berichten...«

Wie großartig sah die Welt damals für uns aus! Die Sowjetunion und China gemeinsam auf dem Weg des Fortschritts!

Doch, ohne daß ich es merkte, fiel bereits am Tage vor unserer Abreise ein Schatten auf die Zukunft. Unter den vielen Abschiednehmenden kam auch der Leiter der Abteilung Propaganda im Zentralkomitee zu mir ins Hotel. Als er sich nach einer Viertelstunde kurzer freundschaftlicher Unterhaltung verabschiedete, fragte er plötzlich noch: »Genosse Kuczynski, glauben Sie, daß wir England in vier, fünf Jahren in der Eisen- und Stahlproduktion überholen können?«

Man kann sich vorstellen, wie erschlagen ich nach all der nüchternen Sachlichkeit war, die ich in der Beurteilung der Situation Chinas dort gefunden hatte. Ich dachte bei mir: Was für eine strategische Taktlosigkeit von einem verantwortlichen Genossen! Doch nahm ich mich schnell zusammen und antwortete höflich: »Das hängt von der Tiefe der Krise in England zu dieser Zeit ab.« Erst viel später begriff ich, daß ich gewissermaßen den Anfang der Phase des sogenannten »Großen Sprungs« erlebt hatte. Ein Phase übrigens, die auch das Erscheinen von Band 28 meiner »Lage der Arbeiter« erheblich verzögerte, weil der chinesische Genosse, der ein Kapitel für den Band verfassen sollte, mir immer wieder begeistert schreib, daß er an irgendwelchen kleinen Öfen auf dem Gelände der Universität Eisen schmelze. Schließlich fertigte er es doch für mich an.

Und noch eine andere Geschichte muß ich Dir erzählen, eine schöne, Jahre vor dem Großen Sprung geschehen, die vor allem auch Deiner hochkünstlerisch sehr begabten Urgroßmutter imponierte. Als nach dem Sieg der Revolution von manchen die Losung »soviel, so schnell wie möglich« verbreitet wurde und auch auf das Kochen übergriff, erinnerte Mao Tse Tung an die alte chinesische Kochkunst, die es zu bewahren galt. Er fand nach längerem Suchen drei alte Eunuchen aus der kaiserlichen Küche von vor 1912, übergab ihnen ein Restaurant, an das eine Kochschule angeschlossen wurde, und leistete so einen bedeutenden Beitrag zur Wahrung der chinesischen Kochkultur. Auch die Urgroßmutter und ich waren zu einem besonderen Essen mit wunderbar nach »alter Art« bereiteten Gerichten eingeladen, das wir trotz mancher Fremdheiten sehr genossen.

Viel könnte ich noch von diesem China-Besuch berichten. So von dem bezaubernden Denkmal für eine berühmte Kurtisane des, wenn ich mich recht erinnere, des 16. Jahrhunderts. Auf meine Frage, wessen Kurtisane sie vor allem war, erhielt ich die Antwort: »Nun, der größte Dichter des Landes und natürlich auch der verschiedenen kaiserlichen Minister.« Sie alle hatten sich nach ihrem Tode zusammengetan, um das Geld für das Denkmal zu stiften.

Ganz anderer Art war mein zweiter Besuch in Indien, gegen Ende des Jahres 1975, bei dem ich in 26 Tagen 23 Vorträge in wohl 10 Städten im Norden und Süden, Osten und Westen des Landes hielt. Dort sprach ich auch einen bedeutenden Sozialforscher, keinen Linken, dessen Untersuchungen, wie er mir sagte, meinen Eindruck bestätigten, daß das Elend im Lande größer geworden sei, seit ich das letzte Mal, annähernd zehn Jahre zuvor, Indien besuchte. Die Kommunistische Partei Indiens unterstützte Indira Gandhi. Eine Reihe indischer Genossen, die ich sprach – einfache Funktionäre bis hinauf zu Politbüromitgliedern –, vor allem diejenigen, die auch Gewerkschaftsfunktionen hatten, begannen daran zu zweifeln, ob diese Linie der Partei noch richtig war. Gerade sie als Gewerkschaftsfunktionäre spürten den Widerstand der Arbeiter, etwa gegen die Lohnpolitik der Regierung, am stärksten. In einem Forschungsinstitut in Kerala, wo ich mehrere Tage außerhalb der Stadt Trivandrum lebte, waren die jungen Forscher fast alle Mitglieder der »Kommunisten-Marxisten«, die sich einige Jahre zuvor von der KPI abgespalten hatten (und mit denen wir heute zusammenarbeiten), sehr begabte und politisch interessierte junge Menschen, scharf gegen die Linie der Kommunisten. In diesem Staat hatte die KPI die Führung der Regierung übernommen, und ich sprach den Ministerpräsidenten und eine Reihe Minister. Viele überaus nützliche Maßnahmen waren getroffen worden, aber die Not war auch hier groß. Die indische Partei brachte damals übrigens innerhalb von vierzehn Tagen eine Broschüre über die Weltwirtschaftslage, die ich für sie geschrieben hatte, heraus. Leider gab man ihr den Titel »Class struggle and Fascism«, entsprechend der Linie der Partei, daß die Opposition in Indien faschistisch sei, was auf ihren größeren Teil nicht zutraf und auch mit dem ganzen Inhalt meiner Broschüre nichts zu tun hat. Dennoch ist es besser, eine ordentliche Broschüre mit einem schlechten Titel verbreitet zu sehen als umgekehrt eine schlechte Broschüre mit brillantem Titel.

Nirgendwo auf meinen Reisen habe ich solche Gegensätze von riesigen in furchtbarster Armut lebenden Massen in Stadt und Land auf der einen und derartig protzigem Reichtum auf der anderen Seite gesehen wie in Indien. Nirgendwo war ich so zufrieden mit der blödsinnigsten Verschwendung an Menschenkräften – wenn Du etwa einen Minister besuchtest, selbst einen sich relativ einfach gebenden, war jemand da, um die Tür des Autos zu öffnen, ein zweiter, um einen Vorhang am Eingang beiseite zu schieben, ein dritter, um Dir einen Stuhl zum Sitzen anzuweisen, ein vierter, um dem privaten Sekretär des Ministers mitzuteilen, daß Du da seist usw. –, zufrieden, weil dadurch wenigstens ein Teil der Arbeitslosen beschäftigt wurde. Während meines Besuches beim Rektor einer Universität klingelte dieser, sobald er etwas Papier, ein Glas Wasser oder ein Telefongespräch benötigte, und jedesmal kam ein anderer, um seinen Wunsch zu erfüllen. Für den protzigen Reichtum nur ein Beispiel: Ich wollte einen von unseren »Wirtschaftsdiplomaten« sprechen, der meinte, es müsse aber noch am gleichen Tage sein, da er am nächsten verreise. Als wir uns trafen, erzählte er mir, er sei zur Hochzeit der Tochter eines für uns wichtigen großen Industriellen eingeladen – zweitausend Gäste würden erwartet, und diejenigen, die wie er von weit her kamen, hätten auch eine Flugkarte zugeschickt bekommen. Du siehst, der unglaubliche Protz aus den feudalen Niedergangszeiten hat sich bis in die Schicht des modernen Monopolkapitals fortgesetzt. In Japan allerdings, wo ja wie in Indien ebenfalls viele feudale Überreste erhalten sind, habe ich solch öffentlichen Protz niemals erlebt.

Noch eine merkwürdige, typisch indische Geschichte muß ich Dir von meiner ersten Reise erzählen, die mir unser Botschafter berichtete. Eine der erstaunlichsten Plagen vor allem in den indischen Städten sind die Millionen sogenannter heiliger Kühe, die überall herumlaufen und von niemandem belästigt werden dürfen, auch wenn sie den Verkehr stören oder gar in eine Wohnung oder einen Laden laufen. Etwa sechs Wochen vor meiner Ankunft hatte ein Mitglied der US-amerikanischen Botschaft ein Kind überfahren, und der Diplomat mußte 75 Rupien Strafe zahlen; damit war die Angelegenheit erledigt. Am Tage vor meiner Ankunft aber hatte der gleiche Diplomat, der offenbar zu schnell fuhr, am Vormittag eine heilige Kuh überfahren; schon am gleichen Abend saß er in einem Flugzeug nach den USA, um allen Unannehmlichkeiten zu entgehen.

Auch aus Japan will ich noch ein merkwürdiges Erlebnis erwähnen. Du weißt, es ist ein technisch außerordentlich fortgeschrittenes Land, durch und durch monopolisiert. Unter den Politökonomen an den Universitäten aber gibt es viele Marxisten oder dem Marxismus nahestehenden Professoren, an manchen Fakultäten sind sie sogar in der Mehrheit. Als ich an einer solchen Fakultät einen Vortrag gehalten hatte, trat in der Diskussion ein Professor auf, um mich aus der Sicht der Monopole zu widerlegen. Er ging an die Tafel, um seinen Standpunkt mit Hilfe von Formeln zu entwickeln. Die Ausgangsformel lautete $c * v * m$, die berühmte Marxsche Formel für den Wert des kapitalistischen Produkts. Das heißt, dieser ideologische Vertreter des Monopolkapitals war so in der Marxschen Methodologie verfangen, daß er mit Marxschen Formeln gegen Marx für das Monopolkapital argumentierte. Ein genau umgekehrtes Erlebnis hatte ich mit dem bekannten, zu mir besonders freundlichen Wirtschaftstheoretiker Takahashi in Tokio – er hatte sich an der in der Geschichte der Wirtschaftsgeschichtsschreibung berühmten Diskussion des Übergangs vom Feudalismus zum Kapitalismus mit Maurice Dobb, Paul Sweezy und anderen beteiligt. Takahashi lud mich und einige junge Professoren wie Assistenten zu einem ganz ausgezeichneten Essen ein. Nach Beendigung der Mahlzeit sagte er laut zu mir: »Verzeihen Sie das gräßliche Essen, zu dem ich Sie geladen.« Natürlich war ich im wahrsten Sinne des Wortes sprachlos und sah mich verlegen um. Die anderen fingen an zu lachen und erklärten mir, das sei eine alte feudale Höflichkeitsformel, die Takahashi liebe.

Übrigens gingen wir nach dem Essen in seinen Klub, wo wir beide noch lange plauderten und Bier tranken; schließlich meinte er: gehen wir noch in eine Bar. Es stellte sich heraus, daß er mit der Besitzerin der Bar gut befreundet war. Nachdem er mich vorgestellt hatte, füllte sie die Gläser und hob das ihre mit dem Toast: »Auf den Präsidenten Ihrer Akademie.« Es war wohl das erste Mal in der Geschichte Japans, vielleicht in der Weltgeschichte überhaupt, daß eine Bardame Anlaß gab, auf das Wohl eines Akademiepräsidenten zu trinken.

Ich könnte Dir noch viele solcher Erlebnisse und Erfahrungen berichten. Aber sicher hast Du schon genug von ihnen und möchtest lieber in größerem Zusammenhang und in genauer Reihenfolge erfahren, was ich auf einer Forschungsreise für Gedanken gehabt, was ich getrieben, wie ich meine Zeit verbracht habe. Doch leider sind derartige Erinnerungen im allgemeinen unsicher, man verwechselt Reisen, und meine täglichen Berichte an die Urgroßmutter sind mehr Tatsachenmeldungen gewesen, wie meine Berichte aus China mehr Eindrücke waren. Auf einer Reise aber führte ich ausführlich Tagebuch, das kannst Du lesen. Es handelt sich um meine letzte Reise nach Kuba.

Kuba war, wenn ich von einzelnen Städten wie Paris, Leningrad, Kyoto, Peking oder San Francisco absehe, nach der Sowjetunion und China das dritte große Reiseerlebnis meines Lebens, das ich leider ohne die Urgroßmutter hatte, da sie aus Gesundheitsgründen nicht in die Tropen fahren konnte.

Fünfmal reiste ich nach Kuba, und jedesmal war es ganz wundervoll: die Menschen, das Klima und natürlich auch die Zigarren.

Das erste Mal war ich wohl auf Grund eines in Spanien und Argentinien übersetzt erschienenen Buches von mir, den Vorlesungen zur Weltwirtschaftsgeschichte, eingeladen worden. Der hervorragendste kubanische Wirtschaftshistoriker Julio Le Riverend hatte mich gebeten, zu Vorträgen an das Institut für Geschichte in Havanna zu kommen. Wir mochten uns sogleich, stimmten überein in unserem Herangehen an die Probleme sowie an die Erziehung junger Forscher. Anläßlich dieser Reise kam mir die Idee, zu untersuchen, ob die amerikanischen Monopolunternehmen bei ihrer Vertreibung bzw. Flucht aus Kuba irgendwelche interessanten Akten in ihren Betrieben zurückgelassen hatten. Wie sich herausstellte, war das der Fall, und wir verabredeten sogleich für meinen nächsten Besuch eine gemeinsame Untersuchung dieses Materials durch eine Gruppe von jungen Forschern aus seinem und meinem Institut. Damit schufen wir das erste wirkliche Arbeitskollektiv zwischen Gesellschaftswissenschaftlern zweier Länder, von denen sich das eine auf dem Weg zum Sozialismus befand und das andere die Grundlagen des Sozialismus gelegt hatte: eine Arbeitsgruppe, die unter einheitlicher Leitung an dem gleichen Forschungsgegenstand und den gleichen Materialien am gleichen Ort gemeinsam arbeitete. Nicht, daß alle diese Merkmale für ein echtes Kollektiv nötig sind, aber sie waren glücklicherweise alle gegeben, so daß von vornherein die Zusammenarbeit gesichert war. Le Riverend hielt die Hand über uns, sorgte dafür, daß wir in die Betriebsarchive kamen, und half uns in jeder nur erdenklichen Weise, während ich die faktische Leitung in den Betrieben hatte, wo Gloria Garcia, die Lieblingsschülerin von Riverend, als Verantwortliche für die kubanischen Freunde fungierte. Gloria sah ich auf allen meinen Kuba-Reisen, stets half sie mir in diesem oder jenem, war voller kluger Hinweise und Einschätzungen der Situation, immer optimistisch, daß sich alles im Laufe der Zeit gut regeln würde. (Heute ist sie Leiterin der historischen Abteilung im Institut für Gesellschaftswissenschaften an der Akademie.) Unsere Forschungsergebnisse wurden in Kuba und bei uns veröffentlicht. Auch die amerikanische Presse, unter anderem die »New York Times«, nahm von ihnen Notiz, insbesondere da wir eine Reihe von Geheimakten des Rockefeller-Konzerns Standard Oil, New Jersey, veröffentlichten.

Doch neben der aufregend interessanten Forschungsarbeit gab es so viele andere Erlebnisse: Vor allem die Menschen, die freundlich und friedlich gerade zur Zeit meines ersten Besuches, kaum mehr als zwei Jahre nach dem Sieg, noch in starker revolutionär-romantischer Haltung lebten und arbeiteten. In keinem Lande habe ich ein so unbewußt natürliches Zusammenleben der Rassen beobachtet – Weiße, Schwarze und Chinesen sowie Mischlinge der drei Rassen –, obgleich die Heiraten zumeist innerhalb einer Rasse stattfanden. Großartig auch der gesunde Verstand der Menschen – als Fidel Castro anläßlich einer Zuckerernte die Besten mit Reisen in ein sozialistisches Land auszeichnete und als zweite Preise Kühlschränke bestimmte, drängten alle nach einem zweiten Preis. Nachdem infolge ernster Fehler in der Wirtschaftspolitik der Lebensstandard abfiel und das Geld recht wertlos wurde, ging die Arbeit ruhig weiter, nur die Witze wurden besser – so berichtete man, es habe ein Einbruch in die Staatsbank stattgefunden von Leuten, die ihr wertloses Geld dort ablegen wollten.

In Kuba lernte ich auch begreifen, wie recht Montesquieu bisweilen haben kann mit seiner Betonung der Rolle des Klimas für die gesellschaftlichen Verhältnisse. Eine Zeitlang vertraten die meisten kubanischen Freunde die Ansicht, man könne auch ohne materiellen Anreiz auskommen. Zur Unterstützung derjenigen, die für materiellen Anreiz eintraten, sprach ich in einer Versammlung. Während der Diskussion stand ein junger Arbeiter auf und erklärte, daß materieller Anreiz für ihn völlig überflüssig sei, er habe seine Hose und sein Hemd, das er täglich wasche, nach der Arbeit gehe er mit seinen Freunden an den Strand, jeden Tag im Jahr, es sei denn, sie gingen einmal tanzen, besuchten andere Vergnügungen oder nahmen an einer politischen Versammlung teil. Das genüge vollkommen. Man darf eben nie vergessen, wie anders und wieviel schöner in so mannigfacher Weise das Leben in den Tropen ist, ohne einen kalten Winter, und wie ein solches Klima auch gegen eine Steigerung der Leistung durch materiellen Anreiz wirkt.

Selbst für das Leben des dort nur zeitweise Weilenden spielt es eine große Rolle, insbesondere wenn man wie ich die Tropenhitze liebt und den europäischen Winter abscheulich findet. Seitdem mir unsere Akademie einen Wagen zur Verfügung gestellt hat, gehe ich mehr als sieben Minuten im Freien (den Weg zu meiner Assistentin Erika Behm in Weißensee, wenn sie zu Hause arbeitet) nur in den Tropen, dann aber auch gern in der heißesten Sonne. Auch ist Havanna, wo ich, trotz vieler Reisen im Lande, die meiste Zeit meiner Aufenthalte zugebracht habe, eine ich will nicht sagen schöne, aber sehr angenehme Stadt: mit nur wenigen der gräßlichen Hochhäuser, mit breiten

Straßen, vielen Bäumen und Gärten, geringem Autoverkehr, dazu – abgesehen von der Altstadt – so angelegt, daß man sich nicht verlaufen kann. Ganz bezaubernd die Kinder auf der Straße, wie die Erwachsenen einfachst, aber sauber gekleidet, alle Rassen durcheinander spielend. Selten hasten die Menschen dahin, oft sitzen sie am späten Nachmittag auf einem Schaukelstuhl oder einer Bank vor ihrem Hause oder auf einer offenen Veranda. Haus, Garten und Straße verwachsen miteinander, und wenn man öfter die gleiche Straße entlanggegangen ist, beginnt man die Menschen, mit denen man kein Wort gewechselt hat, zu grüßen.

Geht man an den Hafen, dann erkennt man auch mit den Augen, daß Kuba angesichts der amerikanischen Bedrohung ohne die Hilfe der Sowjetunion nicht als fortschrittliches Land existieren könnte. Nahezu täglich kommt ein Schiff mit Erdöl und zahlreichen anderen Waren aus der Sowjetunion. Vieles wird ohne Gegengabe gesandt, vieles im Nichtäquivalentenaustausch – die Sowjetunion nimmt Kuba Zucker zu Preisen ab, die über denen auf dem Weltmarkt herrschenden liegen. Kuba ist das erste sozialistische Land auf dem amerikanischen Kontinent, ein Vortrupp der Zukunft. Die Kubaner sind sich dessen stets bewußt, und wir auch.

Zur Zeit meines letzten Besuches in Kuba lebte dort eine Schwester von mir mit ihrem Mann, beide seit ihrer Studentenzeit Mitglieder der englischen Partei. Derer jüngster Sohn arbeitete ebenfalls dort, besuchsweise, sich einlebend und glücklich. Ganz aufgenommen aber fühlte er sich erst, als er wie seine Arbeitskollegen nachts mit dem Gewehr Wache stehen durfte. Auch das gehört zum Leben in Kuba: das Gefühl, ständig auf der Wacht gegen US-amerikanische, speziell von der CIA organisierte Überfälle zu sein. Jeden Tag hielt ich bei meinen Aufenthalten in Havanna von meinem Hotelfenster aus Ausschau nach dem USA-Kriegsschiff, das provozierend nah an der Küste vorbeifuhr. Und nie darf man vergessen, daß ein kleiner Teil des Landes noch heute von einer US-amerikanischen Garnison besetzt ist: Die USA haben einen »Stützpunkt« auf Kuba.

Vielleicht trägt auch das dazu bei, den revolutionären Geist wachzuhalten. Und mit diesem revolutionären Geiste mischt sich eine radikale Phantasie, die zu großartigen Erfolgen, aber auch zu Mißerfolgen führen kann. Eine der erstaunlichsten Leistungen war die Art, wie man in Kuba das Analphabetentum bekämpfte. Es wurde in keinem anderen sozialistischen Land so begeisternd intelligent beseitigt wie in Kuba. Hier mobilisierte man nämlich vor allem die Schulkinder, um die Erwachsenen zu lehren. So ist es nicht verwunderlich, daß Fidel Castro einen Brief von einem kleinen Jungen erhielt, in dem dieser ihm mitteilte: »Mein Großvater macht schon gute Fortschritte beim Lesen.«

P.S. Soeben komme ich von einer Aktivsitzung der Kreisleitung an der Akademie zurück. Es handelte sich um die Auswertung der 6. Tagung des Plenums unseres Zentralkomitees. In der Diskussion sprach der Direktor eines unserer naturwissenschaftlichen Institute, der gerade aus Kuba zurückgekehrt war.

Er sagte ganz offen, daß er sich für uns mehr von der unbeschwerten Begeisterung der kubanischen Wissenschaftler wünsche. Zum ersten Male in seinem Leben habe er in einem Labor einen singenden Physiker getroffen. Ein singender Physiker! – Wie typisch für dieses schöne, mir so liebe Land!

LETZTE FRAGE

Warst Du eigentlich mit Deiner Beerdigung zufrieden, Urgroßvater?

Natürlich freue ich mich, auf dem Intelligenzfriedhof, dem Dorotheenstädtischen, zu liegen, wo ich aus alten Zeiten mit Fichte und Hegel und aus meiner Zeit mit meinen Genossen Becher und Brecht und Eisler zusammen bin.

Weißt Du, ich war immer stolz darauf, ein Mitglied der Intelligenz gewesen zu sein, das den Weg zur Arbeiterklasse gefunden hat, so wie Marx und Lenin. Ich habe nie zu den Mitgliedern der Intelligenz in der Partei gehört, die sich schämten, nicht zur Arbeiterklasse zu gehören. Natürlich ist die Arbeiterklasse die größte aller Klassen in der Geschichte, aber das macht aus dem einzelnen Arbeiter noch keinen besonderen Menschen, ebensowenig, wie die Zugehörigkeit zu der oft zwischen den Klassen schwankenden Intelligenz aus dem einzelnen Intelligenzler eine schwankende Gestalt macht – denke nur an Marx und Lenin! Und wenn man aus einer Familie kommt, in der die Intelligenz seit wenigstens zweihundert Jahren eine Rolle spielt, in der sich die Erstausgabe des »Kommunistischen Manifests« seit 1848 bis in die Gegenwart vererbte, dann wird Dir nichts ferner liegen, als Dich zu schämen, aus der Intelligenz zur Partei der Arbeiterklasse gekommen zu sein. Insbesondere wenn die Partei Dich in einem solchen Maße als den ihren betrachtete, wie sie es mit mir getan hat.

Wenn ich also beglückt hätte seufzen können, als sich die Erde des Dorotheenstädtischen Friedhofs über mir schloß, hätte ich es bestimmt getan.

Was die Feier betrifft, so war ich froh, daß Marguerite nicht anwesend war – übrigens genau wie Inge Steinitz nicht an der Trauerfeier von Wolfgang teilnahm. Solch eine Feier bedeutet doch eine barbarische Quälerei für die Familie. Man sollte ein möglichst wenig betroffenes Mitglied der Familie dazu entsenden, damit es einen ausgewählten, aber größeren Kreis von Freunden dann zu einem schönen und längeren Essen führt, auf dem man sich unter anderem auch freundlich über den Verstorbenen unterhält, gute, auch lustige Geschichten von ihm erzählt, sich seiner bisweilen gewissermaßen gern erinnert. Diejenigen, die nicht aus protokollarischen Gründen oder um sich davon zu überzeugen, daß der Tote wirklich tot ist, zu einer Beerdigung kommen, fanden den Verstorbenen im allgemeinen sowieso irgendwie recht erträglich oder sogar sehr nett, waren ihm vielleicht tatsächlich zugetan und haben das Bedürfnis, an diesem Tag, ähnlich wie an einem runden Geburtstag des noch Lebenden, vor allem seine guten Seiten zu sehen. Kritisiert haben sie den Lebenden im Alltag, und sie werden es auch bei dem Toten so halten.

Darum wollen sie sowohl bei der Leichenrede wie beim anschließenden Abschiednehmen von den vor kurzen noch lebendigen guten Seiten des Toten und nicht voll Freude feststellen: endlich kann er uns nicht mehr ärgern, endlich fällt er nicht mehr unangenehm in unseren Kreisen auf. Niemand erwartet eine abgewogene kritische Einschätzung des Toten. Das heißt natürlich nicht, daß man den Toten überschätzen und überpreisen soll. Man soll auch bei solchen Gelegenheiten ehrlich reden und ehrlich fühlen – aber eben nicht allseitig. Man soll auch später das Gesagte noch für richtig halten können, muß aber dann noch eine Menge an Einschätzungen hinzufügen.

Besonders gefreut hat mich natürlich die Leichenrede. Eigentlich habe ich sie selbst auf Band halten wollen. Sie sollte eine in vielen Teilen fröhliche Abschiedsrede an meine Freunde und Genossen sein, versehen mit einigen Ratschlägen aus Erfahrungen meines Lebens. Zum Schluß wollte ich natürlich etwas traurig sein, weil ich vom Leben mit ihnen im Sozialismus

Abschied nehmen mußte. Aber die gute Urgroßmutter war dagegen. Sie fand, ich sollte nicht »originell« begraben werden, sondern »ganz normal«, ich sei schon im Leben oft genug eigenwillig gewesen und sollte nach meinem Tode damit aufhören. Zwar teilte ich nicht ihre Meinung, gab ihr aber nach. Die Gute mußte sich schon oft genug über den lebenden J.K. ärgern, und es wäre scheußlich von mir gewesen, sie auch noch nach meinem Tode und ausgerechnet an meinem Begräbnis zu verstimmen.

Darum gab es eine ganz normale Leichenrede. Normal, aber im Gegensatz zu vielen anderen wirklich gut. Was mich besonders freute: Man würdigte mich nicht als Individuum, sondern stellte mein Leben und Wirken mitten in die gesellschaftliche, in die Arbeiter- und Intelligenzbewegung unseres Jahrhunderts. Ich war einer von vielen, und nur die besondere Gelegenheit der Beerdigung war gewissermaßen der Grund, warum ich öfter erwähnt wurde. Sehr schön hat einmal der große französische Mathematiker Poincaré von den Wissenschaftlern gesagt: »So gibt uns die Forschung das Gefühl von der Gemeinsamkeit unserer eigenen Bestrebungen und Nachfahren. Man empfindet, daß man nur ein schlichter Soldat, nur ein kleiner Teil eines großen Ganzen ist.« Und wenn das für die Wissenschaftler gilt, wieviel mehr gilt das noch für die Genossen! Als schlichter, aber guter Soldat erschien ich in der Rede, und so hatte ich es mir gewünscht.

Wenn ein anderes Mitglied der Intelligenz und altes Parteimitglied bald nach mir sterben würde – es gibt leider nur noch ganz wenige aus der alten Zeit –, könnte man die Struktur und den Hauptteil der Rede einfach übernehmen und müßte nur die spezifischen Lebensumstände des Toten verändern. Ich halte das für eine ganz ausgezeichnete Idee, weil dann der Tote stärker als Teil einer großen Bewegung erschiene, nicht überflüssig hervorgehoben, die Anwesenden sich mitangesprochen fühlten und auch den Toten viel lebendiger als einen der Ihren empfänden.

Und – schön dialektisch sprach der Genosse! – wie freute es mich, daß er meinte, ein wenig bleibt auch von mir erhalten in der Geschichte. Nicht in der großen, aber in der Geschichte der Gesellschaftswissenschaften. Oder meinst Du, er ist darin zu weit gegangen, und nur noch die Bibliothekare werden sich über mich ärgern, weil meine Bücher ihnen zuviel Regalraum wegnehmen? Vielleicht hast Du recht.

Vielleicht hat er damit nur die Familie und den Freunden und Schülern eine Freude machen wollen. Aber das wirst Du ihm, da Du ja auch zur Familie gehörst, verzeihen.

Ob ich mit der Art meines Todes zufrieden war? Weißt Du, darauf besinne ich mich gar nicht mehr.

Wohl aber bin ich froh, daß ich bis zum letzten versucht habe, wissenschaftlich und publizistisch zu arbeiten. Mit meinen publizistischen Arbeiten waren die Redakteure eigentlich meist zufrieden. Besonders gefiel mir jedoch, daß sie bis zum Schluß meine wissenschaftlichen Artikel am liebsten als Diskussionsartikel veröffentlichten, weil sie meinten, sie bringen Neues und Interessantes, es wäre aber falsch, sie so zu bringen, als stellten sie die Meinung des Redaktionskollegiums dar.

Darum stimmte es mich äußerst zufrieden, da nach dem Hauptgericht des Essens anläßlich meiner Beerdigung unter drei Gästen ein Meinungsstreit über ein Problem einer meiner letzten Arbeiten ausbrach. Gibt es doch auch heute noch einen Meinungsstreit über manche Thesen meines Lehrers und Freundes Eugen Varga. Ist das nicht die schönste Form, über den Tod hinaus ganz lebendig weiterzuexistieren? Vielleicht könnte eine Zeitung ...

Doch nein, zuvor muß ich eine gute Geschichte von Deiner Urgroßmutter erzählen. Als Dein Großonkel Thomas, damals ein kleiner Junge, wieder einmal mit schmutzigen Händen an ein Bücherregal ging und ich ihn fortschickte, sich die Hände zu waschen, sah er so traurig lebensverärgert aus, daß ich ihn tröstete: »Weißt du, wenn ich gestorben bin, dann kannst du mit ganz schmutzigen Händen an die Regale gehen. Aber«, fügte ich vorsichtig hinzu, »du mußt ganz sicher sein, daß ich wirklich gestorben bin. Am besten wartest du, bis Mammi die Asche im Garten zerstreut hat.« – »Und«, fügte die Großmutter, die gerade ins Zimmer kam, hinzu, »dann bringt das ›Neue Deutschland‹ die Nachricht von deinem Tode unter der Überschrift ›Der endgültig zerstreute Professor‹.« Seitdem freute ich mich zwar nicht auf meinen Tod, aber auf den Tag danach.

Doch nun zurück zum Meinungsstreit, zu meiner Lust an ihm und zu meinem Bestreben, ihn im Interesse der Wissenschaftsentwicklung zu fördern. Welche Freude empfand ich, als Ihr meinen Tod unter der Überschrift »Ende eines marxistischen Meinungsstreiters« anzeigtet. Wie nett von Euch! Vielen Dank!

Dein Urgroßvater

TAGEBUCH EINER REISE NACH KUBA

Vorbemerkung

Das folgende Tagebuch einer vierwöchigen Reise nach Kuba beschäftigt sich vor allem mit Fragen der Wissenschaft, denn es wurde von einem Wissenschaftler geschrieben, der wissenschaftlich in Kuba tätig war.

Doch handelt es sich um einen Wissenschaftler, der sich bereits zum fünften Male dort aufhielt, der gute Freunde und Schüler in Kuba besitzt, der das Land und seine Menschen liebt und der darum gern auch gelegentlich von anderen Dingen berichtet.

Da er die Insel von früheren Reisen kennt, da er wenig von Pflanzen und Tieren versteht und die Natur überhaupt für zwar gelegentlich schön aber stets gefährlich hält, da er findet, daß sich Fabrikeinrichtungen überall in der Welt ähnlich sehen, und meint, daß das Meer seine Farbe seit seinem ersten Besuch nicht wesentlich verändert hat und auch weder nasser noch weniger naß geworden sein kann, hat er diesmal seinen Besuch auf Havanna beschränkt, auf das Zusammensein mit ihm vielfach seit langem vertrauten Menschen. Manche Gespräche bedeuteten einfach eine Wiederaufnahme durch seine letzte Abfahrt unterbrochener Unterhaltungen, wobei neue Verhältnisse oder Erfahrungen, Meinungseinheit oder Meinungsstreit sich nur noch interessanter gestalteten.

Einige der hier niedergeschriebenen wissenschaftlichen Überlegungen sind vielleicht neu, und wenn von Nutzen, dann sowohl für die Freunde in Kuba als auch in unserer Republik.

Vielfach sind die Unterhaltungen einseitig wiedergegeben in dem Sinne, daß nur mitgeteilt wird, was der Autor gesagt hat – das ist selbstverständlich, wenn der andere unter Umständen, und zwar mit vollem Recht, dagegen sein müßte, seine Meinungen hier irgendwie fixiert zu sehen.

Wenn dadurch der Autor zu stark in den Vordergrund tritt, erscheint ihm das zwar selbst in einem Tagebuch bedauerlich, aber er hofft, daß der an den Sachproblemen und an Kuba interessierte Leser genügend ihm des Überdenkens Wertes finden wird, um diese etwas peinliche Seite des Tagebuchs übersehen zu können.

Auch soll man beachten, daß der Autor am Ende des Jahres seines Kuba-Aufenthaltes siebzig Jahre alt sein wird und berechtigte Zweifel hegen kann, ob er noch einmal dorthin zurückkehren wird. Vielleicht hat ihn das überhaupt zur Führung des Tagebuchs veranlaßt. Sicher aber hat ihn auch die Idee bewegt, daß wenige Wissenschaftler heute eine öffentliche Rechtfertigung solcher Reisen geben, insbesondere wenn eine Reise (wohl als einzige des Autors seit 1945) ihnen soviel Zeit zum Nachdenken und Schreiben einräumt wie die, über die hier berichtet wird.

J. K.

Berlin, 28. März 1974

Ich beginne mein geplantes Tagebuch schon jetzt, denn gestern nacht oder richtiger heute früh hatte ich ein Erlebnis, das eine ganz besonders schöne Einleitung zur Reise darstellte:

Um 1 Uhr morgens kam ich von einem Vortrag in einem Studentenklub aus Dresden zurück und fand auf meinem Schreibtisch eine etwa einen Meter lange schmale Schachtel und eine Visitenkarte mit guten Wünschen von unserem Ministerpräsidenten, ein Geschenk aus Kuba, eine Riesenzigarre. Wie reizend von ihm und welch schöner Vorgeschmack im wahrsten Sinne des Wortes.

Das erste Mal erhielt ich eine solche Zigarre von meinem guten Freund Nuñez, 1963. (Diesmal werde ich ihn, der seit der Gründung der Akademie bzw. der »Vorakademie« ihr Präsident war, nicht sehen, denn er ist Botschafter in Peru.) Er überreichte sie mir damals mit den Worten: »Damit die Frauen Sie lieben« und spielte damit auf folgendes an:

Bei meiner ersten Rede in Kuba, am zweiten Tage meines Aufenthaltes, hatte ich nämlich in einer Akademieversammlung gesagt, daß Kuba zwar erst am Anfang des Aufbaus des Sozialismus stehe, aber in einer Beziehung bereits den vollendeten Kommunismus erreicht habe: Jeder Kumpel hier könne Havanna-Zigarren rauchen. Als ich am Ende meines Aufenthaltes auf einer Massenversammlung in Santiago de Cuba sprach, viele Hunderte Kilometer von Havanna entfernt, dachte ich mir, ich könnte diese Worte wiederholen. Kaum aber hatte ich den Satz vollendet, als eine junge Frau aufsprang und mir zurief: »Und wir Frauen?!« – »Aber ihr lebt doch auch in dieser Beziehung im vollendeten Kommunismus«, antwortete ich ihr. »Ihr werdet doch von Männern geküßt, die nach Havanna-Zigarren schmecken ...«

Und so zündete ich mir die Zigarre an, dankbar dem Geber und so recht in der Stimmung, an die Reisevorbereitungen zu gehen. Wie stark und kräftig und solide ist doch solch eine Einmeterzigarre! Keine Luxuszigarre, nicht im Restaurant zu rauchen – aber zu Hause, im Lehnstuhl, kann man mit ihr nachdenken und träumen, sich urwohl fühlen, voll Reise- und Unternehmungslust in die Zukunft sehend ...

Sie ist schon ganz klein geworden, zu normaler Größe geschrumpft; es ist auch Zeit, daß ich zur normalen Arbeit zurückkehre, denn noch viel ist vor der Abreise zu tun.

Berlin, 3. April

Heute abend fahre ich nach Kuba – zum fünften Male in den letzten elf Jahren!

Wie freue ich mich auf dieses Land, in dem sich Sozialismus und mañana so wundervoll mischen. Man sagt mir etwa, der Wagen würde mich um 16 Uhr zu meiner Vorlesung abholen, und wenn er dann um 16.30 Uhr kommt, findet er mich ganz friedlich in der Halle des Hotels in einem Sessel mit einer Zigarre, denn ich weiß, daß die Zuhörer auch nicht ganz pünktlich sein und sich die Zeit mit Unterhaltungen vertreiben werden. Die Hektik des Lebens, die bei uns so zu finden ist, fehlt in Kuba ganz – bei allem echtem revolutionären Enthusiasmus dort, der aber eben gar nichts mit Hektik zu tun hat. In manchen Beziehungen bin ich an frühere Jahre in der Sowjetunion erinnert, etwa 1930, als auch vieles sich verzögerte, aber am Ende doch immer alles klappte und man zwar sehr angestrengt, aber ohne wilde Hast arbeitete.

Schon verspüre ich die Hitze bei der Ankunft, alldurchdringend und zugleich so beruhigend. Die Freunde, die mich abholen, werden mich in den Wartesalon für besonders werte Gäste bringen, vielleicht wird es eine Stunde dauern, bis der Zuständige von der Auslandsabteilung der Akademie alle Formalitäten erledigt hat, während wir bei dem so guten Mocca oder einem Daiquirí von alldem zu plaudern anfangen, was seit meinem letzten Besuch in der Akademie passiert ist.

Und dann werden wir zu »meinem« Hotel fahren, dem »Nacional«, wo ich immer wohne – ein großer alter Bau, noch ein wenig im spanischen Kolonialstil, mit geräumigen Zimmern, weiten Hallen, dem schönen Garten mit dem Blick auf das Meer. Ob noch, wie in der Vergangenheit, ein US-amerikanisches Kriegsschiff in der Ferne zu sehen ist? Provokation und zugleich Mahnung an die einzigartige Bedeutung dieses ersten sozialistischen Landes des amerikanischen Kontinents.

Doch ich habe jetzt keine Zeit mehr zum Sinnieren. Noch ist einiges zu packen. Und auch die Magnolienbäume im Garten möchte ich noch einmal ansehen – die voreiligen, die diesmal bereits im April blühen statt im Mai und deren weißer Glanz mir in diesem Jahr wohl nicht mehr den Blick vom Schreibtisch verschönen wird.

Havanna, 4. April

Die Fahrt war recht anstrengend, zumal wir drei Stunden Verspätung hatten. Nicht nur in Madrid, sondern auch auf der portugiesischen Insel Santa Maria machten wir halt. Da ich in der Nacht nicht geschlafen, hätte ich müde sein sollen. Aber als sie auf mich zukam, die reizende Fé Iglesias vom Institut für Geschichte, und mir einen Kuß gab, unser Presseattaché mich als alten Bekannten vom letzten Besuch begrüßte, der Vertreter der Auslandsabteilung der Akademie mir alle Mühe abnahm, ja auch der Fahrer der Akademie, der gleiche wie bei meinem letzten Besuch, mir zeigte, daß er mich gern wiedererkannte, war alle Müdigkeit verflogen.

Und im Hotel: der alte Schwarze, der die ankommenden Wagen ordnet, der Träger des Gepäcks, der Mann in der Rezeption, der Fahrstuhlführer, sie alle erinnerten sich an mich, streckten mir die Hände entgegen, und wir freuten uns miteinander.

Von meinem Zimmer aus mußte ich noch schnell unseren Botschafter anrufen, der eine Verabredung für morgen machen wollte, sowie meine Schwester Renate – sie und ihren Mann Arthur: er der Food and Agriculture Organization beim Aufbau der Fischzucht helfend (früher war er wohl der größte Spezialist für das Liebesleben von Hummern), sie ganz in ihrer Arbeit über die Geschichte der akademischen Erziehung in Kuba für eine Kommission beim ZK der kubanischen Partei aufgehend.

Mit Renate zu vier Uhr verabredet, dann kühl gebadet und zweieinhalb Stunden geschlafen. Sie hat für meinen Gebrauch hier eine große Büchse voll Hörnchen gebacken, die Art, wie sie meine Mutter zu besonderen Gelegenheiten für uns Kinder gemacht hatte.

Blieb nur eine Stunde bei Renate. Doch vorher hatte ich noch eineinhalb Stunden Diskussion mit Fé, die gekommen war, um mir über die Akademiereform zu berichten. Sehr interessant. Es gibt jetzt drei Institute für Gesellschaftswissenschaften an der Akademie, eines für Philosophie, eines für Literatur und Sprache sowie eines, an dem all meine alten Akademieschüler wie Gloria und Fé arbeiten, das Geschichte, Wirtschaftsgeschichte, Archäologie, Ethnologie und Sozialpsychologie umfaßt, mit etwa hundertzwanzig Mitarbeitern, davon siebzig technische und wissenschaftlich-technische Kräfte. Direktor des Instituts und zugleich die rechte Hand des Akademiepräsidenten für gesellschaftswissenschaftliche Fragen allgemein ist José M. Guarch.

Natürlich ist das letzte Institut von größtem Interesse, denn eine solche Kombination von verschiedenen Wissenschaften in einem Institut kenne ich sonst nicht auf der Welt. Wie soll man es leiten? Problemgebunden?, wie Fé andeutete, daß es geplant sei. Aber kann man die Disziplinen als solche vernachlässigen? Bin schon ganz gefangen in der Problematik. Aber jetzt muß ich zum »Ankunftsabendessen« mit Guarch gehen, obgleich doch recht erschöpft ...

Um 20.16 Uhr, genau zu der Zeit, zu der ich zu Hause schlafen gehe, wurde ich abgeholt. Wir aßen im Restaurant unten im Fokca-Gebäude. Platz nur für wenige Gäste, und doch nicht alle Tische besetzt, wohl sehr teuer; das Essen so, daß man den Eindruck hatte, es sein von dem Küchenchef eines spanischen Vizekönigs zubereitet – doch kein unangenehmes Gefühl, denn von uns Vieren waren die beiden anderen ein junger Genosse von der Auslandsabteilung der Akademie und unser Fahrer. Ganz anders als in den europäischen sozialistischen Ländern, wo weder die Kochkunst so exquisit noch der Fahrer an einem solchen Essen teilgenommen hätten. Auch überhaupt kein Luxus der Fülle, aber Vorspeise, Hauptgericht und Nachtisch eben wunderbar zubereitet. Immer noch ist einiges von der revolutionären Demokratie erhalten, das Protokoll noch nicht so wirksam wie in den anderen sozialistischen Ländern und der Luxus ein solcher der Qualität, nicht der Quantität wie im Kapitalismus.

Guarch sehr herzlich, die Gespräche harmloses Geplausch mit guten Geschichten. Um 23 Uhr müde und glücklich über den Verlauf des ersten Tages schlafen gegangen. Gebeten, mich um 7 Uhr zu wecken, da ich um 8 Uhr zum Botschafter (Helmut Bauermeister) abgeholt werden sollte.

5. April

Ein gutes Gespräch mit unserem Botschafter, den ich noch nicht gekannt hatte. Wie nett war es immer mit seinen beiden Vorgängern gewesen, mit Fritz, dem Spanienkämpfer, und Achim, der die Generation von nach 1945 vertrat! Wie immer, verabredete ich auch mit ihm, daß ich zu den wenigen höheren Funktionären der kubanischen Führung, die ich sehen möchte, über die Akademie Kontakt aufnehmen würde, um meinen Besuchen auch nicht einen Hauch von Offiziellem zu geben, und daß ich ihm natürlich berichten würde, wenn sich irgend etwas ergäbe, was ihn interessieren könnte. Auch verabredeten wir, daß ich jeden Donnerstag in der Botschaft zu Mittag essen würde.

Wir diskutierten ausführlich über das Problem der Preisrevolution, über die enorme Steigerung der Rohstoffpreise. Ich erzählte ihm von meinen Überlegungen: Die infolge der Kolonialisierung und auch der bisher nur politischen und auch noch nicht ökonomischen Befreiung der Kolonien nach dem zweiten Weltkrieg seit vierhundert Jahren im Vergleich zu den Industriefertigwaren stets niedrigen Rohstoffpreise würden jetzt ein höheres Niveau haben, solange es überhaupt noch Preise geben wird. Nur eine Ausnahme, meinte ich, gäbe es davon: landwirtschaftliche Rohstoffe wie Weizen, Zucker, Wolle usw., da für sie natürlich die Möglichkeit einer wesentlich stärkeren Entwicklung der Produktion – im Gegensatz zu Erdöl, Metallen usw., bei denen es höchstens eine mir politisch unwahrscheinlich erscheinende Erhöhung des Raubbaus geben könnte – besteht. Die ganze Problematik ist für Kuba mit einerseits Zucker und andererseits Nickel von großem Interesse. Manches von dem, was ich sagte, war wohl neu für den Botschafter, jedenfalls tat ich so, als ob ich ihm etwas Neues gesagt hätte, um von ihm als »Honorar für die Lektion« eine zweite Havanna-Zigarre für den Weg zu erbitten. Seine Reaktion war ganz rührend: nicht nur sollte ich gleich drei Zigarren nehmen, sondern seine Sekretärin hatte zum Abschied noch zwei Fünferpackungen für mich bereit.

Von der Botschaft holte mich die Auslandsabteilung der Akademie zur Besprechung meines Aufenthaltsplanes ab. Marta, die stellvertretende Leiterin der Abteilung, die genau wie Fé bei uns studiert hatte, leitete die Sitzung. Sie war lieb zu mir, hielt – sie wußte schon von meiner Leidenschaft – eine Kiste Zigarren als Geschenk der Akademie bereit, und auch eine Riesenportion Eis gab es mit Mocca. Zu einer eigentlichen Planung wird es aber erst morgen kommen, wenn ich mit Guarch und Solveira vom Institut für Philosophie zusammentreffe.

Am Nachmittag ging ich in die Handelsvertretung, die noch von Erich Miller geleitet wird. Wir hatten eine nette Stunde miteinander. Er erzählte von den Problemen seiner Arbeit, insbesondere diskutierten wir auch Informationsprobleme; ich glaube, man könnte ihm von Berlin aus mehr helfen. Was für ein erfreulicher Genosse ist er doch! Wie herzlich und gut, und wie oft stößt er doch wegen seiner prächtigen Schnauze bei anderen an!

Als ich nach Hause kam, klingelte das Telefon: Gloria, meine älteste Schülerin hier und gute Freundin. Ich lud sie zum Abendbrot ein.

1957 war ich in China gewesen – gewissermaßen bis zur letzten Minute vor dem »Großen Sprung«. Zuerst vier Wochen mit der Genossin Kuczynski in Peking, von wo wir natürlich Ausflüge ins Land machten – und dann sechs Wochen zu Forschungsarbeiten in Shanghai mit Wolfgang Jonas von meinem Institut.

Die Forschungsarbeit, die wir in Shanghai mit der freundschaftlichen, umsichtigen, unermüdlichen Hilfe der chinesischen Genossen von der Akademie der Wissenschaften und von den ehemaligen englischen Baumwollfabriken durchführten, beruhte auf folgender Idee: Shanghai war die erste Kolonie, die die Engländer seit fast zweihundert Jahren aufgeben mußten. Da sie also in der Aufgabe von Kolonien noch wenig Erfahrung hatten, wäre es nicht unwahrscheinlich, daß sie in den Fabriken ihre Geschäftsakten zurückgelassen hätten. Man könnte dann die wirklichen Profite von Kolonialkapitalisten feststellen, ihre Methoden der Ausbeutung im einzelnen konkret untersuchen, die Zusammenarbeit zwischen den englischen Kolonialherren und der einheimischen Großbourgeoisie, zwischen Betriebsleitung und Polizei im Klassenkampf aktenmäßig analysieren, usw.

All diese Vermutungen und Hoffnungen erwiesen sich als berechtigt.

Entsprechend – als mich der Vizepräsident der kubanischen Akademie und Direktor des Instituts für Geschichte, mein später so guter Freund Julio Le Riverend zu Vorträgen nach Havanna einlud – sagte ich mir:

Kuba ist die erste Kolonie, die die Amerikaner verloren haben. In ihrer Unerfahrenheit mit dem Verlust von Kolonien werden die amerikanischen Kolonisten hoffentlich einen Großteil ihrer Akten in ihren kubanischen Betrieben zurückgelassen haben, und man wird einen guten Einblick in ihre Ausbeutungsmethoden gewinnen können.

Und wieder hatte ich recht. Insbesondere die Rockefeller-Clique hatte ganz prächtiges Material für uns hinterlassen. In den folgenden Jahren war ich mehrmals mit Mitarbeitern unseres Instituts für Wirtschaftsgeschichte in Kuba, und mit Hilfe von Le Riverend und seinen Mitarbeitern konnten wir eine Reihe von Studien sowie auch eine Anzahl von vertraulichen Monopolakten veröffentlichen, worüber auch die amerikanische Presse berichtete.

Eines Tages erhielt ich nach Berlin von einer amerikanischen soziologischen Zeitschrift einen Brief mit der Bitte, für sie einen Artikel über unsere Forschungsresultate zu schreiben. Ich sah mir die Zusammensetzung der Redaktion und der Mitarbeiter an und schrieb zurück: Leider könnte ich für sie den Artikel nicht anfertigen, denn der Charakter ihrer Zeitschrift sei mir nicht reaktionär genug. Es wäre doch offenbar, daß die Standard Oil von New Jersey wegen der Veröffentlichung von Geheimdokumenten aus ihren Archiven in Kuba die Zeitschrift auf Schadenersatz verklagen, nach amerikanischem Recht den Prozeß gewinnen und so die Zeitschrift ruinieren würde. Merkwürdigerweise erhielt ich keinen Dankesbrief für ihre Rettung von der Reaktion.

Die erste, ständige, bei allen unseren Untersuchungen tätige, stets umsichtig hilfreiche Mitarbeiterin, die uns Le Riverend gab, war seine Lieblingsschülerin Gloria.

Wir hatten die Resultate unserer Forschung in einem Sonderband unseres Jahrbuchs für Wirtschaftsgeschichte veröffentlicht. Als Gloria zum Abendbrot kam, überreichte sie mir die gerade erschienene kubanische Parallelausgabe.

Natürlich hatten wir uns viel zu erzählen, von ihrer Arbeit über Sklaverei im alten Kuba und die merkwürdige Form, in der der Kapitalismus hier entstand, über Le Riverend, der bei meinem letzten Besuch Vizeminister für Erziehung war und jetzt zum Botschafter bei der UNESCO in Paris ernannt worden ist – wie traurig sind wir, daß er nun der Wissenschaft für viele Jahre geraubt wurde! –, von der Reorganisation der Akademie und des alten Instituts für Geschichte, das eigentlich immer ein Institut für Wirtschaftsgeschichte gewesen war und jetzt in das Institut für Gesellschaftswissenschaften aufgegangen ist, und von dem Mittagessen bei ihrer Mutter (als Dieter Baudis, ein Mitarbeiter unseres Instituts, der immer wenig ißt, aus Höflichkeit die für ihn ungeheuerlichsten Mengen in sich hineinpreßte).

Ein wenig wehmütig waren so manche Erinnerungen, zugleich aber zeigte Gloria sich doch sehr, sehr zufrieden mit der allgemeinen Entwicklung der letzten zwei Jahre. Es sei ein wirklicher Aufschwung sowohl im Lande wie auch in der Akademie zu verzeichnen.

Klug sprach sie, überlegt, eine gute Kommunistin, die viel Schwieriges erlebt hat und dadurch weiter gefestigt wurde. In einer Beziehung fand ich sie verändert. Sie wollte schlanker werden, was vielleicht objektiv verständlich ist, aber bedeutet, daß sie nur wenig aß und ich ihr aus Anstand darin folgen mußte; wie gerne hätte ich von dem ganzen vorzüglichen Eis noch eine zweite Portion bestellt!

Vor dem Schlafen fiel mir eine Parallele zu dem Schicksal von Le Riverend ein: Mein verstorbener Freund Jerussalimski. Auch er mußte zeitweise jede ernste wissenschaftliche Arbeit aufgeben, um einen Band der Weltgeschichte herauszugeben. Nur ist die Position von Le Riverend aussichtsloser, weil er so viel geeigneter für seinen Posten ist und weitaus weniger Chancen hat, abgelöst zu werden. Jedenfalls werde ich ihn gleich aufsuchen, wenn mich der Weg nach Paris führen sollte. Und wie ich froh bin, daß meine Partei mich nie für solche Aufgaben geeignet hielt. Wenn schon nicht in der Wissenschaft tätig sein können, was mich nie ernstlich gestört hätte, dann aber wenigstens nicht in der Halbwissenschaft tätig sein müssen, wie zum Beispiel der Herausgabe des Bandes einer natürlich gegenwärtig noch recht unreifen Weltgeschichte oder als Delegationsleiter bei der UNESCO. Zugleich ist es doch erstaunlich, vor wie ähnlichen gesellschaftlich-moralischen Problemen Wissenschaftler in Kuba, das gerade erst beginnt, den Sozialismus aufzubauen, und in der Sowjetunion, rund ein halbes Jahrhundert nach der Oktoberrevolution, stehen können. Und beiden, Le Riverend und Jerussalimski, gemeinsam ist das Pflichtbewußtsein, die Disziplin, mit der sie ihre Leidenschaft zur Wissenschaft, zu den eigenen Arbeiten, im Interesse der gesellschaftlich wichtigeren Aufgabe unterdrücken. Wie nah fühlt man sich ihnen, wie dankbar auch, daß einem selbst solch ein Entschluß erspart worden ist.

Doch trifft das wirklich auf mich zu? Wenn ich an die ersten fünfzehn Jahre meines Lebens in der Partei denke, muß ich doch feststellen, daß ich fast zwei Jahre vor allem publizistisch, kaum wissenschaftlich arbeitete und auch später, bis 1945, viel Zeit für andere Parteiarbeit verwandte. Aber damals betrachtete ich mich auch nicht als hauptberuflich wissenschaftlich tätig, selbst wenn man zuweilen sagen konnte, daß ich es war.

Vor der Machtergreifung hat eigentlich kein Genosse, ganz gleich was er tut, in seinen Gedanken einen Hauptberuf, weil die Partei ihn jederzeit zu anderer Tätigkeit abberufen kann und das auch häufig tut. Selbst wenn er jahrelang in einem bestimmten Beruf arbeitet, ist ein Genosse doch stets gewärtig, plötzlich von der Partei an einen ganz anderen Platz gestellt zu werden, der Schlosser ebenso wie der Wirtschaftswissenschaftler oder der Maler.

Das ändert sich erst nach der Machtergreifung und allmählichen Ordnung der neuen Gesellschaft. Nicht, daß nicht auch dann noch Wandlungen in den Berufen stattfinden. Natürlich ist das der Fall, gar nicht selten sogar. Und doch, wenn man etwa als Wissenschaftler arbeitet, fühlt man sich eben als Wissenschaftler im Hauptberuf, und wenn man dann etwa stellvertretender Minister wird, kehrt man anschließend, nach einigen Jahren, wieder in die Wissenschaft zurück. Vor 1945 aber hätte ich nicht damit gerechnet, wo immer mich die Partei hinberufen hätte, wieder unbedingt in die Wissenschaft zurückkehren zu müssen, obgleich ich mir sicher nicht gesagt hätte, mit der wissenschaftlichen Beschäftigung jetzt ganz aufhören zu müssen.

Darum kann man doch wohl sagen, daß ich niemals in der Situation meiner Freunde Le Riverend und Jerussalimski war.

6. April

Frühmorgens arbeitete ich ein wenig und begann mit der Lektüre der vorzüglichen Biographie von Virginia Woolf, geschrieben von ihrem Neffen Quentin Bell. Leider hatte ich in England nur ihren recht bedeutungslosen, doch wohl persönlich anständigen Mann kennengelernt, der mir, wenn ich mich recht erinnere, auch einmal Geld für unseren Freiheitssender 29,8 gab. Unerklärlich, auf was für Männer hervorragende Frauen mitunter hereinfallen (jawohl, ich weiß, was so manche, die uns vertraut, denken, aber im Gegensatz zu Leonard Woolf habe ich das Marguerite auch ganz offen gesagt).

Um 10 Uhr in die Akademie gefahren – natürlich gab es ein »Problem« mit dem Wagen, der mich eine halbe Stunde später als erwartet abholte ... doch nein, erwartet ist nicht das richtige Wort, angekündigt ist besser, denn niemand, der das Land kennt und liebt, erwartet den Wagen zu einer bestimmten Zeit. So kommt es eigentlich auch, daß ich in keinem anderen Land so viel Zeit zum Nachdenken außerhalb der Arbeit habe, nirgendwo anders zum allgemeinen Philosophieren über dies oder jenes im Leben neige, so oft die Menschen mit ästhetischem oder anders bestimmtem Vergnügen beobachte.

In der Akademie besprach ich mit Guarch und Solveira meinen Vortragsplan. Als ersten schlug ich einen Vortrag vor mit dem Thema, wie *ich* ein so vielfältig zusammengesetztes Institut wie das für Gesellschaftswissenschaften von der hiesigen Akademie unter den Bedingungen der DDR leiten würde. Das gibt mir die Möglichkeit, ihnen manchen Rat zu erteilen, der doch nicht anmaßend erscheinen muß, weil sie sich immer sagen können: Er spricht über ein solches Institut in der DDR und nicht über eines unter kubanischen Verhältnissen. Natürlich wird das kein öffentlicher Vortrag sein, sondern im Rahmen des Instituts stattfinden. Guarch erklärte sich einverstanden, worüber ich sehr froh bin, denn man kann gerade mit einem solchen Institut viele Fehler machen; außerdem wird eine Diskussion der Probleme für alle nützlich sein, auch für mich und besonders unser Institut in Berlin. Stehen wir alle doch noch sehr am Anfang in der Diskussion derartiger Probleme.

Sodann werde ich je einmal zur Thematik meiner Humboldt-Vorlesung in Berlin, »Methodologie und Weltanschauung in der wissenschaftlichen Forschung«, sowie zur Problematik meiner Karl-Marx-Vorlesung »Wie schreibt man eine Geschichte der Wissenschaften« sprechen und zwei Vorträge zur Thematik meines im Manuskript fertigen Buches über industrielle Revolutionen 1540 bis 1974 halten.

Dazu sind eine Reihe Besprechungen im Institut mit den Historikern sowie mit Funktionären der Akademie geplant.

Im ganzen ist das Programm nicht sehr groß. Aber das liegt nicht an mir. Ich bin eingeordnet in eine Art internationales Seminar. Auch kann ich die Zeit für Gespräche nutzen, zur Weitergabe meiner Erfahrungen – ich sage nicht unserer, denn das tut die Botschaft – an die oft noch jungen verantwortlichen Wissenschaftler und Genossen hier. Auch wird es mir guttun, offen zu sein für die hiesigen Gedanken und Erfahrungen und über sie nachzudenken, von allem von der jugendlichen Frische des Herangehens an die Probleme so viel wie möglich in mich aufzunehmen. Man kann hier auf so ganz andere Weise lernen als in der Sowjetunion, oder richtiger, so ganz Verschiedenes. –

Solveira lud mich zu einem Besuch des Gasthauses der Akademie für morgen, Sonntag, ein. Er will mich um 10 Uhr abholen. Statt daß er friedlich zu Hause arbeitet! Für mich natürlich eine Quelle der Information über die Akademiereform, auch ist er immer besonders freundlich zu mir, nannte mich ein altes Mitglied der kubanischen Akademie und verfügt über eine unerschöpfliche Portion einer seltenen Mischung von Parteilichkeit und Sarkasmus.

Im Hotel hatte man mir keine »Granma« ins Zimmer gebracht und unten in der Halle gab es nur noch die Wochenausgabe. Auch gut, dachte ich mir – bis Renate mich anrief, ob ich das »nette Bild« von mir bei meiner Ankunft gesehen hätte. Mich freut es für die Botschaft, daß man in dieser Weise Notiz genommen, auch für Marguerite und Erika Behm, die im Institut eine »Dokumentation Kuczynski« aufbaut und es nicht mag, wenn ich ihr in buntesten Farben schildere, wie sie nach meinem Tode als »Autorität über J.K.« gelten wird und wie bequem ihr Leben erst sein wird, sobald sie die Sammlung mit einer Großaufnahme des Grabsteins auf dem Dorotheenstädtischen Friedhof abgeschlossen hat.

Am Nachmittag friedlich gearbeitet und gelesen. Jetzt, 18 Uhr, gehe ich schlafen, da ich morgen früh meinen Vortrag über das Institut vorbereiten will.

7. April

Um 5 Uhr aufgestanden und zuerst den Vortrag vorbereitet. Die Problematik ist riesig interessant. Mehr davon aber erst, wenn ich den Vortrag gehalten und auch über die Diskussion berichten kann.

Jetzt warte ich behaglich auf das Auto, über Virginia Woolf lesend und eine gute, starke Havanna aus der Schachtel des Botschafters rauchend ...

Um 10.15 Uhr ein Anruf in meinem Zimmer. Das Auto sei da. Ohne Solveira. Ich dachte, wir würden ihn nun abholen; aber wir fuhren direkt hinaus nach Guanato ins Akademieheim, wo Solveira übrigens auch nicht war. Nach einer Dreiviertelstunde kam er zwar immer noch nicht, dafür aber einer seiner Mitarbeiter mit drei Sowjetgenossen, die hier ebenfalls einige Vorlesungen halten. Einen von ihnen, ein Philosoph, ich glaube aus dem Akademieinstitut, hatte ich schon früher einmal getroffen. Er meinte in Moskau, ich dachte in Kuba. Da er jedoch zum ersten Male in Kuba ist, wird er wohl recht haben. In jedem Fall erinnerten wir uns beide daran, daß wir schon einmal gut miteinander diskutiert hatten, und so waren wir innerhalb von fünf Minuten völlig und begeistert ineinander vertieft. Mein Problem der antagonistischen Widersprüche im Sozialismus hatten wir sofort gelöst. Er war wie ich der Meinung, daß es in unseren Ländern noch antagonistische Widersprüche gibt. *(Anmerkung Dezember 1980: Und die Ereignisse der letzten Jahre, auch dieser Tage etwa in Polen, haben unseren damaligen Standpunkt wahrlich bestätigt.)*

Natürlich war ich froh, denn es ist so unbefriedigend, fest zu glauben, recht zu haben, und so wenige Genossen Philosophen zu finden, die einem zustimmen.

Wir kamen auch schnell auf das Problem der Wertungen im sozialistischen Leben zu sprechen, wieviel wir doch vom Kapitalismus an Wertungen übernommen haben, seien es Autos oder Titel, wie wenig Ahnung wir noch von den wahren Prioritäten haben, die später einmal im Sozialismus und erst recht im Kommunismus herrschen werden, wie weit wir unter den gegenwärtigen Weltbedingungen (der Existenz so zahlreicher und stark gerüsteter kapitalistischer Länder) in mancher Beziehung noch von einem entwickelten Sozialismus entfernt sind. Wir erinnerten uns an die gleichen Äußerungen von Marx und Lenin, etwa daß Marx meinte, im Sozialismus bzw. Kommunismus wird man den Reichtum eines Landes einmal an der Zeit messen, die nicht auf die materielle Produktion verwandt wird, und an Lenins Forderung, daß die Produktivität im Sozialismus höher sein muß als die im Kapitalismus, von deren Erfüllung wir ebenfalls noch entfernt sind. Doch wir meinten auch, daß wir in manchem so viel weiter sind, als es die Menschen in den sozialistischen Ländern begreifen, weil sie das Leben im Kapitalismus mit all seiner Grausamkeit und Anarchie gar nicht kennen. Ich erzählte ihm von meiner Bemerkung auf der RGW-Tagung, daß wir den ganzen Inhalt der wissenschaftlich-technischen Revolution erst begreifen werden, wenn wir zehn Jahre Erfahrung mit der 12-Stunden-Woche gehabt haben oder, was wir beide wie aus einem Munde sagten, die Arbeit in der materiellen Produktion, wie heute beim Militär, vielleicht zwei Dienstjahre im Leben der Menschen in Anspruch nehmen wird – und sie sich den Rest ihres Lebens der Arbeit als erstem und vorrangigem Bedürfnis auf allen möglichen anderen Gebieten, nicht zum wenigsten kulturellen, widmen können.

Wir waren so glücklich und aufgeregt in unserem Gespräch, daß es uns nicht im Zimmer hielt und wir aufstanden und am Strand spazierengingen – und dort begann, zunächst ganz harmlos, eine Tragödie. Im Eifer der Diskussion trat ich, ohne es zu merken, in einen Teerfleck. Erst beim Mittagessen sah ich entsprechende Reste an meiner schönen hellgrauen Hose. (Nach dem Essen, als ich aufgestanden war, um ins Hotel zurückzufahren, erschien auch Solveira mit seiner Familie, so daß ich ihm noch für den schönen Ausflug danken konnte.) Im Hotel erkannte ich dann das ganze Ausmaß des Unglücks. Ich wischte den Teer zunächst mit Zeitungspapier von den Schuhen. Als ich dann mit der Nagelbürste nachwischen wollte, wurden die Schuhe zwar nicht sauberer, wohl aber verteerte die Nagelbürste. Dann entdeckte ich, daß ebenso wie die graue Hose die Strümpfe voller Teerflecke waren. Morgen werde ich Renate die Hose, die Strümpfe, die Schuhe sowie die Nagelbürste bringen und sie um Rat fragen, was noch zu retten sein könnte. Marguerite wird wenigstens über die Schuhe glücklich sein, denn sie fand sie so alt und schlecht, daß sie sie schon vor der Reise wegwerfen wollte.

8. April

Vormittags meinen Vortrag für Mittwoch ausgearbeitet und Virginia Woolf gelesen. Dann in der Handelsvertretung Post für zu Hause abgegeben. Von dort zu Reni, der ich meine unglücklichen Kleidungsstücke übergab und mit der ich etwas plauderte und Mittag aß. Steve, ihr jüngster Sohn, war zu Besuch; er studiert in England »moderne Bürokratie« – aber im Kapitalismus, wo sie natürlich nur zu begrüßen ist, da sie uns etwas hilft. Unsere Bürokratie ist viel demokratischer: sie richtet sich gegen alle.

Von Reni schnell ins Hotel und dann zu meinem Vortrag über die wissenschaftspolitischen und -organisatorischen Probleme eines komplexen, mehrere Disziplinen umfassenden gesellschaftswissenschaftlichen Instituts – im engsten Kreise von Leitungskadern, mit anschließender Diskussion.

Einleitend sprach ich von der Wichtigkeit der Kontinuität in der wissenschaftlichen Arbeit. So nützlich Reformen sein können, darf man nie vergessen, wie leicht sie zu wissenschaftlichen Investruinen führen können, zu unfertigen, unvollendete Arbeiten, wenn immer wieder neue Themen, erwachsend aus veränderten »Schwerpunkten der Forschung«, gestellt werden; wie unbefriedigend und entmutigend es für junge Forscher ist, wenn sie sich nicht für längere Zeit und gründlich mit einem Thema beschäftigen können; wie man auf solche Weise keine wirklichen Wissenschaftler erziehen kann, und aus denen, die es ihrer Ausbildung nach bereits sind, oberflächliche Geschaftlhuber macht. Paragraph 1 einer Akademiereform sollte lauten: »Die Reform gilt unverändert mindestens für zehn Jahre.« Einzelne Fehler einer Reform kann man im Laufe dieser zehn Jahre stets durch »stillschweigenden Consensus« korrigieren. Denn auch die beste neue Reform nach erst drei Jahren Gültigkeit der alten führt zu Unruhe und Anarchie und muß mehr zerstören als sie einbringen kann.

Sodann erzählte ich von unserer gesunden Unzufriedenheit mit dem Stand der Gesellschaftswissenschaften in der DDR. Natürlich liegt unser Niveau turmhoch über dem des Kapitalismus. Aber das verdanken wir Marx und Engels und Lenin, nicht irgendwelchen besonderen eigenen Leistungen. Ich berichtete, wie wir einmal im engeren Kreis in unserer Akademie darüber sprachen, warum wir so großartig im Sport dastehen, eine Weltmeisterschaft nach der anderen gewinnen, aber in der Wissenschaft allgemein nicht eine einzige, eines Nobelpreises würdige Leistung auszuweisen haben. Zunächst schien manchen von uns eine solche Fragestellung absurd – aber dann fanden wir doch etwas sehr Wichtiges: Die Pflege der Sportkader ist, nach rücksichtsloser Selektion, unendlich viel besser, sorgfältiger, eingehender, steter als die der wissenschaftlichen Kader. Man vergleiche nur die Fürsorge eines Trainers für die ihm anvertrauten Kader mit den Möglichkeiten eines Wissenschaftlers, sich um junge Kader zu kümmern; man vergleiche, was von dem einen und dem anderen in dieser Hinsicht auch nur erwartet wird. Diese Überlegungen spielten dann auch in der Diskussion hier eine sehr große Rolle, und es zeigte sich, wie nützlich es ist, einen solchen, im Grunde am Beispiel von Sokrates (und Platon) modellierten, zunächst absurd erscheinenden Vergleich zur Diskussion zu stellen.

Als nächstes warf ich die Frage auf, ob man ein Institut, das so viele und so verschiedenartige Disziplinen wie Archäologie und Sozialpsychologie, Ethnologie, Geschichte und Wirtschaftsgeschichte umfaßt, problemorientiert oder nach Disziplinen gliedern sollte. Gegenwärtig ist es in drei »Forschungslinien« aufgegliedert, die auch für die beiden anderen gesellschaftswissenschaftlichen Institute (Philosophie sowie Literatur und Sprache) gelten: das sozialistische Kuba, die Geschichte Kubas, Geschichte Latein- und Nordamerikas. Diesen »Forschungslinien« entsprechend, gibt es sieben Hauptthemen, wie

»Kuba 1959-1980«, Kuba »1868-1959«, »Kuba 1515-1868« usw. An jedem Hauptthema arbeiten Wissenschaftler aus den verschiedenen Disziplinen, wie Historiker, Sozialpsychologen usw. Ich bemühe mich, in meinen Ausführungen darauf einzugehen, wie nützlich derartige komplexe Studien sind, denn die Realität sei ja auch komplex.

Da es in dem Institut aber nicht einmal verantwortliche Leiter für die einzelnen Disziplinen gibt, legte ich das Hauptgewicht meiner Ausführungen auf die Herausarbeitung der disziplinierten Organisation. Wenn man davon ausgeht, daß wir noch viele Gesetzmäßigkeiten in der Geschichte zu entdecken haben und historische Gesetzmäßigkeiten natürlich der Historiker, ethnologische natürlich der Ethnologe zu entdecken hat, wird die ganze Bedeutung der disziplinären Forschung deutlich und offenbar. Es gibt keine »problemorientierten Gesetzmäßigkeiten« – wohl aber wird erst in der problemorientierten Forschung die dialektische Wirkung verschiedenartiger Gesetzmäßigkeiten, die ganze Widersprüchlichkeit des gesellschaftlichen Entwicklungsprozesses klar. Aber diese kann man eben erst gründlich analysieren, wenn man die »disziplinären« Gesetzmäßigkeiten kennt.

Auch auf folgendes wies ich hin: Junge Wissenschaftler müssen zuerst disziplinorientiert forschen lernen. Sie müssen als Fachwissenschaftler aufwachsen, als Spezialisten zunächst einmal lernen, gründlich und tief in eine wissenschaftliche Problematik einzudringen. Dadurch unterscheidet sich der Erziehung des jungen Wissenschaftlers von der des Kindes. Das Kind nimmt die ganze Welt auf einmal in sich auf, seine Eindruckpalette umfaßt Farben und Geräusche, Blumen und Brot, die Welt der Familie und die der Straße, Stillstand und Bewegung, Vater und Mutter, Beherrschung und Begierde, Lachen und Weinen. Der junge Wissenschaftler aber soll sich auf die Erfassung eines Prozesses in Natur oder Gesellschaft konzentrieren, ihn umfassend begreifen lernen, weil er sonst niemals verstehen wird, was es heißt, einen Teil der Natur, einen Teil der Gesellschaft erkennend zu erobern. Was natürlich, betonte ich auch, nicht ausschließt, daß er seine, wie ich es nennen möchte, wissenschaftliche Allgemeinbildung ständig erweitert und vertieft. Spezialbildung ohne wissenschaftliche Allgemeinbildung führt zum »Fachidioten«, aber die Spezialbildung ist die Voraussetzung dafür, daß man überhaupt begreift, was wissenschaftliche Arbeit ist, und sie erlernt.

Stellt man dem angehenden Wissenschaftler zu früh die Aufgabe der komplexen Erfassung eines breiten Gebietes der Realität, dann erzieht man ihn zum Dilettanten und schreibenden Schwätzer, zu phrasenhafter Oberflächlichkeit.

Um diese Fragen ging es dann in der Diskussion, und ich hatte das Gefühl, daß die Genossen den ganzen Ernst dieser Problematik voll verstanden und sich mit mir um die Lösung dieser schwierigen Frage der Verbindung von disziplinärer und komplexer Forschung bemühten. Wir arbeiteten auch klar heraus, daß eine große Rolle für die konkrete Lösung dieser Problematik die jeweilige Zusammensetzung der Mitarbeiter eines Instituts spielt – ob junge, weniger erfahrene Mitarbeiter überwiegen oder es bereits einen breiten Stamm ausgebildeter Wissenschaftler gibt.

Von Interesse war auch die Frage der Aufgabe eines Leiters eines solchen »komplexen Instituts«. Ich vertrat die Auffassung, daß er nicht mit einem gewöhnlichen Institutsdirektor zu vergleichen sei. Er könne schließlich nicht die Probleme der Forschung in so verschiedenen Disziplinen beherrschen. Er müsse eher wie ein Bereichsleiter für Gesellschaftswissenschaften oder ein entsprechender Vizepräsident an einer Akademie arbeiten; seine Aufgabe wäre mehr eine allgemeine wissenschaftspolitische und wissenschaftsorganisatorische. Ein beachtlicher Teil der Aufgabe eines »normalen« Direktors entfiele in einem solchen Institut auf die Leiter der verschiedenen Disziplinen, insbesondere natürlich die Kaderpflege, vor allem die Sorge um die Ausbildung der jungen Wissenschaftler als eine entscheidend verantwortliche Aufgabe.

Schließlich kam ich auf die Zukunft des Instituts zu sprechen. Manche meinten, man würde es später wieder in »disziplinäre Institute« aufgliedern.

Ich gab eine ganz andere Idee zur Überlegung. Sollte man nicht später vielleicht in einem kleinen Lande wie Kuba alle Gesellschaftswissenschaften an der Akademie in einem einzigen Institut vereinen? Gegenwärtig sind in dem Institut 10 Prozent der Wissenschaftler (5 von 54) als leitende Kader praktisch aus der wissenschaftlichen Arbeit ausgeschieden. Wenn die Philosophen und Literaturwissenschaftler hinzukommen, brauchte die Zahl der leitenden Kader kaum erhöht zu werden, ihr Prozentsatz an Wissenschaftlern könnte auf die Hälfte schrumpfen. Die gesamte Verwaltungsarbeit für alle drei zur Zeit bestehenden Institute könnte entsprechend eingeschränkt, der ganze Apparat des Wissenschaftsbetriebs, die akademische Bürokratie wesentlich verkleinert werden. Natürlich würde die Rolle und Autorität der Leiter der einzelnen Disziplinen stark zunehmen, sie wären von aller bürokratischen Arbeit befreit und könnten sich ganz der wissenschaftlichen Arbeit und der Anleitung der Wissenschaftler widmen, während sie gleichzeitig in einem akademischen Rat des Instituts ein gewichtiges Wort in Fragen der allgemeinen Wissenschaftspolitik mitzureden hätten.

Es war interessant, daß auch ein anderer Institutsdirektor der Idee der Übertragung aller Verwaltungsarbeit an eine übergeordnete Stelle voll zustimmte. Überhaupt war es schön zu sehen, welches Interesse alle Teilnehmer für die angeschnittenen Probleme zeigten und wie sie auf meine Linie reagierten: Ich betrachte die Zusammenlegung der vier Disziplinen nicht, wie manche hier an der Akademie, als eine Notlösung, sondern als ein hochbedeutsames Experiment, das andere kleine sozialistische Länder mit großem Interesse verfolgen sollten und von dem wir alle viel für die Wissenschaftsorganisation lernen können.

Ich glaube, ich habe die »diplomatische« Aufgabe gelöst, meine Auffassung so vorzutragen, daß man es nicht als Einmischung in ihre Akademieangelegenheiten ansah, zumal ich zunächst immer davon ausging, wie ich in unserer DDR ein solches Institut einrichten würde, und nur in der Diskussion auf direkte Fragen unserer kubanischen Freunde ihre Verhältnisse einbezog.

Auf der anderen Seite hatten sich die kubanischen Freunde mit Recht vor möglichen Taktlosigkeiten von mir geschützt, indem sie nur einen kleinen Kreis leitender Kader des Instituts eingeladen hatten.

Aber ich bin doch gespannt, ob es eine Reaktion geben wird, die zeigt, daß ich nicht klug genug war und in meiner dringenden Sorge zu weit gegangen bin. Man darf jedoch nicht vergessen, wie sehr mir das alte Institut für Geschichte ans Herz gewachsen war und für wie, sagen wir, gefahrenvoll ich die neue Entwicklung eines problemorientierten Instituts halte.

Merkwürdig verlief der Rest des Tages. Monika Hauff, eine Chansonsängerin, ist mit ihrem Partner hier in Kuba. Sie gaben einen Abend (fast zwei Stunden) für die Bürger der DDR in einem kleinen Theater, und der Botschafter hatte mich eingeladen. Seit Jahrzehnten, seit ich zuletzt Chansonsängerinnen in den Kabaretts von Paris gehört habe, war ich nicht mehr zu einem solchen Abend gegangen – und ich fand ihn in der gelösten Atmosphäre, in der ich hier lebe, wirklich nett.

Anschließend hatte der Botschafter einige von uns, auch das kubanische Begleitorchester, in seine Residenz eingeladen: ein einfacher Bau mit zauberhaftem Garten, immer ein ganz großer

Genuß für mich. Man aß kalt, nahm erfrischende Getränke und saß mit freundlichen Menschen – ich mit Erich Miller, mit unserem Militärattaché und mit ihren Frauen, gut mit Zigarren versorgt – im Garten an überall verstreuten Tischen und erzählte sich Geschichten und Anekdoten, politisch und menschlich freimütig, keine Grenze »gewagt überschreitend«, so wie es unter Genossen an einem solchen Abend sein soll. Zum Schluß standen wir noch eine Weile mit dem Botschafter und seiner Frau, mit Monika und ihrem Partner sowie einigen anderen. Der gute Erich schätzte Monika auf meine Frage auf Anfang zwanzig, ich auf Anfang dreißig – aber wie reizend kann sie lachen und wie viele gute Geschichten kennt sie noch nicht, und beides kostete ich voll aus.

Um 1.15 Uhr kam ich ins Hotel zurück – zu Hause schon fast Frühstückszeit. Erich Miller und seine Frau brachten mich in ihrem Wagen. Aber da Reni mich um 7.15 Uhr anrufen will, werde ich nicht zu spät aufwachen und kann ordentlich meine Vorlesung vorbereiten.

10. April

Gestern abend bei Renate mit einem Professor der Architektur an der Universität Havanna zusammengetroffen. Wir waren uns einig, daß die Architektur (Wohnungsbau ebenso wie öffentliche Bauten) seit dem achtzehnten Jahrhundert im großen und ganzen nichts Besonderes mehr hervorgebracht hat. Sowohl in den USA wie in West- und Mitteleuropa stammen die letzten schönen Bauten im allgemeinen aus den zwanziger Jahren des vorigen Jahrhunderts (was nicht ausschließt, daß der Kapitalismus auf dem Gebiet der Inneneinrichtungen Großartiges geleistet hat).

Als der Professor die Frage stellte, warum der Sozialismus so relativ wenige Fortschritte auf dem Gebiet der Architektur gebracht hat, und ich, etwas brutal seine Frage umformulierend, zurückfragte: »Sie meinen, warum die Wohnbauten in den sozialistischen Ländern eher noch nüchterner und langweiliger als heute im Kapitalismus sind?« nickte er betrübt mit dem Kopf.

Ich versuchte zu erklären:

In der ganzen Welt herrscht Wohnungsnot. Die sozialistischen Länder bemühen sich – wobei es zeitweise Ausnahmen gibt, wie bei uns in der DDR, wo wir Jahre hindurch dem Wohnungsbau ungenügende Aufmerksamkeit schenkten –, die Wohnungsnot nach besten Kräften zu lindern, allen voran die Sowjetunion. Dabei kommt es vor allem darauf an, so viele Wohnungen wie möglich mit den geringsten Kosten, mit der größten ökonomischen Effektivität zu bauen.

Natürlich werden unsere Städte dadurch nicht schöner. Aber sie sind, wenn man von den Naturschönheiten und einer Reihe alter Bauten, wie zum Beispiel im Zentrum von Leningrad oder Dresden, absieht, sowieso zumeist unerträglich häßlich. In zweihundert Jahren werden uns die Menschen für recht unkultiviert gewesene Völker halten, da wir in solchen Behausungsagglomerationen gelebt haben.

Die Politik des mit allen technologischen und ökonomischen Mitteln beschleunigten Wohnungsbaus ist um so notwendiger, als die gegenwärtigen schlechten Wohnungsverhältnisse in den sozialistischen Ländern vielfach zu einer ungenügenden Geburtenentwicklung führen, die mitunter nicht einmal die einfache Reproduktion der Bevölkerung sichert.

Aus all diesen Gründen spielt die Ästhetik im Wohnungsbau eine geringe Rolle, und was die öffentlichen Großbauten betrifft, folgen wir im allgemeinen noch dem im Kapitalismus entwickelten Stil. Es wird sicherlich lange dauern, vielleicht hundert und mehr Jahre, bis wir den ersten sozialistischen Baustil entwickelt haben; und es ist unmöglich vorauszusehen, in welche Richtung er tendieren wird. Auch im Sozialismus gibt es Zeiten, die bestimmten Künsten nicht günstig sind.

Schon darum scheint es mir nicht richtig, heute von einer entwickelten sozialistischen Gesellschaft zu sprechen. Ich jedenfalls versuche diese Formulierung durch die »sich entwickelnde« sozialistische Gesellschaft zu ersetzen. Solange unsere Produktivität die des Kapitalismus nicht wesentlich übertrifft, solange ein Großteil der Welt noch vom Kapitalismus beherrscht wird, solange die Altersrenten noch so niedrig sein müssen wie heute, solange Ästhetik und Gefühle noch eine so geringe Rolle spielen können, solange Fragen der Sicherheit noch solche Bedeutung haben und wir noch so große Ausgaben zur Verteidigung des Sozialismus machen müssen – Ausgaben sowohl an materiellen wie auch an geistigen Kräften (Wissenschaft, Technologie usw.) –, solange ist meiner Meinung nach gar nicht daran zu denken, von einer entwickelten sozialistischen Gesellschaft zu sprechen.

Das heißt nicht, daß wir nicht schon lange vorher Anfänge des Kommunismus haben können. Man kann sich zum Beispiel vorstellen, daß das örtliche Verkehrswesen kostenlos für alle sein wird oder das öffentliche Telefonwesen oder gar das ganze Postwesen.

Ich glaube, es wäre nützlich, statt soviel von der entwickelten sozialistischen Gesellschaft zu sprechen, intensiver zu überlegen, wie wir Elemente des Kommunismus bereits in unsere heutige noch nicht entwickelte sozialistische Gesellschaft einbauen könnten.

Doch darüber muß ich noch mehr nachdenken.

Leider werden solche Fragen bei uns nicht öffentlich diskutiert. Wer schreibt darüber? Und wie wichtig sind solche Fragen! Wie würde die Bevölkerung, würden insbesondere auch Künstler, Wirtschaftswissenschaftler usw. sich an einer solchen Diskussion beteiligen!

Ich bin, ganz offen gesagt, nicht begeistert, wenn wir feststellen, daß wir heute irgendwo schon die materiellen Grundlagen des Kommunismus legen. Das läßt den Kommunismus viel zu nah erscheinen. Er ist noch weit entfernt, sei es auf dem Gebiet des technischen Fortschritts, das heißt unserer Produktivität, oder in der Beherrschung der besten Methoden der Planung – welch primitive Probleme, wie etwa das der genügenden Versorgung der Finalproduktion mit Vorproduktion oder das der genügenden Ersatzteilbereitstellung, haben wir noch nicht befriedigend gelöst! Andererseits: Könnten wir nicht mit Nulltarifen für so manche Dienstleistungen schon weiter ganz konkret in den Kommunismus vorstoßen?

Und vor allem: Könnten wir solche Probleme nicht diskutieren? Natürlich übersehe ich die Situation nicht genügend, um zu sagen, wir könnten heute schon den Nulltarif im örtlichen Verkehrswesen einführen. Aber warum nicht öffentlich davon sprechen, daß man vielleicht im Laufe der achtziger Jahre damit rechnen kann. Es würde den Werktätigen ein so viel konkreteres und sie anspornendes Bild vom Ziel ihrer Anstrengungen geben, ein Ziel, das sie noch erleben werden.

Ich glaube nicht, daß irgendein heute lebender Mensch auch nur den wirklichen Beginn des Kommunismus erleben wird. Aber sicher wird die übergroße Mehrheit der heute lebenden Menschen bereits diesen und jenen Hauch des vollendeten Kommunismus auf diesem oder jenem Gebiet des Lebens sehr deutlich verspüren. Und darüber sollte man mehr sprechen, mehr diskutieren, und sich so ganz anders auch auf die nähere Zukunft freuen.

Was sagt es dem normalen Menschen, wenn er erfährt, daß für 1990 eine Produktion von soundso viel Millionen Tonnen Kohle oder Eisen oder Kunstfasern geplant ist? Im Grunde nichts. Wenn er aber erfährt, daß er in zehn Jahren umsonst telefonieren kann, begreift er sofort und freudig, wie die Zukunft sich gestalten wird.

In diesem Sinne muß meiner Ansicht nach unsere Planung, unsere Propaganda, unser gesellschaftliches Denken viel konkreter, den Menschen viel näher werden.

Heute hielt ich meinen ersten öffentlichen Vortrag in der Akademie: »Wie man eine Geschichte der Wissenschaften schreiben soll«, das Thema meiner Karl-Marx-Vorlesung in unserer Akademie. Die Aufnahme war recht freundlich. In der Diskussion gab es interessante Fragen – etwa betreffend die meiner Ansicht nach heute ziemlich hoffnungslose und verfahrene Frage der wissenschaftlichen Information, die aber, wenn sich die friedliche Koexistenz stärker durchsetzt und mit ihr der wissenschaftlich-technische Austausch intensiver wird, auf internationaler Ebene einer Lösung nähergebracht werden kann. Auch wurde die Frage diskutiert, ob man eine »reine Geschichte« der Technik schreiben kann, was ich, insbesondere auf Grund der Diskussionen in unserem Institut unter der Leitung von Wolfgang Jonas, verneinte.

Ohne den arbeitenden Menschen, der die Produktionsinstrumente handhabt, stets in die Geschichte der Technik einzubauen, wäre diese völlig unrealistisch. Ich führe als Beispiel wirklich gebildete Menschen bei uns in der DDR an, die eine Acht- oder Zehnklassenschule besucht haben, eine niveauvolle Ehe führen, ihren Kindern bei den Schularbeiten wirklich helfen können und die im Betrieb wegen punktueller Automatisierung eines Arbeitsprozesses Tag für Tag, Jahr für Jahr die gleichen monotonen zwei oder drei Handbewegungen machen, Anhängsel der Maschine sind, wie Marx das im Kapitalismus nennt, d.h. eine Arbeit verrichten, zu deren Bewältigung sie überhaupt keine Schulbildung benötigt hätten. Eine »reine« Geschichte der Technik würde nur den Fortschritt in der Produktivität durch die Automatisierung zeigen, würde den Widerspruch zwischen Technik und Mensch, zwischen Leben außerhalb und bei der Arbeit aussparen und damit einen wichtigen Hebel des Fortschritts im Sozialismus, eben diesen Widerspruch, nicht aufzeigen. Denn in diesem Fall besteht der Unterschied zwischen Kapitalismus und Sozialismus nicht im Arbeitsprozeß, in dem die Arbeiter noch in beiden Systemen Anhängsel der Maschine sind, auch nicht im Grunde etwa in einem Gefühl (!), daß der eine Arbeiter für den Profit des Kapitalisten, der andere für seinen Staat arbeitet – oder glaubt etwa jemand, daß das mehr als eine abstrakte Feststellung während der acht Stunden sein kann, in denen der Arbeiter jahraus, jahrein seine monotonen, stumpfsinnigen Arbeitsbewegungen macht? Nein, der entscheidende Unterschied ist doch, daß eine solche Situation dem Kapitalismus entspricht, während sie bei uns zu einem immer stärkeren Widerspruch heranwächst, der gerade auf technologischem Gebiet oder in der Verkürzung der Arbeitszeit zu einem Fortschritt führt. Wie gut war es zu sehen, daß die Freunde mir zustimmten.

Es wurde auch die Frage aufgeworfen, wie es mit der Entfremdung im sozialistischen Produktionsprozeß sei. Ich begnügte mich nicht mit dem üblichen Argument, daß das Produkt ja jetzt den Werktätigen gehöre, so daß die kapitalistische Entfremdung aufgehoben sei. Natürlich ist das richtig. Objektiv ist die Entfremdung aufgehoben, und das ist das gesellschaftlich-historisch Entscheidende.

Aber dann stellte ich die Frage der subjektiven Entfremdung. Die ist natürlich auch wichtig. Sie besteht immer noch und muß immer noch bestehen. Es ist unmöglich, sich vorzustellen, daß der Mensch je eine solche »persönliche« Beziehung zu seinem Produkt in der Industrie entwickelt, wie etwa ein Handwerker. Darum wird ja im Kommunismus der Mensch auch neben der Produktion als Regulator und Wächter stehen. Darum sieht ja auch Marx die »Selbstverwirklichung« des Menschen als außerhalb der materiellen Produktion stattfindend, darum hat er, der ein wundervoller Realist war, die Arbeit als erstes Lebensbedürfnis außerhalb der materiellen Produktion definiert.

Das ist natürlich nicht auf das Heldentum der Arbeiter etwa während der Leningrader Blockade oder den Arbeitsenthusiasmus junger Brigaden bei der Zuckerernte in Kuba anwendbar. Hier handelt es sich um großartige gesellschaftliche, politische und kämpferisch durchdrungene Emotionen, die wir öfter in der Geschichte der sozialistischen Länder finden werden. Aber sie sind keine Alltagserscheinungen und können es nicht sein; sie sind auch nicht Ausdruck einer direkten Beziehung zwischen dem Arbeiter und seinem Produkt.

Ich erwähnte auch, wie man in kapitalistischen Monopolen bei Produktionsmengen einer bestimmten Größe und bei Anwendung einer bestimmten Technik ganz selbstverständlich mit einer entsprechenden Anzahl von Unfällen verschiedener Schwere rechnet, wie völlig falsch es darum auch wäre, solche Erwägungen aus einer Geschichte der Technik zu streichen.

Sehr klug bemerkte ein früherer Mitarbeiter des Instituts für Geschichte: Man kann also den Schluß ziehen, daß es darauf ankommt zu zeigen, wie der Mensch die Technik und wie die Technik den Menschen entwickelt. Und ein anderer ergänzte: Es kommt auch darauf an zu zeigen, wie künftig die Technik den Menschen mehr und mehr von der materiellen Produktion befreit und so dazu beiträgt, daß der Mensch sich außerhalb der Technik frei entwickeln kann. Worauf ein dritter bemerkte, daß das nicht stimme, denn auch im kulturellen Leben spiele natürlich die Technik eine beachtliche Rolle, und das würde im Laufe der Zeit noch mehr der Fall sein.

Man erkennt, was es für eine lebhafte Diskussion gab und wie interessant sie war. Ein schönes Erlebnis für mich – aber wohl auch für die anderen.

Besondere Freude bereitete es mir, den guten alten Genossen Fabio Grobart, der zu meinem Vortrag gekommen war, wiederzusehen. Er ist jetzt Direktor des von der Partei gegründeten Instituts für die Geschichte des sozialistischen Kuba. Ich hoffe, mich während meines Aufenthaltes mit ihm noch einmal gründlich über verschiedene Probleme, so wie es alte Genossen untereinander tun, aussprechen zu können.

Heute nachmittag diskutierte ich ausführlich mit Gloria über die Arbeit des Instituts für Gesellschaftswissenschaften. Sie war mit der Linie, die ich in meinem Vortrag entwickelt hatte, im ganzen doch recht einverstanden, was mich freute.

Vorher war ich wieder der Anweisung der Genossin Wittbrodt, täglich zu schwimmen, gefolgt. Da ich das seit mehr als zwanzig Jahren nicht mehr getan habe, erinnert sich der Körper recht langsam daran, daß er einmal Langstrecken geschwommen ist. Aber es geht doch jeden Tag etwas vorwärts.

Abends bei Renate gegessen. Um 20.30 Uhr fuhren sie und Arthur zu einem Zirkel über Lenins »Was tun«, den die hier ansässigen »Nordamerikaner«, das heißt Bürger der USA und Kanadas, abhalten. Sie sind sehr zufrieden mit Niveau und Diskussion. Um mich von der Angeregtheit der letzteren zu beeindrucken, sagte Renate: »Sogar einige der Hijackers machen mit.« Das hat mir wirklich imponiert.

11. April

Frühmorgens war ich beim Generalsekretär der Akademie, Capote, zu einer Besprechung, über die noch später mehr zu sagen sein wird.

Anschließend fuhr ich zur Botschaft, wo ich mit dem Botschafter zu einem gemeinsamen Arztbesuch verabredet war, beide wegen einer Kleinigkeit. Er war jedoch plötzlich abgerufen worden, hatte aber alles für mich organisiert.

Bei unserem Arzt war es recht interessant. Da er mich zum Mittagessen ins Botschaftskasino bringen wollte, wir noch vierzig Minuten Zeit hatten und keine anderen Patienten kamen, saßen wir gemütlich mit seiner Frau, die ihm in der Praxis hilft, und plauderten.

Er ist jetzt fast vier Jahre hier und kehrt bald zurück. Seine Patienten sind die »DDR-Kolonie«, und er gehört zur Botschaft, untersteht aber in der DDR dem Gesundheitsministerium. Ein noch jüngerer Mensch, der so vernünftig war, auch wissenschaftlich hier gearbeitet zu haben. Vor allem über das Problem der Lepra, die ja allgemein als eine Krankheit der Armen gilt, was aber offenbar nur beschränkt zutrifft. Denn der wirklich gute Gesundheitsdienst in Kuba und die besondere Pflege, einschließlich Ernährung, die man den Kranken hier zuteil werden läßt, haben nur einen gewissen Einbruch in die Verbreitung der Lepra gebracht.

Auch hat er eine Analyse der Praxis seines Vorgängers und der eigenen Praxiserfahrung hier vorgenommen – ebenfalls sehr nützlich.

Wie leicht hätte er, insbesondere angesichts der klimatischen Bedingungen, seine Pflicht gegenüber den Patienten erfüllen und sonst sein Leben behaglich, passive Freuden verschiedenster Art genießend, verbringen können. Aber er hat wissenschaftlich gearbeitet, und das brachte ihn mir nahe – wobei ich natürlich weiß, daß ich in dieser Beziehung voreingenommen bin und es vielleicht politisch und kulturell nützlicher gewesen wäre, wenn er zur Verbreitung irgendeiner physiotherapeutischen Methode oder irgendeiner Sportart in Kuba hervorragend beigetragen hätte.

Das Essen, das letzte vor den Osterfeiertagen, war als Festmahlzeit gedacht: Eisbein mit Erbsenpüree, Sauerkraut, Kartoffeln, eine Flasche Bier dazu und Kompott als Nachtisch. Neben mir saß unser ADN-Korrespondent Siegfried König, mit dem ich mich zum Nachmittag verabredete. »Granma« hatte meinen ersten Vortrag als Eröffnungsvorlesung des Internationalen Philosophie-Seminars zweispaltig aufgemacht, und er wollte eine Meldung bringen.

Vom Essen zurück in die Botschaft, wo ich bei einer hervorragenden Zigarre Pressenachrichten las. Als ich gehen wollte, kam der Botschafter.

Er hatte gute Nachrichten von zu Hause gehabt: eine besondere wirtschaftliche Hilfe für unsere kubanischen Freunde. Sofort hatte er sich bei Carlos Rafael angemeldet und ihm die Botschaft übermittelt, die Punkt eins der Sitzung des Ministerpräsidiums heute nachmittag sein würde. In der Tat zeugt die Nachricht von einer besonders freundschaftlichen Haltung unserer Führung für Kuba und leitet gewissermaßen die praktische Stufe noch engerer Beziehungen ein, dem emotionellen und politischen Erlebnis unser Partei- und Regierungsdelegation folgend.

Ich kannte – wie gesagt – unseren Botschafter vor meiner Ankunft hier noch nicht. Die zwei Male, die ich ihn gesehen, war er wirklich besonders freundlich zu mir gewesen, machte jedoch im ganzen vor allem einen nüchtern-klugen Eindruck. Als er aber jetzt erzählte, strahlte er freudig, lief umher, reckte und dehnte sich, war innerlich und äußerlich bewegt: die ganze Atmosphäre unserer Beziehungen zu Kuba würde eine andere sein. Er fand mich wohl kleinlich, als ich bemerkte, wieviel leichter seine Arbeit sich jetzt gestalten würde, und wies mich zurecht, daß es doch um die Beziehung zwischen der DDR und Kuba ginge.

Aber in seiner großen Freude verzieh er mir gleich wieder und fragte mich, ob ich nicht Lust hätte, am Osterwochenende einmal zum Kaffee in die Residenz zu kommen, ich sollte ihn Sonnabend früh anrufen, damit wir etwas verabredeten. Natürlich freue ich mich.

Als ich ins Hotel zurückkam, fand ich bereits den Entwurf des Wissenschaftsplans der Akademie bis 1980 vor, den ich studieren soll, um mit der Akademieleitung darüber zu sprechen. Auch hatte mir Fabio Grobart eine Nachricht zukommen lassen, daß er mich Montag früh zu einer ausführlichen Aussprache im ZK erwarte; anschließend wollen wir Mittag essen.

Um 17 Uhr bei unserem ADN-Korrespondenten; seine Frau hatte eine unerschöpfliche Kanne wirklich guten Kaffees bereitet, er Havanna-Zigarren, wie ich sie hier sonst nicht angeboten kriege: die (früher) billige, starke, würzige Sorte, die ich in meiner Unbildung besonders liebe und die für mich unmittelbar hinter den ganz teuren im Geschmack rangiert.

Die Genossin König war viele Jahre hindurch in Jugoslawien Sekretärin von Lore Pieck gewesen, und wir sprachen ein wenig von ihr, die ich nicht nur schätze, sondern genau wie ihre Schwester Elly sehr gern habe: wie oft habe ich die beiden, die so verschieden voneinander sind, gemeinsam gesehen: getrennt und vereint ist es immer eine Freude, ihnen zu begegnen.

Auch über China sprachen wir und die Tragödie seiner Haltung zur Sowjetunion. Wieviel weiter wären wir in der Welt, wenn ...

Er, König, ist in einer merkwürdigen Position hier, da er nur als Lückenbüßer gekommen ist, übrigens sein letzter Einsatz nach vielen, vielen Jahren im Ausland. Anfang Juli wird er für längere Zeit nach Hause gehen und freut sich unbändig, zumal er seinen Sohn, den er zuletzt als Vierzehnjährigen richtig erlebt, jetzt als fünfundzwanzigjährigen Familienvater von neuem haben wird. Wie tüchtig auch von der Mutter!

Er ist jetzt achtundvierzig Jahre alt, hofft aber sehr, nach seiner Rückkehr im Herbst auf die Parteihochschule zu einem Einjahreskurs zu kommen.

Vor Kuba war er in Chile gewesen, in Jugoslawien, Albanien und Bulgarien, immer als Korrespondent von ADN.

Ein merkwürdig bewegtes und doch wieder ganz normales Leben – und beide glücklich darüber.

Kein Wunder, daß ich, nachdem er gemerkt hatte, wie ich die Zigarre genoß und er mir die Schachtel schenken wollte, ihm sagte: »Unter keinen Umständen! Hebe sie auf! Ich möchte doch einen Grund haben, noch öfter zu euch zu kommen.«

12. April

Den Vormittag an meiner nächsten Vorlesung gearbeitet. Möchte gern, daß sie besonders gut wird, da das Thema »Methodologie und Weltanschauung in der wissenschaftlichen Forschung« mir sehr am Herzen liegt.

Dann, erfreulich wie immer, bei Renate gegessen. Anschließend kam jemand von der Akademie, um mir bei der Übersetzung des Perspektivplans für die Entwicklung der Wissenschaften in Kuba etwas zu helfen. Mein Sprachschatz beim Reden ist gegenüber meinem letzten Besuch von etwa zwölf auf sieben Worte zurückgegangen. Dagegen habe ich beim Lesen eines solchen Planes nur wenig Schwierigkeiten.

Später ging ich schwimmen. Bin auf 420 Meter gekommen.

Um 20 Uhr holte man mich ab zum Diner mit dem Generalsekretär im »El Patio«, am Kathedralenplatz. Das Essen ordentlich und sehr formell und mit den verschiedensten Weinen und anderen alkoholischen Getränken – der Fahrer aß wieder mit uns –, aber so formell die Speisen- und Getränkefolge, so informell, herzlich und freimütig die Unterhaltung, die sich eigentlich ausschließlich um wissenschaftspolitische Probleme drehte.

Schon bei unserer ersten Begegnung gestern begann Capote die Unterhaltung mit den Worten: »Zuerst eine Protokollfrage, aber das ist auch die letzte: Befinden Sie sich wohl in Havanna, gefällt es Ihnen wie früher bei Ihren vorangegangenen Besuchen, von denen ich so viel gehört habe, auch aus Ihren eigenen hier veröffentlichten Schriften?« Eine Frage, die ich natürlich aus vollem Herzen bejahte. Und dann gingen wir gleich »zur Sache« über.

Capote ist in den Dreißigern, Ingenieur. Er war zuvor Direktor des Instituts für wissenschaftliche und technische Information und ist jetzt Generalsekretär oder, wie es hier heißt: Wissenschaftlicher Sekretär der Akademie. Er hat die gleiche Funktion wie der Generalsekretär der Akademie früher bei uns – jetzt beschränkt sich dessen Arbeitsgebiet leider vor allem auf Fragen des Auslandsverkehrs. Capote ist für wissenschaftsorganisatorische Fragen verantwortlich. Dadurch wurde den Fragen der Wissenschaftsorganisation die Aufmerksamkeit geschenkt, die sie verdienen, während sie bei uns – wo sie im Verantwortungsbereich des Präsidenten liegen und dieser sich natürlich in erster Linie um wissenschaftspolitische Fragen kümmern muß – in die Hände einer kleinen Bürokratie im Umfeld des Präsidenten geraten sind.

Gestern früh hatten wir vor allem über den Wissenschaftsplan der Akademie 1976-1980 gesprochen. Capote hatte mich gebeten, ihn mir anzusehen und ihm meine Bemerkungen dazu vorzutragen. Neben ihm hatte der Sohn meines guten alten Bekannten Fabio Grobart als Verantwortlicher für die Beziehungen zu den sozialistischen Ländern gesessen. Marta von der Auslandsabteilung übersetzte. Erst als er mich zum Fahrstuhl brachte, sprach Capote fließend Englisch mit mir, was mich ein wenig an den Besuch Chinas 1957 erinnerte. Dort verstanden die chinesischen Genossen von der Akademie, den Ministerien und dem Apparat des ZK an den ersten zwei Tagen kein Wort Englisch, am dritten Tag verstanden sie das Englisch von Marguerite und mir ausgezeichnet, sprachen aber selbst nur Chinesisch, das dann übersetzt wurde, und nach einigen weiteren

Tagen hatten sie genügend Vertrauen zu uns gefaßt, um sich auch ohne Dolmetscher direkt mit uns zu verständigen.

Heute abend also sprachen wir Englisch – nur wenn der junge Genosse Grobart, der außer der spanischen auch fließend die deutsche und mehrere slawische Sprachen beherrscht, irgend etwas nicht verstand, wurde ins Spanische übersetzt.

Wir diskutierten wieder die verschiedensten Wissenschaftsprobleme, und Capote warf eine Frage auf, die auch mich schon beschäftigt hat: Ist der Schatz an, insbesondere ungenutztem, noch nicht in die Produktion eingeführtem Wissen nicht so ungeheuerlich, daß ein kleines Land wie Kuba sich nicht einige Zeit auf die Überführung und Überleitung von bereits vorhandenem Wissen konzentrieren könnte? Wir waren uns völlig einig, daß zum Aufwerfen einer solchen Frage Mut gehört und sie einen extremen Standpunkt markiert, der vor allem dadurch Sinn und Berechtigung erhält, daß er zur Überlegung zwingt: Was ist an Forschung unbedingt notwendig, was sollte liegenbleiben zugunsten einer stärkeren Konzentration auf Fragen der Verwandlung schon vorhandenen Wissens in Produktivkraft?

Auch waren wir uns einig, daß, während die Forschung auf naturwissenschaftlichem Gebiet in kleinen Länder wie der DDR oder Kuba stark spezialisiert und eingeschränkt werden muß, dies in keiner Weise für die Gesellschaftswissenschaften (außer Sprache) gelten kann und auch nicht für die Lehre der Naturwissenschaften an den Universitäten.

Nachträglich überlege ich, ob die ganze Problematik nicht auch in gewisser Weise für größere Länder Bedeutung hat. Was die kleineren Länder betrifft, muß sie noch weit tiefer durchdacht werden.

Nehmen wir an, es würden in Kuba oder in der DDR zeitweise, sagen wir ein Jahrfünft hindurch, 90 Prozent des naturwissenschaftlichen Potentials auf die Untersuchung des Weltfundus an vorhandenen Kenntnissen und ihre Überführung in die Praxis verwandt werden, man arbeitete also vor allem informatorisch und technologisch. Natürlich würde das Auge unserer Naturwissenschaftler sehr geschärft werden für die praktische Anwendbarkeit des vorhandenen Wissens. Natürlich würde die Position der Technologen und Techniker, die bei uns gesellschaftlich viel zu gering ist, erheblich erhöht werden. Natürlich würde die Tätigkeit unserer Wissenschaftler viel effizienter und wirksamer für das unmittelbare Geschehen sein. Ich glaube nicht, daß der Einwand, daß auch bei dieser Tätigkeit ständig neue Grundlagenprobleme auftauchen, stichhaltig ist. Denn einmal reservierten wir ja 10 Prozent des naturwissenschaftlichen Potentials für die Grundlagenforschung, und dann spricht nichts dagegen, daß auch von den übrigen 90 Prozent Grundlagenforschung betrieben würde, soweit sie notwendig wäre, um gewisse Überführungsprobleme zu lösen, also unmittelbar praktische Grundlagenforschung.

Aber fielen dann nicht annähernd fünf Jahrgänge junger Forscher fort, die in die Grundlagenforschung eingeführt werden müßten, während die ihnen vorangehenden fünf Jahrgänge zu früh aus der Grundlagenforschung wieder herausgenommen würden? Könnte man das ausgleichen, indem man zumindest einen Teil des Nachwuchses zur Grundlagenforschung in die Sowjetunion sendet?

Sicherlich ist dieses Denkmodell viel zu extrem; es konnte eigentlich nur in einer Situation entstehen, in der unsere Produktivität, gemessen am Weltstandard, ebenso an unseren Bedürfnissen, zu niedrig ist. Sicherlich aber müssen wir in der Technologie weit größere Fortschritte machen. Wir müssen begreifen, daß der Verzicht auf die »goldenen Hände« des Handwerkers, den die Fabrikmassenproduktion brachte, uns dazu verpflichtet, die »goldenen Hände« des Technikers um so mehr zu schätzen. Und das gilt für alle Länder, die großen wie die kleinen; für die kleinen aber weit mehr als die großen. Das muß man auch für die Berufungen in die Akademie berücksichtigen, wie umgekehrt die Wissenschaft viel stärker als heute in den Betrieben anzusiedeln ist, wo die Wissenschaftler allein schon durch das Milieu nachdrücklich auf die Bedeutung der Technik und auf die Notwendigkeit der Ausbildung ihrer eigenen technischen Fähigkeiten gestoßen werden.

Sind solche Überlegungen auch für ein Land wie die Sowjetunion von Bedeutung? Vielleicht in gewisser Beziehung hinsichtlich der Hochschätzung der Technologie. Unter keinen Umständen aber darf dort die Grundlagenforschung in irgendeiner Weise vermindert werden. Einmal, ganz deutlich formuliert, aus militärischen Gründen. Und sodann, weil die Sowjetunion die Bastion der Grundlagenforschung im gesamten sozialistischen Lager ist. Wenn man überhaupt an eine Einschränkung der Grundlagenforschung in kleinen Ländern zugunsten der Überführung des vorhandenen Weltfundus an Wissen in die Praxis denken kann, dann nur mit der Sowjetunion als Hinterland der Grundlagenforschung.

Meiner Ansicht nach aber wäre ein solches Experiment auch in einem kleinen Land nur ein kurzfristiger Notbehelf, um das technische Niveau schneller zu heben. Und es fragt sich, ob das nicht sogar mit anderen Mitteln, die der Gesamtentwicklung der Wissenschaft weniger gefährlich sind, zu erreichen ist.

Auf jeden Fall aber war es geisterfrischend zu verfolgen, wie kühn die Genossen an Überlegungen zu wissenschaftspolitischen und wissenschaftsorganisatorischen Problemen herangingen. Wohl befinden sie sich nach den Jahrhunderten kolonialer Unterdrückung in der Zahl der wissenschaftlichen Kader und vielfach auch ihrer Qualität uns gegenüber im Rückstand – in keiner Weise jedoch in der Reife und im Schwung solcher allgemeinen grundlegenden Überlegungen.

Erst um Mitternacht war ich im Hotel zurück.

13. April

Ich hatte mit unserem Botschafter verabredet, daß ich ihn heute früh anrufen würde, um eventuell ein Treffen in seiner Residenz zu verabreden. Er lud mich ein zum Mittagessen – um 11 Uhr würde der Wagen mich abholen.

Was wurde das für ein schöner Tag! Als ich ankam, stellte er gerade die Sprenger im Garten um, und seine Frau kam aus der Küche. Bei einem Glas eisgekühltem Pampelmusensaft plauderten wir bis 12 Uhr über tausend Dinge. Zum Essen eine Soljanka, Fleisch mit Kartoffeln, Schoten und Spargel, zum Nachtisch Obstsalat, verschiedene Weingläser standen auf dem Tisch, da ich aber am späten Nachmittag noch arbeiten wollte, verzichteten wir alle auf Alkohol. Doch standen überall die herrlichsten Zigarren für mich bereit – der Botschafter holte sie gleich nach meiner Ankunft mit mir von oben, und als wir herunterkamen, hatte die Botschafterin aus einem anderen Zimmer bereits weitere Kisten gebracht. Jeder wird verstehen – auch der Botschafter zeigte Verständnis dafür –, daß ich ihr gerührt einen Kuß gab.

Nach dem Essen sprachen wir vor allem über die Wissenschaftssituation hier, eine große Hilfe für mich bei den bevorstehenden Beratungen mit den kubanischen Freunden in der Akademie.

Dann gab es Eis, und, als ich mich um 15 Uhr verabschieden wollte, noch reichlich Kaffee und Kuchen. Zum Schluß schenkte mir der Botschafter trotz meines Protestes – man sieht, ich bewahre mir ein Minimum an Anstand und Bescheidenheit – noch eine Kiste Zigarren. Dann fuhren er und seine Frau mich ins Hotel zurück.

Man wird begreifen, wie ich das Leben hier genieße.

Jetzt arbeite ich an der Analyse des Wissenschaftsplans und will nachher noch den zweiten Band der Woolf-Biographie beenden.

14. April

Ostersonntag. Ein friedlicher Tag liegt vor mir.

Will zuerst noch meine nächste Vorlesung für Mittwoch durcharbeiten. Das heißt, am Mittwoch werde ich zwei Vorlesungen haben, eine am Morgen in der Akademie und eine am Nachmittag zur Lage der kapitalistischen Wirtschaft im Rahmen der Weiterbildung in der Botschaft, natürlich beide mit Diskussion. Eine der Situationen, in denen ich mein Alter fühle – zwei Vorlesungen an einem Tag, frei gesprochen und mit Diskussionen, in denen man stets taktvoll und zugleich offen-ehrlich sein muß, strengen mich doch schon an. Aber es ließ sich nicht vermeiden, und ich spreche immer besonders gern in unseren Botschaften – zuletzt tat ich es Anfang Februar in Moskau.

Möchte auch heute abend bei Renate und Arthur vorbeigehen, um sie etwas abzulenken, da ihr jüngster Sohn, an dem sie sehr hängen, am Nachmittag nach England zurückfährt.

Und da ich morgen früh Post abgeben kann, will ich auch etwas ausführlicher an Marguerite schreiben.

Auch die bestgelegten Ostereier ... Mitten in der Analyse des Perspektivplans der Akademie, um 10 Uhr, ein Anruf von Solveira, wo ich denn bliebe? Man hatte vergessen, mich zu benachrichtigen, daß heute ein Ausflug nach dem Lenin-Park stattfindet mit den Sowjetgenossen, die zu Vorlesungen hier sind.

Vor wenigen Jahren noch eine wüste Gegend, heute ein beliebter Ausflugsort mit See, Aquarium, einer eigenen Eisenbahn, Bibliothek, einem Gestüt und vor allem an einigen Stellen große Häufungen der unglaublich farbenstarken (purpurrot bis lila) Bougainvillea-Blüten, ist der Lenin-Park für alle, die etwas von der Natur halten, sicher ein Erlebnis.

Für mich waren Wissenschaftsproblem-Unterhaltungen mit Solveira wichtiger. Wir stimmten ganz ausgezeichnet in der Beurteilung der Arbeitsweise überein, die das neue Institut für Gesellschaftswissenschaften annehmen solle: vor allem disziplinorientiert, und interdisziplinäre Untersuchungen, wenn das Niveau der Forschungen eine bestimmte Höhe erreicht hat.

Ein nettes Mittagessen im Restaurant »Las Ruinas«, sehr geschmackvoll eingerichtet, herumgebaut um die erhaltenen Ruinen einer alten Zuckerfabrik. Fand, daß man für kubanische Verhältnisse wieder recht viel Alkohol trank – sicher nicht zuviel vom Standpunkt der Kapazität des einzelnen, aber doch recht viel für ein so heißes Land, für die Mittagszeit und für den Alkoholgehalt der Cocktails.

Fuhr etwas früher als die anderen ins Hotel, da ich noch viel zu arbeiten hatte, schwamm auch – bin jetzt über den halben Kilometer hinaus – und ging abends zu Renate und Arthur.

Eine interessante und wichtige Unterhaltung mit ihnen über unsere politische Linie, insbesondere in Westeuropa, vor allem auch in England. Problematik: Pragmatismus, Endzielstrategie, Sinn und Berechtigung der Linie des demokratischen Antimonopolismus, Frage des Gradualismus, allgemein ungenügende Diskussion der Erfahrungen von Chile auf breiterer Ebene – wie anders war das in Zeiten der Komintern! –, alles sehr grundlegende Fragen, die sie bewegten. Leider hatte ich zu viele Erfahrungen, um mit der Bestimmtheit Stellung zu nehmen, die sie von mir erwarteten. Beispiel: Selbstverständlich hätte ich die gegenwärtige »gradualistische Linie« der italienischen und französischen Partei vor dem zweiten Weltkrieg, auch noch nach dem VII. Weltkongreß scharf verurteilt. Ist eine solche Verurteilung unter den heutigen Verhältnissen – sozialistische Welt – noch in der gleichen Weise berechtigt? Und was bedeutet Chile in diesem Zusammenhang? Auch die Erklärung der Kommunistischen Parteien Westeuropas ist theoretisch noch nicht tiefschürfend genug.

Renate und Arthur sehr bestimmt auf der Linie, die wir immer vertraten. Aber wie soll man die Erfolge der italienischen und französischen Partei beurteilen? Als Massenerfolge einer »revisionistischen« Linie, wie sie die deutsche Sozialdemokratie auch an Mitgliederzahl und Wahlstimmen gehabt hat, oder als echte Erfolge des Kommunismus? Auch wenn ich mit einer Reihe von Auffassungen der italienischen Partei nicht übereinstimme, bin ich doch der Meinung, daß sie als echt kommunistische Partei zu betrachten ist. Gar keinen Streit habe ich mit den italienischen Freunden über den Weg zur Macht. Was haben wir schon für verschiedene Wege zur Macht erlebt – mit der militärischen Besetzung eines Landes durch die Sowjettruppen (DDR) bis zur allmählichen Machteroberung unter einem König (Rumänien)! Ganz scharf trennt mich von den italienischen Freunden aber die Frage der Machterhaltung, des Bleibens an der Macht. Hier scheinen sie mir völlig auf die Spielregeln des bürgerlichen Parlamentarismus hereingefallen zu sein und nicht zu sehen, daß doch ein grundlegender Unterschied darin besteht, ob eine bürgerliche Partei von einer anderen bürgerlichen Partei durch Wahlen abgelöst wird oder ob man sich als Vertreter einer anderen Klasse den Stimmen der Kleinbourgeoisie und anderer Schichten außerhalb der Arbeiterklasse aussetzen will und bereit ist, einfach abzutreten, wenn sie mal wieder gegen uns sind. Hier scheinen mir die Grundregeln des Klassenkampfes vergessen. Aber ich glaube nicht, daß sich die italienischen Arbeiter das gefallen lassen würden, und erst recht nicht die große Masse der Kommunisten.

Wir sollten unsere Ansichten in wirklich tiefen theoretischen Artikeln vertreten und mit den Genossen in den westlichen Ländern diskutieren. Die Frage des »Gradualismus«, des Zur-Macht-Kommens sollte man überhaupt ausschalten, darüber sollte man nicht diskutieren, das ist meiner Ansicht nach eine pragmatische bzw. historische Frage, die eminent interessant und wichtig ist, auch zum Beispiel die völlig ungenügend untersuchte Existenz kommunistischer Minister nach 1945 im Westen mit einschließt und auch die sozialistischer Minister in

Frankreich vor 1914. Aber es wäre falsch, die Frage des Weges (!) zur Macht und damit die des sogenannten Gradualismus zu einer prinzipiellen zu machen. Prinzipiell ist jedoch die Frage der Machterhaltung, der Diktatur des Proletariats, ein Ausdruck übrigens, der, wie es auch Lenin vielfach getan hat, leicht durch einen anderen ersetzt werden kann, wenn er infolge der bürgerlichen Diktaturformen in den Augen der Massen im Westen diskreditiert ist, was ich nicht beurteilen kann.

Ganz allgemein aber muß man sagen, daß unsere theoretischen Artikel schwach sind. Statt Marx, Engels und Lenin zur Grundlage zu haben, bestehen sie zumeist aus Zitaten von ihnen, um die herum etwas zusätzlich geschwätzt wird. Wieviel intensiver waren doch die theoretischen Diskussion in der Komintern! Es wäre meiner Ansicht nach falsch zu sagen, daß in der italienischen Partei auf besonders hohem Niveau diskutiert wird, aber zweifellos wird dort mehr und auch vielfältiger theoretisch diskutiert als bei uns, und zwar im Zusammenhang mit der Praxis. Das theoretische Leben ist dort reicher und aufregender als bei uns – was natürlich nicht zu bedeuten braucht, daß es »richtiger« ist. Ich glaube, Renate und Arthur waren nicht so zufrieden mit mir, wie sie es sich erhofft hatten. Ob sie es leicht haben werden, wenn sie in die englische Parteiarbeit zurückkehren? Mit den alten Genossen meiner Generation werden sie sich gut verstehen, genau wie ich. Aber mit der British Road to Socialism? Bin froh, daß sie vorläufig hier in Kuba arbeiten und sich so wohl befinden – Renate in ihrer Partei- und wissenschaftlichen Arbeit, Arthur in der »Fischaufbauarbeit«.

15. April

Der heutige Tag war durch das Zusammensein mit Fabio Grobart bestimmt. Ein alter Genosse, Jahrzehnte in der Emigration, in Europa vor allem. Ich habe ihn in der Vergangenheit öfter getroffen, aber eigentlich immer nur in etwas größerem Kreis und für Minuten. Doch jedes Mal lange genug, um zu verspüren, was für ein großartiger Mensch, was für ein erfahrener und durch die Erfahrungen weiser Genosse er ist.

Um so mehr freute ich mich, ihn heute ausführlich sprechen zu können. Ich fuhr um 9.30 Uhr ins Zentralkomitee, wo er mich mit vier Mitarbeitern seines Instituts und Monica Krause, ehemalige Rostock-Studentin, jetzt mit einem Kubaner verheiratet, als Übersetzerin erwartete.

Wie überall hier, betrachteten sie mich – und mit welchem Recht! – als einen besonderen Freund Kubas, der seit vielen Jahren mit der wissenschaftlichen Arbeit der Historiker diese Landes eng verbunden ist und dessen Erfahrungen von Interesse für sie sind ...

Wir sprachen etwa zweieinhalb Stunden, und auch von dieser Unterhaltung kann und darf ich natürlich nur das wiedergeben, was ich sagte.

Nachdem Fabio zunächst von den Aufgaben und Plänen des neugegründeten Instituts für die Geschichte der Kommunistischen Bewegung und der Sozialistischen Revolution Kubas (Instituto de Historia del Movimento Comunista y de la Revolución Socialista de Cuba) berichtet hatte, erzählte ich ein wenig über entsprechende Einrichtungen und Probleme an unseren Akademieinstituten, vor allem unserem Institut für Wirtschaftsgeschichte.

Auf ein Problem ging ich im Laufe unseres Gesprächs besonders ausführlich ein: auf die Frage der Abfassung einer Geschichte der Arbeiterbewegung Kubas als Kollektivarbeit und der Abfassung von wissenschaftlichen Monographien zu einzelnen Ereignissen und Problemen der Arbeiterbewegung.

Sowohl die Geschichte der Arbeiterbewegung – unter den Bedingungen teilweiser Sklaverei und später großer Importe von ungelernten Arbeitern, beides im 19. Jahrhundert – wie auch die Geschichte der alten Kommunistischen Partei und insbesondere ihrer Haltung zur Bewegung von Fidel vor 1959 sind von außerordentlicher Kompliziertheit. Viel wird noch zu arbeiten sein, bis sie einigermaßen geklärt sind, und die Lösung mancher Probleme wird heute dadurch zugleich erleichtert und erschwert, daß noch Genossen aus der »alten Zeit« an hervorragender Stelle wirken und natürlich auch vieles subjektiv sehen.

Theoretisch, vom Standpunkt der wissenschaftlichen Erkenntnis aus, müßte man sagen: Eine solche Geschichte kann erst nach zwanzig, dreißig Jahren harter Einzelarbeit geschrieben werden.

Auf der anderen Seite erwarten Partei und Volk diese Geschichte in allernächster Zukunft. Die Lehrer in den Schulen, die Parteipropagandisten, die Professoren und Studenten an den Universitäten werden eine solche Arbeit vom Institut verlangen.

Ich erzählte ihnen von meinem alten Freund Jerussalimski, wie er darunter litt, so intensiv an der sowjetischen Weltgeschichte arbeiten zu müssen. »Dilettantismus! Oberflächlichkeit!« sagte er, der gewohnt war, für einen Satz in einem seiner Bücher bisweilen zehn Seiten Akten in den Archiven zu lesen. Aber zugleich waren Jerussalimski und ich uns einig: Das Proletariat der Welt, der sozialistischen wie der kapitalistischen Länder, benötigt eine Weltgeschichte, die von seinem Standpunkt aus geschrieben ist, und immer wieder setzte er sich seufzend, aber zugleich seiner Pflicht als Genosse bewußt, an das Schreiben oder Redigieren dieses oder jenes Abschnitts der Weltgeschichte, statt sich ganz tief und fröhlich, immer neues Material suchend, mit einem Sozialproblem zu beschäftigen. Und kaum hatte er seine Arbeit an der Weltgeschichte beendet, als er sich erneut auf seine Bismarck-Studien stürzte – zu spät, um sie zu vollenden.

Lesen wir die aus dem Nachlaß herausgegebenen Bismarck-Studien, dann ahnen wir, was für ein bedeutendes Werk das geworden wäre, und zugleich sehen wir, wie unvollendet in der Materialsuche und im Durchdenken mancher Zusammenhänge das uns Hinterlassene noch ist, mit deutlich niedrigerem Niveau als seine anderen Arbeiten. Hätte er die Zeit, die er auf die Weltgeschichte verwandt, dem Bismarck gewidmet – was für ein schönes historisches Werk hätte er uns geschenkt! Was für ein würdiger Abschluß auch für ein Forscherleben!

Würdiger Abschluß für ein Forscherleben? In unserer Zeit des Übergangs vom Kapitalismus zum Sozialismus, in unserer Zeit des Weltklassenkampfes?

Ist nicht der wirkliche Abschluß des Lebens eines kommunistischen Gesellschaftswissenschaftlers würdiger ... mit der unbefriedigenden Ruine Bismarck, einer unbefriedigenden Ruine, weil der Klassenkampf den Autor von seiner wissenschaftlichen Arbeit abberief zur Mitverfassung, zur Mitredaktion der Weltgeschichte, nach der unsere Zeit verlangte? Ein Werk, das – im Gegensatz zu einem vollendeten Bismarck – völlig veraltet in dreißig oder vierzig Jahren durch eine neue Weltgeschichte ersetzt werden wird mit einem so viel höheren Niveau, daß die alte nicht mehr verwendbar ist ...

Immer wenn wir die häufigen und großen Mängel in unserer sozialistischen Gesellschaft oder auch in dem Wirken unserer besten Gesellschaftswissenschaftler betrachten, müssen wir uns sagen, daß sie vielfach auch verursacht sind, notwendigerweise, durch den Charakter unserer Zeit des Überganges vom Kapitalismus zum Sozialismus. Ja, mehr noch: Wenn wir zu »rein« sein wollen, schon vorzugreifen suchen auf die Zukunft – etwa im »demokratischen Gradualismus« in Chile oder in einem Leben als »echter Wissenschaftler« –, scheitern wir oder erfüllen zumindest nicht die Aufgaben, die gerade die Schaffung einer besseren Zukunft von uns verlangt.

Darum sehe ich in den letzten Lebensjahren meines Freundes Jerussalimski im Grunde nichts Tragisches, sondern eher etwas Heroisches, heroisch auf so andere Weise, aber doch irgendwie an unsere Jugend in den zwanziger und in der ersten Hälfte der dreißiger Jahre erinnernd und auch, wieder anders, an die Jahre des zweiten Weltkrieges.

So manche Gedanken sind mir hier nach unserer Unterhaltung in die Feder geflossen, aber die Grundproblematik – wissenschaftliche Monographien und die Notwendigkeit einer Geschichte der Arbeiterbewegung, für die man noch nicht wirklich genügend vorbereitet ist, zu schreiben – war ein wichtiges Thema unserer Diskussion.

Sehr wichtig unter diesen Umständen ist es auch, und das sagte ich den Genossen sehr nachdrücklich, daß man aus einer solchen Geschichte der kubanischen Arbeiterbewegung kein »Standardwerk« macht. Man sollte dabei so vorgehen wie zu Zeiten Lenins. Natürlich muß man unterscheiden zwischen dem großen Werk und einer kurzen Zusammenfassung für die Schulen. Für die Schulen sollte man eine möglichst einfache Darstellung mit Daten und packenden Einzelschilderungen von Ereignissen geben. Das große Werk aber muß von Anfang an als ein erster Versuch herauskommen, mit der Aufforderung, auf seiner Basis zu diskutieren und weiterzuarbeiten.

Man muß meiner Ansicht nach auch folgendes überlegen, ein Gedankengang, auf den ich leider erst nach unserer Unterhaltung kam: Ist es nicht so, daß ebenso wie die gesellschaftlichen Bedürfnisse uns zu einer Arbeit zwingen können, für die es vom wissenschaftlichen Standpunkt aus noch zu früh ist, weil wir über ungenügendes Material verfügen oder bereits vorhandenes Material nicht ausreichend diskutiert haben, die gesellschaftlichen Bedürfnisse uns auch bedrängen, ein völlig unausgewogenes Bild der Geschichte zu geben?

Ganz klar ist zum Beispiel, daß die gesellschaftlichen Bedürfnisse uns zwingen, die jüngste Vergangenheit weit ausführlicher zu behandeln als ferner zurückliegende Zeiten, obgleich die erstere oft, historisch gesehen, weniger wichtig ist. Das führt zwangsläufig dazu, daß sich, über Jahrzehnte gesehen, die verschiedenen Aufgaben einer solchen Geschichte schon allein in dieser Beziehung mit Recht ändern müssen. Man sollte sich überhaupt fragen, ob nicht folgendes Modell möglich wäre: eine Geschichte der Arbeiterbewegung, die, sagen wir, nicht für Spezialisten, sondern für die Gebildeten, das heißt für das gebildete Volk, bestimmt ist, besteht aus zwei Bänden. In allen nachfolgenden Auflagen, die im Laufe der nächsten Jahrzehnte erscheinen, soll der erste Band stets fünfhundert Seiten umfassen und eine auch im Platz, der den einzelnen Zeitabschnitten eingeräumt wird, wohl abgewogene Darstellung vermitteln, während der zweite Band von dreihundert Seiten nur die jeweils letzten zwanzig Jahre umfaßt und einen ganz anderen Charakter trägt, viel weniger mit Wissenschaft als mit Propaganda (im guten Sinne des Wortes) zu tun hat, und in einer in fünf Jahre später erfolgenden Auflage die ersten fünf Jahre der ersten Auflage nicht mehr behandelt (diese rücken in den ersten Band, der deswegen trotzdem nicht den Umfang von fünfhundert Seiten übersteigen darf). So würden wir endlich, ganz abgesehen von den Wandlungen in der Wertung vergangener Ereignisse, zu einer auch in der Behandlung der verschiedenen Zeiten und Ereignisse besser ausgewogenen Geschichtsschreibung über die Arbeiterbewegung und überhaupt der allgemeinen Geschichte kommen, zu einer ehrlichen allgemeinen Geschichtsschreibung im wissenschaftlichen Sinne. Der erste Band sollte immer so geschrieben werden, daß die Wissenschaftler sich sagen: Der ist für lange Zeit gültig. Der zweite Band sollte alle fünf Jahre umgeschrieben werden – nicht nur, weil fünf Jahre fortfallen und fünf Jahre hinzukommen, sondern weil die Gesellschaft auch andere Anforderungen in bezug auf die Betonung und Wertung zahlreicher Ereignisse stellt.

Schade, daß ich auf diese Gedanken nicht während unserer Unterhaltung gekommen war. Wie nützlich wäre es gewesen, die Reaktion von Fabio darauf zu hören. Doch zeigen sie auch, wie gut es ist, ausführlicher über – in einem Gespräch nur angeschnittene – Probleme weiter nachzudenken, eine Diskussion für sich weiterzuführen.

Doch nun noch einmal zurück. Wir kamen auf Kaderfragen zu sprechen, auf die Notwendigkeit, die Kaderfrage qualitativ und quantitativ zu sehen. Was die Qualität betrifft, betonte ich wieder, wie in meinem ersten Vortrag hier, die Bedeutung der Fürsorge für die jungen Kader, die stete Betreuung, die Ernennung eines Trainers oder Tutors für sie.

Was die Quantität betrifft, erzählte ich, wie wir im Institut für Wirtschaftsgeschichte zuerst die »ganze Republik« für unseren Kader betrachtet hatten, da unsere spezifischen Kader für Wirtschaftsgeschichte noch sehr gering waren; wie wir die Archive aufsuchten und Archivare zur Mitarbeit gewannen, vor allem aber, wie wir den Betrieben Anregungen gegeben hatten zum Schreiben von Betriebsgeschichten und oft dann auch die betrieblichen Mitarbeiter und ihre Geschichtsschreibung betreuten.

Auch in Kuba gibt es schon erste Anfänge einer solchen Bewegung, sogenannte Aktivisten der Geschichtsschreibung.

Beim Mittagessen – wieder ganz formell in der Reihenfolge der Speisen und Getränke, mit süßestem Nougat- und Nußgebäck, einem Glas Champagner, Kaffee und Likör zum Abschluß – plauderten wir von tausend Dingen aus unserem Leben, aus der Geschichte der Bewegung. Mir gegenüber saß ein alter

Genosse, mit einer Wienerin verheiratet, der die Genossin Stassowa gekannt hatte, als sie noch an der Spitze der Roten Hilfe stand, und wir tauschten Erinnerungen an sie aus. Fabio erzählte, wie er, aus der Sowjetunion kommend, mehrere Monate in Hitlerdeutschland verbracht hatte, bevor er von Hamburg aus nach Kuba fuhr. Monica berichtete von der scheußlichen Zeit, als ihr Mann Diplomat bei der UNO war und die kubanischen Ultras ihnen in New York unter dem Schutz der Polizei das Leben schwer machten.

Um 15.30 Uhr, nach herzlichem Abschied von den Genossen, fuhr ich in unsere Botschaft. Da der Botschafter meinen Vortrag für Mittwochnachmittag nur für die Angehörigen der Botschaft und der Handelsvertretung angesetzt hatte, eine Reihe von »Experten«, die von meiner Ankunft in der Presse gelesen und mich zum Teil schon vor zwei Jahren in der Botschaft hatten sprechen hören, sich jedoch beschwerend an die Botschaft gewandt hatten, verlegten wir den Vortrag auf Freitagabend »für alle aus der DDR«. Viel Freude bereitete es mir, weil es so kennzeichnend für den Stand unserer Entwicklung ist, daß unter denen, die sich beschwerten, einer unserer Sporttrainer hier war.

Um 17.15 Uhr ging ich in das Schwimmbad des Hotels – bin jetzt bei vierzig Minuten Rückenschwimmen ohne Unterbrechung. Will aber nicht auf eine oder eineinhalb Stunden kommen, was ich vielleicht in den nächsten vierzehn Tagen noch schaffen könnte, da es doch zuviel Zeit rauben würde.

16. April

Arbeite im Hotel, teils an Vorträgen, teils an der Analyse des Akademieplanes, und lese ein Buch über den alten Thomas Huxley, den Freund und Vorkämpfer von Darwin, das ich mir von Arthur geborgt habe. In vielem erinnert mich seine Haltung an Bernal. Ein hervorragender Wissenschaftler, der aber in die Geschichte eingegangen ist als Wissenschaftskämpfer und Wissenschaftspolitiker.

Sollte ich nicht auch einmal ausführlicher über ihn schreiben? Ist unsere Historiographie der Wissenschaft nicht doch recht kümmerlich – und unter unserer verstehe ich die Menschheit allgemein ... Was für ein Glanzpunkt war doch Hessens Newton-Vortrag 1931, wenn ich mich an das Jahr richtig besinne, und wie primitiv war er dabei im Grunde! Und ist unsere Erinnerung an große Wissenschaftsorganisatoren und Wissenschaftspolitiker, wie es Huxley war, nicht noch viel kümmerlicher? Die Bedeutung von Harnack ist beispielsweise gar nicht hoch genug einzuschätzen. Wie gleichgültig ist es heute, daß er eine »idealistische und nationalistische« Geschichte der Akademie verfaßt hat! An seine theologischen Werke, die ich früher einmal gelesen habe, besitze ich nicht mehr die geringste Erinnerung und verspüre auch gar kein Bedürfnis, wieder einmal in sie hineinzusehen; sicherlich hat er Nützliches für die Staatsbibliothek getan, als er ihr Generaldirektor war ... aber all das kann und wird vergessen werden. Doch stets sollte man sein Gedächtnis hochhalten als Wissenschaftsorganisator der Kaiser-Wilhelm-Gesellschaft und alles dessen, was sie für die Entwicklung der Wissenschaft in der ganzen Welt vom organisatorischen Standpunkt bedeutet hat.

Wie Harnack war auch Huxley ungewöhnlich vielseitig gebildet, ihm aber charakterlich weit überlegen: weit weniger oder gar nicht ein Fürstenknecht und erst recht kein Gottesknecht; den Menschen zugetan, insbesondere den Werktätigen, aber doch völlig ein Sohn der Bourgeoisie und noch einmal aber: vielfach über den bourgeoisen Horizont hinwegsehend. Wahrlich eine lohnende Wissenschaftlergestalt!

Vieles verdiente, heute von neuem angemerkt zu werden.

Etwa: »Der Hauptunterschied, den ich unter Wissenschaftlern feststellen muß, ist nicht, ob sie mehr oder weniger Fehler machen, sondern ihre Bereitschaft, diese unvermeidlichen Fehler anzuerkennen.« Wieviel mehr galt das noch für politische Führer, von denen doch Marx, Engels und Lenin so groß waren, daß sie nicht nur wenige Fehler machten, sondern diese wenigen auch laut und deutlich als solche bezeichneten.

In der berühmten Debatte auf dem Kongreß der British Association for the Advancement of Science, als Bischof Wilberfore voll Überheblichkeit, zugleich brillant und jovial, Darwin attackierte und Huxley auf seine Abkunft vom Affen ansprach, antwortete dieser: »Wenn man mir die Frage stellt, ob ich lieber einen kümmerlichen Affen zum Großvater hätte oder einen von Natur hochbegabten Mann, von großem Einfluß, der doch diese Fähigkeiten und diesen Einfluß nur zu dem Zweck benutzt, eine ernste wissenschaftliche Diskussion ins Lächerliche zu ziehen, dann bestätige ich ohne zu zögern, daß ich den Affen vorziehen würde.«

Nach der Diskussion und der Niederlage des Bischofs erzählte dessen Amtsbruder, der Bischof von Worcester, seiner Frau von dem Vorfall, worauf diese erklärte: »Abstammen vom Affen! Mein Lieber, hoffen wir, daß es nicht wahr ist, und wenn doch, laß uns beten, daß es nicht allgemein bekannt wird.«

Sehr gut bemerkt auch der Autor der Biographie, Cyril Bibby, über Huxley: »Wir können verstehen, warum seine Freunde in der Biologie ihn ständig drängten, all seine Energie der Wissenschaft zu widmen und sie nicht ›zu verplempern‹ auf Wissenschaftserziehung und -organisation. Doch er blieb, mit offenen Augen, bei seiner Entscheidung: Die Zeiten verlangten unablässig von ihm, in der großen Welt wie auch in seinem Laboratorium tätig zu sein, und wir sollten dankbar sein, daß er so handelte.«

Wieder in anderer Form die Problematik Jerussalimski-Gobart: Wissenschaftliche Arbeit, bei der Huxley Erstklassiges (nicht Geniales) leistet, oder Wissenschaftsorganisation und vor allem Wissenschaftserziehung? Seine populären Vorlesungen, zu denen gelegentlich wohl auch Marx, wenn ich mich recht besinne, bestimmt aber dessen Frau und Kinder gingen, waren ein Erlebnis für die gelernten Arbeiter und Kleinbourgeois, die sie hörten.

Großartig auch Huxley über Nutzen und Gefahren der Anwendung der Mathematik auf die Lösung von Problemen in anderen Wissenschaften: »Man kann die Mathematik mit einer wundervoll gearbeiteten Mühle vergleichen, die einem den Stoff bis zur größten Feinheit mahlt; dennoch: was herauskommt, hängt davon ab, was man hineinsteckt.« So ist es auch heute und wird es wohl immer bleiben. Und genau das gleiche, heute noch weitaus wichtiger, gilt für den Computer, obgleich dieser auch seine »eigene Logik« hat. Immer wieder muß ich an die Geschichte von dem Mann denken, der zwei Uhren hat, von denen eine kaputt ist und die andere täglich eine eintausendstel Sekunde vorgeht, und der den Computer fragt, welche von beiden Uhren er behalten sollte, worauf der Computer mit vollem Recht von seinem Standpunkt antwortet: Natürlich die Uhr, die kaputt ist und deren Zeiger sich nicht mehr bewegen, denn sie zeigt die Zeit zweimal am Tage genau an, während die Uhr, die täglich eine eintausendstel Sekunde vorgeht, nur etwa alle hunderttausend Jahre einmal richtig geht.

Wie erstaunlich auch folgendes aus einem Brief an Hackel, 1865: »Es ist vielmehr die Organisation des Wissens als sein Wachstum, wessen wir gegenwärtig bedürfen.« Damals schon diese Beobachtung, die heute natürlich noch viel mehr zutrifft als vor hundert Jahren.

Bei anderer Gelegenheit: »Es gibt kaum eine Beschäftigung (trade) bei uns, mit Ausnahme der rein kleinhändlerischen, in der nicht eine gewisse wissenschaftliche Kenntnis direkt gewinnbringend ist.« Wissenschaft als allgemeine Produktivkraft! Und damals schon seit längerem auch den Kapitalisten irgendwie klar, eigentlich klar seit der industriellen Revolution ... man denke nur an die Luna Society in England!, aber verbreitet erst, auch unter Marxisten, als durchdachte Auffassung nach dem zweiten Weltkrieg, obwohl wahrlich auch schon von Marx so deutlich herausgearbeitet.

Prächtig die folgende Beobachtung: »Die Notwendigkeit, Dinge wissenschaftlich nicht Gebildeten klarzumachen, ist eines der besten Mittel, dunkle Ecken im eigenen Kopf zu erhellen« – als Argument für Vorträge in Arbeiter-Schulen und überhaupt für populärwissenschaftliche Arbeit. Immer habe ich meinen Studenten gesagt, daß ich mich für ein Seminar mit ihnen viel besser vorbereiten muß als für eine Unterhaltung mit dem Genossen Ulbricht und von dieser Vorbereitung auch viel mehr habe – daß ich aber nach einer Unterhaltung mit dem Genossen Ulbricht natürlich wesentlich klüger nach Hause gehe als nach einem Seminar mit ihnen.

Huxley verlangte von den Universitäten eine offene Tür »für die Söhne der werktätigen Massen, deren tägliche Arbeit gerade noch genug für ihre täglichen Bedürfnisse bringt.« Er verlangte ein einheitliches Erziehungssystem, in dem »die Volksschule und die Universität das Alpha und das Omega der Erziehung sind«. Genau das haben wir im Sozialismus durchgeführt.

»Unser Beruf (als Naturwissenschaftler – J. K.) fordert alles von uns und kann mit Erfolg erfüllt werden, wenn wir uns auf das Äußerste anstrengen und ihm volle Aufmerksamkeit widmen, und wir sind gezwungen, uns sogar nur auf bestimmte Gebiete und besondere Problemkreise unserer eigenen Forschung zu beschränken, wenn wir Fortschritte erzielen wollen – wenn wir aber nicht dazu angeleitet werden, daß wir vor allem Mitglieder der Gesellschaft, Menschen sind, dann wird es schlecht um die Männer der Wissenschaft in späteren Generationen bestellt sein, und sie werden riskieren, wissenschaftliche

Pedanten zu sein, wo sie doch Menschen, Philosophen und gute Bürger sein sollten.«

Darum verlangte er auch bei der offiziellen Eröffnung der neuen Medizinischen Schule in Manchester 1874, daß »die Rolle der gesellschaftswissenschaftlichen Fakultät in dieser Institution niemals auch nur um eine Haaresbreite gemindert würde.«

Großartig! Was für ein Aufruf zur Kombination von Spezialforschung, Allgemeinbildung und Ausbildung als Bürger, als Mitglied der Gesellschaft. Genau das muß auch unser Ziel sein. Und welche Schwierigkeit macht die Erreichung diese Zieles! Leichter fällt es uns, die Kombination von Spezialforschung und Erziehung zum gesellschaftlichen Wesen zu erreichen. Aber dadurch, daß die Allgemeinbildung fehlt, zerfällt der Wissenschaftler oft in ein Doppelwesen: Spezialist und Mitglied seiner Gesellschaft; ohne die Allgemeinbildung kann er aber beides nicht harmonisch verbinden. Erstaunlich, wie tief Huxley sieht – einfach, weil er ein Vorbild in dieser Beziehung ist. Ein weit größeres Vorbild, weil größer in der Leistung, war natürlich Marx.

Großartig auch diese Bemerkung, die als Anleitung für alle Lehrenden in Schulen, Fachschulen und Hochschulen gelten sollte: »Prüfungen sind, genau wie das Feuer, ein guter Diener, aber ein schlechter Herr.«

Und wie ernst muß man folgende Beobachtung nehmen: »Viele Menschen glauben, daß einfache Grundlagenlehre sehr gut durch Lehrer stattfinden kann, die selber nur die einfachen Grundlagen kennen. Glauben Sie mir, daß das der größte Fehler ist. Nichts ist so schwer, wie ein gutes Grundlagenbuch, ein Buch für Anfänger (elementary book) zu schreiben, und niemand kann so schwer gelehrt werden wie Menschen, die nichts vom Lehrstoff wissen.« Nützlich auch für die Besetzung unserer Fakultäten oder Sektionen für Marxismus und Leninismus an unseren Universitäten. Immer habe ich gesagt, man muß unsere besten, reifsten, erfahrensten Marxisten und Lehrkräfte dorthin bringen.

Ich erwähnte zuvor, daß Huxley ganz ein Mitglied seiner Klasse war, aber gelegentlich auch über ihren Horizont hinaussah, etwa so:

»Wenn man klar nachweisen kann, daß die Abschaffung des privaten Eigentums dem Wohl der Menschheit noch besser dienen kann, dann hat der Staat das gleiche Recht, das Privateigentum abzuschaffen, wie er es heute hat, es zu schützen.«

»Jeder, der die Lage der Bevölkerung in allen großen industriellen Zentren kennt ... ist sich klar darüber, daß unter einem großen und wachsenden Teil der Bevölkerung la misère unangefochten herrscht.«

Also absolute Verelendung und mehr: sich zunehmend verbreitende absolute Verelendung. Hätte ihn diese Beobachtung nicht davon überzeugen sollen, daß das private Eigentum an Produktionsmitteln abgeschafft werden muß? Schade, daß er nicht so weit gedacht hat. Und unverständlich für einen so klug beobachtenden und auf naturwissenschaftlichem Gebiet so konsequent zu Ende denkenden Menschen. Wenn er dem Naturwissenschaftler richtig empfiehlt: »Setz dich nieder vor einer Tatsache wie ein kleines Kind und sei bereit, jedes Vorurteil aufzugeben«, dann hat er diesen Rat als gesellschaftlich denkender Mensch nicht befolgt: Er selbst konnte sein Vorurteil gegenüber dem privaten Eigentum eben nicht von vornherein aufgeben, er verlangte zuvor Nachweise.

Wie gut folgendes: »Ich möchte nicht irgendwie verwechselt werden mit Zynikern, die Freude daran haben, den Menschen zu degradieren, oder mit den üblichen ›gemeinen‹ Materialisten, die glauben, daß das Denken ein niedrigerer Prozeß ist, weil es eine Funktion der Materie ist, ich mag sie noch weniger als die Frömmler.» Ähnlich dachte Marx von Moleschott, Vogt & Co.

Noch einmal, in einer Rede, zu allgemein gesellschaftlichen Problemen: «Alle sozialen Verhältnisse, unter denen die Entwicklung von Reichtum Elend, physische Schwäche und Degradation des Arbeiters bedeutet, sind absolut und unbedingt zum Zusammenbruch verurteilt. Ihre Bajonette und Säbel werden in ihrer Hand zerbrechen.«

Und: »Was nützt es dem menschlichen Prometheus, daß er das Feuer vom Himmel gestohlen hat, damit es ihm dient, und daß die Geister der Erde und Luft ihm gehorchen, wenn das Ungetier der Armut ewig an seinem Innersten nagt und ihn am Abgrund der Zerstörung zu verweilen zwingt.« Wie nah war er uns doch! Und wieviel näher wäre er uns noch gekommen, wenn er neben Darwin auch Marx studiert hätte!

Obiges habe ich zitiert, wie ich es bei der Lektüre auf einander folgenden Seiten fand.

Vor fünfzig Jahren las ich Wilhelm Humboldt über Fragen der Wissenschaft und Erziehung, aber die ganze Bedeutung so vieler seiner Gedanken begriff ich erst in den letzten Jahren, als ich mich wieder intensiver mit Fragen der Wissenschaftspolitik beschäftigte. Huxley las ich vor annähernd vierzig Jahren, ohne seine Größe als Wissenschaftstheoretiker, Wissenschaftsorganisator und Wissenschaftspolitiker zu erkennen. Damals, etwa 1936, waren erst vierzig Jahre seit seinem Tode vergangen, heute sind es fast achtzig Jahre. Wie vieles aber können auch wir im Sozialismus noch von ihm lernen! Ein Jammer, wie Wichtiges und Nützliches uns aus der Vergangenheit noch entgeht, weil wir zuwenig aus alten Zeiten lesen.

Doch ich möchte noch einmal bei Huxley zurückblättern, um zu zeigen, was für ein liebenswürdiger und amüsanter Mensch er außerdem war. Auch das gehört zu ihm und erklärt manches von seinem Einfluß, besser: von seiner Geschicklichkeit im

Erreichen dieser oder jener kleinen, aber nicht bedeutungslosen Ziele.

Als sein jüngster Sohn, entfernt von London, sich mit einem den Eltern Huxley unbekannten Mädchen verlobte, schrieb ihm Huxley: »Wir sind so glücklich ... bitte sage ihr, daß ich der ideale Schwiegervater bin (übrigens: laß uns doch wissen, wie sie heißt; ich weiß, es handelt sich dabei natürlich um eine lächerliche Kleinigkeit, aber es würde uns doch interessieren).« Und über seinen später sehr bekannt gewordenen fünfjährigen Enkel Julian bemerkt er: »Ich mag es, wie er einem offen ins Gesicht sieht und nicht gehorcht.«

17. April

Sprach heute in der Akademie über das Thema meiner Humboldt-Vorlesung »Methodologie und Weltanschauung in der wissenschaftlichen Forschung« und hatte eine neue Idee, um die Problematik zu veranschaulichen:

Bekanntlich haben die Anhänger des Klubs von Rom, des Nullwachstums in der Industrie interessante Berechnungen angestellt, wie lange die Rohstoffvorräte – unter den Bedingungen des weiteren Wachstums der Produktion im Maßstab der letzten fünfzig Jahre und der Regenerationsrate der Rohstoffe in der gleichen Zeit – noch in der Zukunft reichen würden; ebenso haben sie die künftige Umweltschädigung auf Grund der Raten der Vergangenheit berechnet. Als Folge dieser Berechnungen ergibt sich, daß in nicht sehr ferner Zukunft sowohl ein akuter Rohstoffmangel eintreten wie auch die Menschheit infolge der Umweltschädigung zugrunde gehen würde.

Die Konstruktion solcher Modelle ist methodologisch erlaubt und keineswegs unnützlich.

Genauso kann man berechnen, daß bei Fortdauer der Steigerung der Unfallrate in der kapitalistischen Industrie in absehbarer Zeit die ganze Menschheit durch Unfälle Finger oder Beine verlieren oder auf irgendeine Weise gar ausgerottet würde.

Was die Unfälle betrifft, hat sich bisher jedoch niemand getraut, die unsinnige Konsequenz zu ziehen, man dürfe die Industrieproduktion nicht weiter steigern, um den »Unfalltod« der Menschheit zu verhindern. Umgekehrt: man verlangt einen besseren Unfallschutz.

Was aber den Rohstoffverbrauch und die Umweltschädigung betrifft, diktiert die Weltanschauung des Klubs von Rom (dem Monopolisten, Politiker und Intellektuelle angehören) eine andere Forderung: die Produktion der Industrie nicht weiter zu steigern. Die »Grenzen des Wachstums« sind nach Ansicht dieser Monopolideologen erreicht – auch wenn noch Milliarden Menschen dringendst zahlreicher Industriegüter bedürfen.

Unsere Weltanschauung zieht aus diesen methodologisch durchaus erlaubten Berechnungen genau entgegengesetzte Schlüsse. Sie geht davon aus, daß die Industrieproduktion weiter wachsen muß und verlangt – entsprechend der Forderung nach besserem Unfallschutz – von den Wissenschaftlern, bessere Methoden zur Regeneration der Rohstoffe und zum Schutze der Umwelt zu entwickeln.

Ich glaube, daß diese Argumentation Interesse bei den Zuhörern gefunden hat, daß sie einleuchtend war und zeigte, wie man durchaus methodologisch berechtigte Analysen von bürgerlichen, auch von monopolfreundlichen Wissenschaftlern übernehmen kann – auch Lenin hat das getan –, man sich aber davor hüten muß – und auch davor hat Lenin wahrlich gewarnt –, ihnen auch nur ein Wort zu glauben, wenn sie anfangen zu philosophieren, wenn sie ihre Weltanschauung ins Spiel bringen.

In der Diskussion kam dann eine überaus interessante Frage auf: Wie ist es, wenn die Weltanschauung fortschrittlich, die

Methodologie aber falsch oder zumindest ungenügend ist? Wie sollen wir das einschätzen?

Ich meinte: Im allgemeinen ist die Weltanschauung das entscheidende, gerade auch bei unserer Einschätzung von Lehrkräften an kapitalistischen Universitäten und Akademien. Wenn ein Wissenschaftler dort nichts Besonderes an Forschungsresultaten leistet, aber auf Grund seiner fortschrittlichen Weltanschauung progressiv denkende junge Wissenschaftler heranzieht, so begrüßen wir das.

Nur an einem Platz legen wir den entscheidenden Wert auf die Methodologie: an den Universitäten und Akademien der sozialistischen Länder. Wohl zogen wir in den allerersten Anfangsstadien unseres Aufbaus bewährte Genossen mit einer festen marxistischen Weltanschauung – ohne besondere Rücksicht auf ihre Fähigkeiten als Methodologen im Rahmen der wissenschaftlichen Forschung – an die Universitäten. Das war damals möglich, weil wir über zahlreiche bürgerliche Methodologen von Qualität verfügten, die selbst als streng gläubige Menschen in der Methodologie entweder Materialisten oder Dialektiker oder beides waren – sonst hätten sie keine neuen Erkenntnisse über die Realität gewinnen können (und daß sie das taten, insbesondere auf dem Gebiet der Natur, ist ja ohne Zweifel). Eine solche Politik war aber damals auch gesellschaftlich notwendig, um den »Geist«, um die Philosophie, die Weltanschauung des Marxismus-Leninismus an Universitäten und Akademien zu verbreiten. Waren die in ihrer Weltanschauung so festen und guten Marxisten-Leninisten aber nicht zugleich auch gute Methodologen, dann konnten sie natürlich nicht wissenschaftlich-schöpferisch arbeiten.

Sobald wir deshalb über genügend wissenschafts-methodologisch gebildete Kader verfügten, die die Einheit von marxistischer Weltanschauung und Methodologie in sich verkörperten, gingen wir dazu über, diese an die Universitäten und vor allem auch an die Akademien zu ziehen. Die marxistische Weltanschauung wird bei uns mehr und mehr zu einer selbstverständlichen Voraussetzung für jede qualifizierte gesellschaftliche Tätigkeit. Die Beherrschung der Methodologie des dialektischen und historischen Materialismus aber ist zur spezifischen Voraussetzung der wissenschaftlichen Arbeit geworden.

Von einem Funktionär der Partei oder der Gewerkschaft verlangen wir, daß er methodologisch als Marxist geschult ist. Neue Gesetze in Natur und Gesellschaft zu entdecken, ist nur dem so Geschulten möglich – natürlich auch dem methodologisch so arbeitenden bürgerlichen Wissenschaftler. Der Unterschied zwischen diesen und uns Marxisten ist nur, daß sie, wie Lenin bemerkte, sobald es gilt, Schlußfolgerungen zu ziehen, durch ihre Weltanschauung zu unsinnigen und gar ausgesprochen menschenfeindlichen »Bewertungen« (Lenin) gelangen, während uns Marxisten die Einheit unser Methodologie und Weltanschauung zum Ziehen von dem Wohle der Menschheit dienenden Konsequenzen befähigt.

Man war wohl auch etwas erstaunt, daß ich von einem vormarxschen historischen Materialismus als Methodologie sprach. Aber wenn man, wie etwa Turgot, Materialist und Dialektiker ist und eine Entwicklung der Gesellschaft entsprechend der Art, den Lebensunterhalt zu gewinnen, ja bisweilen auch schon nach Produktionsweisen anerkennt, wenn man dann auch noch, wie die französischen Historiker in den zwanziger und dreißiger Jahren des vorigen Jahrhunderts, die Klassenkämpfe als Motor der Entwicklung anerkennt, soll man da nicht wahrlich mit Recht von historischem Materialismus als Methode sprechen? Wie ist denn eine so weit gehende Erkenntnis der realen Entwicklung, wie sie diese Denker hatten, anders zu erklären als durch die Anwendung der Methode des historischen Materialismus! Und soll man nicht auch vom vormarxschen dialektischen Materialismus sprechen? Ja, natürlich! Auch

Lenin spricht ganz deutlich vom dialektischen Materialismus bei Heraklit – und mit wieviel Recht! Wären doch auch die gewaltigen Erkenntnisse der letzten Jahrhunderte, ja Jahrtausende, auf dem Gebiet der Naturwissenschaften gar nicht zu erklären ohne die Anwendung der Methode des dialektischen Materialismus. Man soll sich durchaus nicht scheuen, größte Bewunderung für die Handhabung der Methode des dialektischen Materialismus durch die Naturwissenschaftler des Monopolkapitals zu empfinden, deren beste den Weltstandard der Naturwissenschaften mitbestimmen. Das ist natürlich auf dem Gebiet der Gesellschaftswissenschaften anders, denn die Anwendung der Methode des historischen Materialismus führte vor zweihundert und hundertfünfzig Jahren zur wissenschaftlichen Rechtfertigung der Bourgeois-Herrschaft, mußte später aber zur wissenschaftlichen Rechtfertigung der Arbeiterbewegung, zum Sozialismus führen. Daher der große Niveauunterschied der bürgerlichen Geschichtsschreibung in der letzten Hälfte des 18. Jahrhunderts wie im ersten Drittel des 19. Jahrhunderts (siehe für das Enddatum das Nachwort von Marx zur 2. Auflage des »Kapital«) und der nachfolgenden Zeit.

In diesem Zusammenhang kritisierte ich auch viele Darstellungen, in denen Marx gewissermaßen als deus ex machina dargestellt wird. Alles vor ihm mußte von ihm gewissermaßen umgestaltet oder kritisch verarbeitet werden. Wieviel er aber einfach übernehmen oder einfach fortsetzen konnte, wird vergessen. Genauso etwa bei Lenins Imperialismuslehre. Und dabei gibt es doch wohl keine großen Wissenschaftler, die so wie Marx und Lenin herausgearbeitet haben, was sie den Wissenschaftlern der Vergangenheit zu verdanken haben. (Ja, gar nicht selten schreiben sie ihren Vorgängern mehr zu, als ihnen zukommt, weil sie selber so viel Kluges in sie hineinlesen.) Man denke etwa an Lenins Lob für J. A. Hobson am Anfang des »Imperialismus«. Aber welcher Politökonom des Imperialismus liest noch

Hobson bei uns? Was Lenin als Quellen und gleichzeitig Bestandteile, ja Bestandteile!, des Marxismus bezeichnet, eben Teile der Lehren vergangener Denker – wie wenig werden sie vielfach anerkannt und studiert! Wenn meine naturwissenschaftlichen Freunde Rompe und Treder mir sagen, jeder Naturwissenschaftler müsse heut noch Newton lesen, und Dirac werde auch noch in hundert Jahren gelesen werden müssen, trifft das nicht auch auf Hobson zu, von dem Lenin sagt, er habe die »grundlegenden ökonomischen und politischen Besonderheiten des Imperialismus beschrieben«, oder auf die großartigen französischen Historiker Michelet, Thierry und die anderen ihres Kreises, die Klassenkampfgeschichte geschrieben haben?

Auch zu dieser Problematik gab es einige Worte in der Diskussion, aber nicht so viele, wie ich mir erhofft hatte. Vielleicht waren diese Ausführungen zu neu für die Hörer und werden erst nach der Veranstaltung von ihnen weiter durchdacht und diskutiert werden.

Hatte heute, nachdem ich 400 m geschwommen war, eine gute Idee für die nächste Vorlesung und damit so viel Zeit gewonnen, daß ich einfach weiterschwamm und nach ungefähr einer Stunde ohne Unterbrechung etwa einen Kilometer geschwommen war. Wie gerne hätte ich vor Becher damit geprahlt, der ja vor 1933 mit mir »der andere« und bessere Langstreckenschwimmer der Partei war. Nun kann er mich nicht mehr, wie früher, übertreffen.

18. April

Fing heute früh eine Biographie über die englische Marlitt auf gehobenem Niveau, Mrs. Humphry Ward, an. Ihr Roman »Robert Elsmere« erreichte, wie es in der Einleitung heißt, 1888 in wenigen Monaten eine Auflage von mehr als einer Million. Heute wird sie kaum noch gelesen. Ihre Familie ist ebenfalls interessant – einer ihrer Großväter war Thomas Arnold, der bekannte Pädagoge, der mit Wordsworth und anderen Lake Poets befreundet war, ein anderer der Sohn des ersten Gouverneurs von Van Diemen's Land in Australien, der, bevor er sein hohes Amt antrat, seine Familie verlassen hatte und dessen braver Sohn William in einem gewissermaßen dialektischen Prozeß von seiner Frau verlassen wurde; Mrs. Humphry Wards Onkel, der Bruder ihres Vaters, war Matthiew Arnold, ebenfalls ein Pädagoge, bewundert vor allem aber als Literat, Literaturkritiker und Moralist. Sie selbst war die Tante von Aldous und Julian Huxley, Enkeln von Thomas Huxley.

Zum Essen fuhr ich in die Botschaft, wo ich mit dem Botschafter über die Verhältnisse in Kuba sprach – er war gerade beim Präsidenten Dorticos gewesen – und mit den mir so freundlichen Linkes – er ist Presseattaché, sie Kulturattaché – Mittag aß. Immer ist es ein Vergnügen, in der Botschaft zu sein.

19. April

Muß mich wegen Mrs. Humphry etwas korrigieren. Nicht, was ihre Romane betrifft, aber, was ich nicht wußte: Sie hatte zuerst sehr ernsthaft wissenschaftlich, historisch gearbeitet, wollte eine Zeitlang der englische Saint-Beuve werden und hat voll liberalhumanem Gefühl viel für die Kinder der Werktätigen in einem Teil Londons, die sich bei Abwesenheit der Eltern auf den Straßen herumtreiben mußten, durch ihr Settlement getan, sich später sogar besonders körperbehinderter Kinder angenommen.

Auch muß man sagen, daß sich bedeutsame Männer und Frauen für sie interessierten. Gladstone schrieb ewig lang über »Robert Elsmere«, Graham Wallas und Beatrice Webb führten sie in die Realitäten der Arbeiterwelt ein, Henry James war ihr befreundet und ebenso Asquith. Durch ihren Mann, Kunstkritiker an der »Times«, stand sie mit manchen hervorragenden Künstlern ihrer Zeit in guter Verbindung.

Merkwürdig, daß ich nie auf die Idee gekommen war, Graham Wallas über sie zu befragen. Aber es scheint mir nicht zu lohnen, sie noch einmal zu lesen, es sei denn, ich wollte in irgendeinem Zusammenhang einen Vergleich der Bestseller um 1890 in verschiedenen Ländern machen – an sich ein reizvolles Vorhaben, insbesondere unter dem Gesichtspunkt der Literatursoziologie.

20. April

Hielt gestern früh meinen dritten Vortrag im Rahmen der Internationalen Seminare. Wurde wohl als nicht so gut wie die beiden ersten von den Zuhörern empfunden. Vielleicht lag das an der Thematik: erste (1540-1640) und zweite (1760-1830) industrielle Revolution in England mit Bemerkungen über die Entwicklung auf dem Kontinent.

Aber einige begriffen doch voll die Bedeutung meiner einleitenden Bemerkungen, in denen ich ausführte, daß das Thema recht wirtschaftshistorisch aussieht, »jedoch« ein Fundamentalproblem des Marxismus-Leninismus behandelt: die entscheidende Rolle der Produktivkräfte.

Ich erinnerte daran, wie groß die Gefahr immer wieder ist, daß wir – gerade weil wir uns bemühen, und zwar oft sehr erfolgreich bemühen, unsere Politik auf Grund der objektiven Gegebenheiten in der Basis zu führen – plötzlich dem subjektiven Faktor eine überwältigende Bedeutung geben.

Das gilt sowohl für die Parteiführung wie auch für die Gesellschaftswissenschaftler, insbesondere auf den Gebieten der Politischen Ökonomie wie der Geschichtsschreibung.

Wie oft in den letzten fünfzig Jahren haben die Ökonomen vergessen, daß die ökonomischen Gesetze objektive Gesetze sind, die unabhängig vom bewußten Willen des Menschen wirken, die aber natürlich, wenn sie erkannt werden, von politischen Parteien, vom Staat bewußt gefördert oder, wenn es so richtig erscheint, in ihrem Wirken behindert werden können!

Wie viele historische Werke sind in den letzten fünfzig Jahren geschrieben worden, in denen einleitend auf fünf Seiten auf den »ökonomischen Hintergrund« hingewiesen und dann über fünfhundert Seiten ohne Verbindung mit der Ökonomie »reine politische« Geschichte geschrieben wird.

Ich versuchte dann zu zeigen, wie durch die Wandlung der Produktivkräfte in den ersten beiden industriellen Revolutionen der ganze Mensch verändert wurde.

Das Ganze schien mir auch politisch wichtig für Kuba, wo Voluntarismus und Subjektivismus in der Politik noch stärker verbreitet waren als bei uns in den späteren Jahren von Walter Ulbricht. Da hat Erich Honecker doch eine große Änderung bewirkt. Aber natürlich wurde ich in meinem Vortrag nicht so konkret.

Wahrscheinlich habe ich einfach nicht gut genug gesprochen, so daß die Hörer nicht die ganze Bedeutung der Problematik, die schon diese beiden ersten Revolutionen aufwarfen, verstanden. Natürlich ärgerte ich mich über mich. Muß sehen, daß die nächste Vorlesung wieder besser wird.

Nach dem Vortrag kam ein Vertreter der Plankommission zu mir und bat mich, wieder bei ihnen Vorträge zu halten. Da mein Aufenthalt seinem Ende entgegengeht, sagte ich einen Vortrag zu. Alles andere wollten wir am nächsten Tag besprechen.

Mittag aß ich mit Fé, die mir von ihren Forschungssorgen erzählte. Ich riet ihr, mit Fabio Grobart zu sprechen. Am Nachmittag kam Gloria, um mir von ihrer Unterhaltung mit Fabio zu berichten. Sie war ganz glücklich und dankbar für meinen Rat, zu ihm zu gehen – was sie nicht wußte, war, daß ich schon vorher mit Fabio über sie etwas ausführlicher gesprochen hatte. Alles verläuft jetzt ganz prächtig für sie, ich bin froh, daß ich ihr etwas helfen konnte. Sie verdient es wahrhaftig.

Am Abend sprach ich in unserer Botschaft vor etwa hundert DDR-Bürgern über die Wirtschaftssituation in der kapitalistischen Welt und die Merkmale der neuen Phase der Allgemeinen Krise des Kapitalismus. Es interessierte wohl besonders, als ich zu erläutern suchte, wie wir seit fünf Jahren schon eine Veränderung in den kapitalistischen Verhältnissen beobachten, wie ich zuerst in der »Weltbühne« 1969 die Möglichkeit angedeutet hatte, daß die siebziger Jahre sehr anders verlaufen könnten als die fünfziger und sechziger Jahre, wie wir Anfang 1971 schon klarer sahen und Erich Honecker für die siebziger Jahre Stagnationstendenzen und Krisen der verschiedensten Art voraussagte, wie dann in der Folgezeit die Frage einer Veränderung im Charakter der Allgemeinen Krise unter den führenden Mitgliedern der Parteien der sozialistischen Länder diskutiert wurde und Kurt Hager nach dem Treffen der ideologischen Sekretäre der Parteien in Moskau auf unserer Propagandistenkonferenz »offiziell« von dieser neuen Phase der Allgemeinen Krise sprach. Ich erinnerte daran, daß wir gelegentlich in der Vergangenheit von einem Meilenstein gesprochen haben, der sich später als ein Zentimeterkiesel erwies, aber, fügte ich hinzu, ich bin überzeugt, daß es sich diesmal um einen wichtigen Einschnitt, vielleicht sogar um einen »Siebenmeilenstein« handelt.

In der Diskussion wurden kluge Fragen gestellt. Nach eindreiviertel Stunden war die Veranstaltung zu Ende, und der Botschafter, der Parteisekretär, deren Frauen sowie die Frau des

Militärattachés, die ihren Hausschlüssel in dem Wagen hatte liegen lassen, mit dem ihr Mann zu einer diplomatischen Veranstaltung unterwegs war, fuhren mit mir in die Residenz, wo wir bei Leberwurstbroten und Würstchen, von den Frauen rasch zurechtgemacht, gemütlich bis Mitternacht zusammensaßen. Ein überaus erfreulicher Abend.

Besonders freute mich die Bemerkung, das beste an meinem Vortrag sei gewesen, den Genossen verständlich gemacht zu haben, wie sich eine Erkenntnis entwickelt, von der ersten Vermutung eines Wissenschaftlers bis zur festen Meinungsbildung in der Parteiführung. Daran anknüpfend sagte ich dann auch, daß der Wissenschaftler den Mut haben müßte, eine solche Vermutung zu äußern – einmal, um die Meinungsbildung unter anderen Wissenschaftlern zu fördern, und sodann, um die Parteiführung darauf aufmerksam zu machen, daß ein neuer Prozeß in der kapitalistischen Weltwirtschaft entstehen könnte. Natürlich geht er das Risiko ein, unrecht zu haben. Aber seit wann gibt es eine Losung für den Wissenschaftler »Lebe risikolos«? Darin besteht eben der entscheidende Unterschied zwischen der wissenschaftlich begründeten Vermutung eines Wissenschaftlers und der auf längerer (!) Praxis beruhenden Meinungsbildung einer Parteiführung.

Der Fahrer des Botschafters, dessen Frau als Sekretärin des Botschafters arbeitet, brachte mich dann nach Hause. Auf dem Wege unterhielten wir uns über die Rolle des Außenhandels in großen Ländern wie USA, Indien, China, UdSSR. Ein besonders erfreulicher Abschluß.

Heute früh um 10 Uhr kam, wie verabredet, der Genosse von der Plankommission, um mich dorthin zu bringen, damit wir in engerem Kreis über meinen Vortrag sprechen. Die Genossen hatten, sich an meine letzten Vorträge dort vor zwei Jahren erinnernd und an die Zigarrenkisten, die mir Präsident Dorticos damals schenkte, die herrlichsten Zigarren für mich ausgesucht.

Ich schlug ihnen einen sehr grundlegenden Vortrag über »Rohstoffe und Weltpolitik« vor, mit dem sie voll einverstanden waren. Zu meiner Freude begannen wir gewissermaßen gleich mit der Diskussion, so daß ich feststellen konnte, an welchen Fragen sie besonders interessiert waren, und dazu noch neue Gedanken notierte, die meinen Vortrag verbessern werden.

Über die Möglichkeit, zu dieser Thematik hier zu sprechen, bin ich sehr froh, da ich glaube, es handelt sich um eine Reihe von Problemen, die wir in den sozialistischen Ländern sehr gründlich durchdenken müssen und deren Auswirkungen im Weltmaßstab in ihrer Bedeutung noch gar nicht abzusehen sind. Ich glaube auch, daß ich manches Neue dazu sagen kann. Besonders erfreut war ich, daß sie mir sofort in der Unterscheidung der Preisperspektiven für landwirtschaftliche und minerale Rohstoffe zustimmten. Einer von ihnen sagte: »Eine so einfache und selbstverständliche Sache! Und daß wir den Genossen Kuczynski brauchten, um darauf zu kommen!« Ich sagte ihnen aber gleich, daß ich in einem vor gerade drei Wochen geschriebenen Artikel zur Problematik der Rohstoffe diese Unterscheidung auch noch nicht vorgenommen habe, da sie mir erst auf dem Flug nach Kuba eingefallen war.

Jetzt, 13 Uhr, im Hotel zurück, will ich erst schnell etwas essen, wenig, so daß ich bald das Schwimmen hinter mir habe und an die Ausarbeitung des Vortrages gehen kann.

Vom Institut für Philosophie wollte man mich mit den Sowjetgenossen, die zu den Internationalen Seminaren hier sind, heute abend um 20.30 Uhr in die Schaubühne »Tropicana« führen – es würde wohl bis 1 Uhr morgens dauern, sagte man mir. Aber ich schützte mein Alter vor, so daß ich morgen, Sonntag, ganz frisch bin, um hier friedlich zu arbeiten und zu lesen.

Zumal die Nationalbibliothek so freundlich war, mir, gegen alle Regeln, das in Berlin nicht befindliche Buch »Diderot et l' Encyclopédie« von Le Gras (Paris 1942) für das Wochenende zu leihen. Ich brauche es dringend für Band II meiner Studie »Zur Geschichte der Gesellschaftswissenschaften«, und da ich Ende Mai auf eine Propaganda-Reise nach der BRD fahren soll, freue ich mich über jedes Buch, das ich dazu schon lesen kann. Vielleicht nehme ich in den Band auch einen Abschnitt über die Verbindung von Natur- und Gesellschaftswissenschaften bei Thomas Huxley auf, so daß sich meine Lektüre für das nächste Buch ganz konkret gelohnt hat.

Merkwürdig, wie wenig Diderot in der Wissenschaftsgeschichte als Wissenschaftsorganisator beachtet worden ist, zumindest in der, die ich kenne. Es ist wie mit Harnack, nur noch viel ärger. Denn die Enzyklopädie war doch eine einzigartige organisatorische Leistung – oder habe ich sie zu groß in der Erinnerung? Muß dem in Berlin nachgehen. Wie viele Anregungen finde ich doch hier!

Machte mir Notizen für meine letzte Vorlesung in den Internationalen Seminaren – betreffend die dritte und vierte industrielle Revolution. Will die dritte, die elektrotechnische Revolution, ganz stark in den Vordergrund rücken; die vierte will ich in ihrer Bedeutung für die Gegenwart ganz herunterspielen – mit Recht, insbesondere hier, wo bestimmte Stellen, genau wie bei uns 1967 bis 1970, zu großen Investitionen in elektronischer Datenverarbeitung u.ä. neigen – und dafür ihre entscheidende Bedeutung für später besonders herausarbeiten.

Natürlich sollen wir schon heute alles tun, um die Amerikaner in der Elektronik einzuholen. Aber das erreichen wir nicht, indem wir, wie in der DDR, von allen Journalisten und Historikern verlangen, daß sie Kurse in der elektronischen Datenverarbeitung absolvieren. Das erreichen wir auch nicht damit, daß wir teure elektronische Rechenmaschinen, die kaum genutzt werden, an allen möglichen Orten aufstellen. In Kuba hat man für die Statistik elektronische Rechenmaschinen aus Frankreich bestellt, weil sie moderner als die sowjetischen sein sollen. Selbst wenn das der Fall wäre, würden die sowjetischen völlig ausreichen.

Zum Essen bei Renate, wo sie und Arthur wieder auf das Problem des Gradualismus zu sprechen kamen. Wir nähern uns einem Verständnis des antimonopolistischen Demokratismus als einer Vorstufe, halten aber alle drei den »friedlichen Weg zur Macht« für sehr unwahrscheinlich. Ich glaube, Chile spielt in den Gedanken vieler Genossen überall eine sehr große Rolle, und es wäre wünschenswert, daß wir uns nicht mit einer Kampagne gegen den militärisch-faschistischen Terror begnügen, sondern auch mehr theoretisch-strategische Überlegungen und Artikel brächten. Vielleicht habe ich unrecht, aber wie sehne ich mich nach den Zeiten der III. Internationale und ihren Organen, wo so viel und so klug (wenn auch gar nicht selten falsch) entsprechende Probleme diskutiert wurden. So weit ich es übersehe, versagen hier auch gerade die englische und die italienische Partei, die Protagonisten des »friedlichen Weges«.

Habe die Memoiren von Julian Huxley angefangen, recht unbedeutend, was er über seine Kindheit schreibt. Habe ich in meinen Memoiren auch zuviel über die Kindheit geschrieben?

22. April

Die Memoiren beendet. Ein erster Band bis 1945. Doch im ganzen ungewöhnlich unbedeutend. Als Naturwissenschaftler war wohl seine Hauptspezialität die Beobachtung von Vögeln bei der Liebeswerbung und beim Liebesakt; hier hat er offenbar wirklich Bedeutendes geleistet. Aber sonst? Ungewöhnlich weitschichtig interessiert, auch dort, wo Natur- und Gesellschaftswissenschaften zusammentreffen, viel auf Reisen und in

Organisationen tätig, später auch erster Leiter der UNESCO und allgemein als besonders geeignet für diese Funktion angesehen, wie sein Großvater interessiert auch an der Popularisierung der Wissenschaft, mit philosophischen Neigungen, progressiv, mit vielen klugen und interessanten Freunden – aber wie flach ist die Darstellung, wie wenig leben die Personen! Er war neunundsiebzig, als er die »Memories« begann, und dreiundachtzig, als er sie beendete, und wie wenig weise und tieferen Einblick gebend sind sie! Nur Altersschwäche? Habe jedenfalls keine Lust, durch Lektüre oder erneutes Lesen anderer seiner Bücher diese Frage zu lösen.

Der Tag verlief recht faul. Schrieb nur einen Artikel für das »Magazin«, Hilde Eisler zuliebe, über eine wirtschaftswissenschaftliche Diskussion hier, nahm Briefe für den Kurier zur Handelsvertretung; von dort zur Botschaft, wo ich einige nette kurze Diskussionen hatte und gut DDR-mäßig aß: Rostbraten mit Mischgemüse und Bratkartoffeln. Unsere ADN-Freunde brachten mich ins Hotel, wo ich noch Eis und einen Doppelmokka bei einer guten Zigarre von unserem Botschafter zu mir nahm.

Will noch von Alick West ein Büchlein über Shaw (nach einem Ausspruch von Lenin »A good man fallen among Fabians« betitelt) lesen, zum Abendbrot die übliche Bohnen- oder Erbsensuppe essen und früh schlafen gehen, obgleich der morgige Tag wahrscheinlich noch weniger bringen wird als der heutige. Der Ernst des Lebens beginnt erst wieder am Mittwoch.

23. April

Schrieb heute früh einen zweiten Artikel für das »Magazin«, angeregt durch die Tatsache, daß man in Kuba umsonst an öffentlichen Apparaten telefonieren kann. Auch diese Überlegungen kommen noch aus dem schönen Kuba, das zum Nachdenken so geeignet ist, weil dort so relativ wenig Hektik im täglichen Leben anzutreffen ist. Mein bester Feind J. K., über dessen Sarkasmus so manche sich beklagen, behauptet, nichts bringt einen Wissenschaftler schneller vorwärts, als vier Wochen von der edlen kubanischen Kombination mañana (hat auch Zeit bis morgen) und Sozialismus zu erleben. Sein Glück, daß er diesen Zustand wenigstens auf vier Wochen beschränken möchte – sonst würde er mich an den General erinnern, der vor der Schlacht die Losung ausgab: »Leben und leben lassen.«

Manche Maßnahmen sind hier wirklich von außerordentlicher Bedeutung, ökonomischer wie philosophischer.

Zum Beispiel muß man hier in Kuba genau wie bei uns für sein Telefon bezahlen. Die öffentlichen Telefonapparate aber können umsonst benutzt werden. Seitdem kann niemand mehr unmoralisch handeln oder versuchen, die Zahlung für das öffentliche Telefonieren zu vermeiden oder sich durch Beschädigung der Telefone von anderen eingezahltes Geld zu beschaffen. Die Beschädigung öffentlicher Telefone, die bei uns leider noch allzuoft vorkommt, ist in Kuba auf diese Weise praktisch abgeschafft worden.

Und das bringt uns von der Ökonomie zur Philosophie. Manche stellen sich den vollendeten Kommunismus so vor, als ob die Welt dann von moralischen Helden bewohnt wäre. Aber das ist natürlich Unsinn. Im Gegenteil: Die Moral, auf die wir heute mit Recht so viel Wert legen und legen müssen, wird überhaupt abgeschafft sein, denn wo keine Unmoral, da ist auch keine Moral.

Warum aber gibt es keine Unmoral mehr im vollendeten Kommunismus? Nun doch vor allem deswegen, weil insbesondere die ökonomischen Verhältnisse unmoralisches Verhalten unmöglich machen. Man braucht ja nur zu durchdenken, was es heißt: Jeder leistet nach seinen Fähigkeiten, jeder erhält nach seinen Bedürfnissen. Welch ein großer Teil unmoralischer

Handlungen wird allein dadurch schon unmöglich gemacht, daß jeder nach seinen Bedürfnissen erhält!

Meine gute und mich sonst leider sehr realistisch beurteilende Assistentin Erika Behm behauptet oft, ich sei weltfremd und die Menschen würden sich doch nicht bessern. Aber darauf kommt es doch als Argument gar nicht an. Das, was sich nicht nur bessert, sondern grundlegend verändert, sind schon im Sozialismus und erst recht im Kommunismus die Verhältnisse. Und die Verhältnisse zwingen dem Menschen eine neue Haltung, ein neues Verhalten auf. Erziehung und Beispiel haben seit Anbeginn der Menschheit im ganzen nicht viel verändert. Wer wird behaupten wollen, daß die Menschheit heute einen moralisch besseren Charakter hat als vor fünftausend Jahren? Aber in den sozialistischen Ländern beobachten wir erste Veränderungen des Charakters, und zwar zuerst und zu zweit und dritt auf Grund der veränderten sozialen Verhältnisse. Vielleicht stehen an vierter Stelle Erziehung und Beispiel.

Aber verlieren wir uns hier nicht in zwar durchaus auf den Gedanken der Klassiker des Marxismus-Leninismus beruhende Überlegungen, die jedoch in noch recht ferner Zeit spielen, die, man möchte fast befürchten, uns von dem Klassenkampf der Gegenwart zwischen Sozialismus und Kapitalismus ablenken?

Ich glaube nicht, daß das der Fall ist.

Der Kommunismus ist zwar ein heute noch recht fernes Ziel, aber deswegen doch nicht von der Gegenwart durch eine undurchdringliche Mauer getrennt. Er beginnt schon in unsere Zeit hineinzuragen, und zwar auf die verschiedenste Weise.

Nicht wenige, so ganz vom Geist des Kommunismus durchdrungene Menschen in allen Schichten der Bevölkerung der sozialistischen Länder handeln heute doch schon so, daß es anderen zwar als eine besondere moralische oder gesellschaftliche Leistung erscheint, ihnen selber und den ihnen Gleichgesinnten aber wie eine Selbstverständlichkeit, der keine besondere Wertung zukommt. Die Verhältnisse haben sie zu »vorfristigen« Kommunisten gemacht.

Fast noch wichtiger, weil ähnlicher noch dem Zustand im vollendeten Kommunismus, erscheint mir das Beispiel der öffentlichen Telefone in Kuba, die man umsonst benutzen kann. Denn hier wird noch viel deutlicher und umfassender jeder »vom Kommunismus geformt«, wird jedem die Unmoral des Nichtzahlens unmöglich gemacht, auch den im gesellschaftlichen Bewußtsein am meisten Zurückgebliebenen. Und man muß sich überlegen, wie man in ähnlicher Weise noch auf anderen Gebieten den Kommunismus in »Einzelstücken« schon in unsere Verhältnisse hereinziehen kann.

Vielleicht kann man in einiger Zeit bereits den örtlichen Verkehr mit Straßenbahnen, Autobussen usw. ebenfalls kostenlos gestalten. Vielleicht auf Kosten der Alkoholgenießer oder der Raucher oder auf andere Weise dem Staat den finanziellen Aufwand ersetzend, vielleicht auch – hoffentlich, was das Rauchen betrifft – ohne solche Maßnahmen. Das entscheidende ist doch, auf wieder einem Gebiet des täglichen Lebens der Unmoral den Boden entzogen, es auf Grund der objektiven Umstände unmöglich gemacht zu haben, zu »schummeln«, zu »betrügen« oder wie man es nennt, wenn man nicht die Fahrt bezahlt.

Einst verließ ein Ehepaar nach einer guten Mahlzeit ein Restaurant. Beim Hinausgehen sagte die Frau zum Mann: »Merkwürdig, der Oberkellner sah uns so an, als ob wir nicht bezahlt hätten.« Darauf der Mann zur Frau: »Das habe ich auch bemerkt und ihn sogleich so angesehen, als ob wir bezahlt hätten.«

Diese »Kunst« wird natürlich bei freiem Ortsverkehr verlorengehen, aber niemand wird das als einen Verlust betrachten.

Sind das nicht überlegenswerte Probleme, auf die uns das freie öffentliche Telefon in Kuba bringt? Probleme der Ökonomie, der Philosophie, der Moral – und allgemein des Marxismus-Leninismus!

Das Buch von Alick West über Shaw war außerordentlich interessant, und doch ist es wohl gänzlich danebengeraten – übrigens ein Nachdruck einer Ausgabe von 1950.

West bemüht sich nachzuweisen, wie sowohl die Romane als auch die Dramen von Shaw letztlich völlig mißlungen sind, auseinanderbrechen und scheitern durch dessen Fabianismus, das heißt seinen un- oder gar antimarxistischen Gradualismus. Er wendet auf Shaw die Worte von Marx auf den kleinbürgerlichen Proudhon an, der zwar eine natürliche Neigung zur Dialektik habe, doch nicht weiter als zur Sophistik gelänge und deshalb auch unausweichlich beim Scharlatanismus in der Wissenschaft und Opportunismus in der Politik gelandet wäre. Ich stimme nicht mit dieser Einschätzung von Shaw überein, aber das berechtigt mich noch nicht zu dem Urteil, daß das Buch »wohl gänzlich danebengeraten« sei. Was das Buch wirklich zum Scheitern bringt, sind die abschließenden Ausführungen, mit denen er Shaw retten will, indem er ihn aus der Zurückgebliebenheit der Massen, insbesondere der englischen Arbeiterbewegung erklären will – als ob es nicht seit 1917 die Sowjetunion gegeben hat und nicht allzu viel später die Kommunistische Partei in England! Was sollen Sätze zur Rettung Shaws wie die beiden folgenden, fast am Ende des Buches: »Wenn Shaws Werk seinen Höhepunkt erreicht, dann gab es das Leben wieder, so wie es wirklich gelebt, jedoch noch nicht von der Gesellschaft begriffen wurde. Er entdeckt die Realität, obgleich er sie auch verdeckt.« Solch schiefer Rettungsversuche bedarf Shaw wahrlich nicht!

Und doch scheint mir das Buch bedeutend und klug, denn es öffnet Wege des Verständnisses, wenn man den Schlüssel der Unterscheidung von Methodologie und Weltanschauung benutzt, man denke etwa an »Frau Warrens Gewerbe«.

In den beiden ersten Akten eine wundervolle Analyse bürgerlicher Überlegenheitsarroganz der wohlerzogenen Tochter von Frau Warren, die kläglich zerbricht, als die Mutter mit der Stimme des Volkes von ihrem Leben erzählt, wie sie sich vom Dreck der Gassen heraufgearbeitet hat (das Gewerbe ist im Augenblick ganz unwichtig), um der Tochter höhere Bildung und gesellschaftlich feines Benehmen in »besten Kreisen« zu ermöglichen.

Und dann die beiden letzten Akte, wieder eine großartige Analyse, diesmal der Verbindung von neugeadeltem Finanzier und dem Puff der Mrs. Warren, der dem Finanzier, einem ihrer ehemaligen Liebhaber, »selbst in den schlechtesten Jahren 35 Prozent Profit bringt«. Die Tochter aber flieht sie beide, um in London buchhalterisch zu rechnen, während die letztlich so großartige Mutter sich ihrem neuen Lebensinhalt widmet: »Von jetzt an, bei Gott, will ich Unrecht tun und nichts als Unrecht! Und wie es mir dabei in jeder Beziehung wohl ergehen wird!«

Zwei großartige Analysen der Wirklichkeit, mit größter dramatischer Kunst vorgetragen. Da ist nichts von dem ängstlichen Proudhon, da ist Kühnheit und Erkenntnis bis zum letzten Atemzug! Welch eine Freiheit und auch welche Brutalität in der Rezeption der Realität, schöpferisch durch jede nur mögliche Zuspitzung in Situation und Dramatik, hineinleuchtend in die finstersten Ecken menschenmöglichen Reaktionsvermögens!

Lenin sagt von den großartigen Spezialisten bürgerlicher Natur- und Gesellschaftswissenschaft: Man darf ihnen kein Wort glauben, sobald sie auf Philosophie zu sprechen kommen. Verzichtet aber Shaw nicht bisweilen auf jede Philosophie, wie mir scheint auch in »Frau Warrens Gewerbe«, wie ein Arzt, der den Körper des Patienten aufschneidet, die verschiedensten und in ihrer Wirkung völlig entgegengesetzten Krankheiten ganz prächtig diagnostiziert, sich dann aber von dem aufgeschnittenen Patienten abwendet und die Gummihandschuhe auszieht, um mit Freunden ein reiches und auch mit Witz gewürztes Diner zu genießen – oder gibt Shaw gleich zwei Philosophien?

Aber nimmt dieses Verhalten auch nur einen Hauch des Glanzes der Diagnose? Natürlich nicht! Auch nicht von ihrem Nutzen. Und doch, worum brachte der Fabianismus Shaws die Menschheit und ihn selber! Eine der größten Satiren auf den sterbenden Kapitalismus ist die Gestalt Shaws selbst. Eine der größten Satiren, und keine Tragödie, und die Philosophie kann jeder Marxist-Leninist dazu liefern.

Wie anders als West den Shaw betrachtet Lenin Tolstoi. Wie rückhaltlos bewundert er ihn als Revolutionär in der Analyse, in der er die Seufzer, den Zorn und die Illusionen der Bauern wiedergibt, schöpferisch gesteigert, und wie klar verurteilt Lenin den reaktionären Philosophen, der weltanschauliche Konsequenzen zieht. Auch Tolstoi schneidet den Patienten auf, zeigt alles Übel in ihm – und verläßt ihn dann, denn man soll dem Übel nicht widerstehen. Zwar begibt sich Tolstoi anschließend nicht zu einem mit Witz gewürzten Diner, sondern in eine Art Mönchszelle – aber ist das ein großer Unterschied?

Balzac wird durch die Unaufdringlichkeit seiner reaktionären Weltanschauung gerettet. Er war ein zu großer Praktiker der Analyse, war ihr so rettungslos verfallen, daß seine Weltanschauung immer wieder von ihr völlig in den Hintergrund gedrängt wird. Er war auch wohl, vielmehr als der intellektuelle Shaw, Analytiker aus künstlerischer Schau.

Wie aber vergleicht er sich mit Tolstoi? Sicher hätte er niemals des letzteren banalen Unsinn über Shakespeare zustande gebracht. Auf der anderen Seite hätte er – hoffentlich – »Krieg und Frieden« wohl über alle seine eigenen Werke gestellt. Aber mehr will ich über Balzac und Tolstoi nicht sagen, weil dazu ein tieferer Einblick notwendig ist, als ich ihn besitze.

Auch das soll man von Lenin lernen: Bescheidenheit im Urteil über Kunst und Literatur, wenn man sich ihnen nicht wirklich ganz hat widmen können. Ich könnte mir denken, daß manche meinen, ich sei darin in manchen meiner Arbeiten schon zu weit gegangen. Aber auch darin darf man, soll man Lenin folgen, der schließlich ausführlich und so großartig über Tolstoi geschrieben hat: Lenin hat auch bei Tolstoi nur Einzelaspekte, wenn auch sehr grundlegende, seines Werkes untersucht, und mehr habe auch ich in meinen Literaturstudien nicht getan – ich hoffe wenigstens, daß dieser Eindruck von mir richtig ist.

Dabei fällt mir ein und auf, wie wenig ich es vermisse, die kubanische schöne Literatur lesen zu können. Einiges kenne ich aus Übersetzungen in andere Sprachen, und es hat mir gefallen. Aber wenn ich hier bin, überwiegen so viele andere Eindrücke, allgemein gesellschaftliche und einzelne menschliche, sowie die ganze Atmosphäre des Lebens, die auch in mancher Hinsicht unsere Bürger hier ergreift und sie sicherlich in gewisser Beziehung – genau wie hoffentlich mich – erfreulicher, angenehmer macht.

Es ist doch ganz erstaunlich, wie mein Aufenthalt in Kuba, obgleich ich wirklich nicht faulenze, stets wie Ferien auf mich wirkt – wohl nicht Ferien von der Arbeit, aber Ferien vom Alltag. Eigentlich die schönste und fruchtbarste Art von Ferien.

24. April

Heute meine letzte Vorlesung im Internationalen Seminar über die dritte (elektrotechnische) und die vierte (wissenschaftlich-technische) Revolution.

Über die letztere sagte ich: Unsere Haltung zu ihr muß genau der Haltung Lenins zur Entwicklung in Sowjetrußland entsprechen: absolut nüchtern, was die Analyse der Gegenwart, und voll Enthusiasmus, was die Perspektive für die Zukunft betrifft. Auch zitierte ich Ag aus Ungarn, der auf der Tagung des RGW zur wissenschaftlich-technischen Revolution Ende Januar, nach meiner Intervention, mich unterstützend bemerkt hatte: »Die wissenschaftlich-technische Revolution erinnert mich an den Kometen Kohutet: Jeder spricht von ihm, und keiner kann ihn sehen.«

Auch hierin hat Erich Honecker für die Verbreitung nüchterner Klarheit gesorgt, und ich bin froh, daß ich sehr früh schon gegen die unsinnigen Auffassungen auftrat, wir steckten mitten in der wissenschaftlich-technischen Revolution. Wenn man, wie ich in meinem Vortrag sagte, die nichtpunktuelle, die volle Automatisierung als ihren Kern betrachtet (so wie die Werkzeugmaschine als Kern der industriellen Revolution nach 1760), dann stecken wir wahrlich erst in ihren allerersten Anfängen. Ich wies auf folgendes merkwürdiges Phänomen hin: Seit der industriellen Revolution nach 1760 bildete sich jede Zeit ein, daß in ihr der technische Fortschritt ganz besonders schnell sei. Davon konnte aber, soweit wir uns ein konkretes statistisches Bild machen können, zumindest seit 1850 niemals die Rede sein. Innerhalb des voll ausgebildeten Kapitalismus gab es, verfolgen wir die Entwicklung der Produktivität zurück, natürlich immer Schwankungen in der Entwicklung der Arbeitsleistung pro Arbeiter und Stunde, aber keinen Trend zur Beschleunigung in den letzten hundertzwanzig Jahren.

In Kuba ist man in der Überschätzung der gegenwärtigen Rolle der wissenschaftlich-technischen Revolution im allgemeinen nicht so weit gegangen wie bei uns, was auf Grund des technischen Niveaus nur natürlich ist – wenn man auch den so überflüssigen Kauf von französischen Rechenmaschinen getätigt hat. Doch auch hier waren meine Zuhörer erstaunt über meine Nüchternheit für die Gegenwart. Um so mehr gingen sie dann mit meinem Enthusiasmus über die Zukunft mit.

Vielleicht hängt das letztere damit zusammen, daß das gesellige Leben in der Freizeit – also außerhalb der materiellen Produktion, deren zeitliche Bedeutung im Leben der Menschen durch den Fortschritt in der Produktivität später immer geringer wird – in Kuba viel stärker entwickelt ist als in anderen sozialistischen Ländern, jedenfalls stärker als bei uns. Wie viele Menschen verbringen bei uns ihre Freizeit in ihrer Familie innerhalb ihrer vier Wände, wie wenige, soweit ich das beurteilen kann, in Kuba. Allein schon die Zeit, die man täglich im Freien verbringen kann, trägt dazu bei. Ich glaube darum auch, daß die Kubaner viel weniger »Freizeitprobleme« haben und in der nächsten Zukunft haben werden als wir bereits heute in der DDR.

Im ganzen kam der Vortrag entschieden besser an als der vorangegangene, und das freute mich natürlich. Zumal es der letzte Vortrag in diesem Kreise war.

Anschließend in der Auslandsabteilung der Akademie, um die letzten Pläne und Verabredungen bis zu meiner Abreise zu besprechen. Anscheinend legt man großen Wert auf meine morgige Unterredung mit dem Präsidenten, in der wir den Akademieplan durchgehen werden.

Aß dann Mittag mit unserer Germanistin hier. Sie sagte mir, daß die Bedeutung der Fremdsprachen in Kuba so eingeschätzt wird: an erster Stelle Russisch, an zweiter Englisch, an dritter Deutsch. Das scheint mir für die Gegenwart völlig richtig. Nicht richtig dagegen erscheint es mir, daß wir nur eine Germanistin hier an der Universität haben. Sie ist völlig überarbeitet und kann trotzdem bei weitem nicht leisten, was notwendig ist. Zu meiner Freude haben sie und ich in dieser Auffassung die volle Unterstützung der Botschaft (Monica Linke), die aber bisher zu Hause nichts erreichen konnte. Werde versuchen, nach meiner Rückkehr zu helfen. Hoffe sehr, daß ich bei der Partei etwas erreichen kann.

Bringe überhaupt einen Sack solcher »Kleinigkeiten« mit, durch deren Erledigung jemand in meiner Position sich nützlich machen kann: ohne Amt, ohne Funktion, also offiziell ganz bedeutungslos, aber dadurch, daß man mich auf manchen Gebieten an bestimmten Stellen verständnisvoll und freundlich anhört, mit der Möglichkeit, in dieser oder jener Sache nützlich zu sein.

Überhaupt sollten mehr alte Genossen Wissenschaftler sich um eine solche »Position« bemühen, statt sich stärker, oft auch noch wissenschaftlich arbeitend, vom Tagesleben zurückzuziehen. Eine derartige »Position« entspricht dem, was man in England in der Politik einen »elder statesman« nennt, der auch keine Funktion mehr zu haben braucht. Vielleicht hängt dieser Mangel an »älteren Wissenschaftlern« auch damit zusammen, daß sich gerade im Alter so wenige Wissenschaftler wissenschaftsorganisatorisch betätigen, teils eben weil sie lieber »rein wissenschaftlich« arbeiten, teils weil sie glauben, man könnte wissenschaftsorganisatorisch nur tätig sein, wenn man eine entsprechende offizielle Funktion hat.

An sich finde ich es völlig richtig, daß man an unserer Akademie – im Gegensatz etwa zur sowjetischen – mit fünfundsechzig Jahren seine offiziellen Funktionen wie Direktor, Abteilungsleiter usw. aufgeben muß, weil man im allgemeinen im höheren Alter zu starr wird – und wenn ich das zwar bei mir verneinen würde (ob mit Recht?), hat es sich doch auch im Institut für Wirtschaftsgeschichte gezeigt, wie nützlich es war, daß mit Wolfgang Jonas eine jüngere Kraft mit zum Teil anderen Ideen Direktor wurde, zumal er es sehr gut verstanden hat, weiter Nutzen aus meiner einfachen Weiterarbeit im Institut auch gelegentlich für Leitungsprobleme zu ziehen.

26. April

Gestern ein langer Tag. Um 9 Uhr war ich bei Miguel Castillo, dem Chef der Statistik hier, der bei uns in der DDR studiert hat. Er freute sich über die Grüße, die ich ihm von Arno Donda brachte, und wir sprachen offen und voll Freude, Gedanken miteinander austauschen zu können, über die Situation in Kuba und in der Welt.

Der statistische Dienst hat sich offenbar außerordentlich verbessert; Castillo konnte mir zum Beispiel schon in allgemeinen Zügen über die Entwicklung im ersten Viertel von 1974 berichten. (Am Abend bestätigte mir Arthur die hohe Qualität der Statistik; er hat bereits in seinem Institut die Statistik des Fischfangs bis Ende März nach Tagen und Fischgründen.)

Seit 1970/71 geht es wirtschaftlich aufwärts – 1970 war wohl ein Tiefpunkt gewesen, während Gesundheitswesen und Erziehung sich seit 1959 ständig aufwärts entwickelten. Auch in der Sowjetunion konnten wir früher solche Ungleichmäßigkeiten der Entwicklung beobachten, etwa zwischen Landwirtschaft und Industrie, nicht weil die Industrie sich natürlich schneller entwickeln mußte als die Landwirtschaft, sondern weil die Landwirtschaft wegen wirtschaftspolitischer Fehler ganz besonders zurückblieb. Wenn wir diese Fehler nicht beschönigend Wachstumsschwierigkeiten genannt hätten, sondern, wie Lenin, Fehler, hätten wir sie schneller überwunden. Wieviel größer ist doch das Vertrauen des Volkes in eine Regierung, die offen sagt, daß sie in dieser oder jener Beziehung einen Fehler gemacht hat! In diesem Zusammenhang besinne ich mich auf einen Besuch Erich Honeckers in unserer Akademie, als in der Diskussion irgendeine naturwissenschaftliche Problematik aufkam und er sagte, davon verstünde er nicht genug, das sei eine Sache der Naturwissenschaftler. Sofort hatte er das Vertrauen unserer Akademiemitglieder gewonnen. Ich war damals verreist und konnte bei dem Treffen nicht dabeisein, aber noch lange danach erzählte man mir von dieser, seiner Äußerung. Auch folgende Bemerkung eines Mitarbeiters im Haus des Zentralkomitees gehört hierher: »Weißt du, wenn man zum Genossen Ulbricht kam, wußte er immer alles; wenn man zum Genossen Honecker kommt, berät man gemeinsam.« Kein Wunder, nachdem so viele Fehler der alten Zeit vermieden werden, daß man ein viel stärkeres Gefühl der Solidarität unserer Parteiführung hat.

Doch zurück zu meiner Unterhaltung mit Castillo: Ich sagte ihm, daß es mich freute zu sehen, wie nüchtern und realistisch man hier im allgemeinen die Lage in Kuba beurteilt. Als er mich fragte, wie ich die allgemeine weltpolitische Situation des nächsten Vierteljahrhunderts beurteile, erzählte ich ihm eine merkwürdige Geschichte von einem Freund aus der Sowjetunion. Dieser war beauftragt worden, einige Gedanken über die Perspektiven bis zum Jahre 2000 niederzuschreiben. Er sagte, ich werde zwei Hauptvarianten geben. Befragt, was er damit meine, entgegnete er: nun, eine unter der Voraussetzung, daß nicht neue Länder sozialistisch werden, also status quo, die andere unter der Voraussetzung, daß in Frankreich oder Italien der Sozialismus siegt. Verblüffung auf der anderen Seite.

Meiner Meinung nach haben viele bei uns die umgekehrte Haltung wie Lenin. Lenin war absolut nüchtern in der Beurteilung der Gegenwart und voll Enthusiasmus in der Beurteilung der Zukunft. Nicht wenige bei uns sind enthusiastisch (und darum zu Schönfärberei oder zumindest zu starker Überschätzung des Fortschritts geneigt) über die Gegenwart und ohne Enthusiasmus, erschreckend phantasielos-nüchtern und darum unrealistisch in bezug auf die Zukunft.

Früher war man in Kuba enthusiastisch in bezug auf die Gegenwart und die Zukunft. Das hatte zu manchem Unsinn in der Gegenwart geführt und ist jetzt meiner Ansicht nach viel besser geworden. Natürlich soll man allgemein enthusiastisch sein, hat man doch den Kapitalismus besiegt und ist man doch auf dem Weg zum Kommunismus. Aber das hat nichts mit einer enthusiastischen Überschätzung des Erreichten, eben der alltäglichen Gegenwart zu tun. Man sollte einmal eine Auswahl von Reden und Artikeln Lenins unter dem Gesichtspunkt der

Einschätzung von Gegenwart und Zukunft herausbringen.

Wir kamen auch auf Probleme der Wissenschaftsentwicklung zu sprechen, und er erzählte mir, daß Präsident Dorticos ihm von meinem »so interessanten Buch ›Wissenschaft heute und morgen‹« gesprochen hätte, was mir Freude machen sollte und es wahrlich auch tat.

Eineinhalb Stunden sprachen wir so miteinander, und ich glaube, nicht nur ich hatte großen Genuß von unserem Zusammensein, von einer guten Aussprache über Statistik (statt Gott) und die Welt.

Von dort fuhr ich zur Botschaft – Mittag essen, Zeitungen lesen. Besprechung mit dem Botschafter, Geplauder mit den Linkes und anderen: erfreulich wie immer. Die Sekretärin des Botschafters zeigte mir das Menü, das der Koch für »mein« Abschiedsessen in der Residenz am Montag vorschlug, zu dem auch der Präsident der Akademie, Fabio Grobart und Castillo eingeladen wurden. Als ich begeistert zustimme, meinte sie: »Dann wird der Botschafter es auch billigen.« Da es ein »Herrenessen« sein wird, werde ich früher kommen, um noch ein wenig mit der Botschafterin zusammenzusein. Was für Mühe hat sich die Gute um mich gegeben! Aber sie weiß wohl auch, wie dankbar ich das genieße.

Um 15 Uhr war ich zur Besprechung beim Präsidenten der Akademie, Zoilo Marinello, bei der auch Capote und der Sohn Fabio Grobarts sowie zwei weitere Mitarbeiter des Präsidenten anwesend waren und Marta von der Internationalen Abteilung übersetzte. Ich sollte über meinen Eindruck von dem Wissenschaftsplan 1976-1980 für Kuba berichten. Viel halfen mir dabei die Besprechungen über die Arbeit an unserer Akademie, die Horst Klemm mit einer Reihe Akademiemitgliedern, darunter mit mir, regelmäßig in den letzten Monaten durchgeführt hatte, und ich konnte, glaube ich, manche nützliche Anregungen, sowohl allgemein als auch für die Naturwissenschaften und insbesondere die Gesellschaftswissenschaften geben. Wir sprachen dreieinhalb Stunden miteinander, und das Gespräch wurde immer herzlicher.

Besonders interessierte sie unsere im Kreis um Horst Klemm erarbeitete Reihenfolge: zuerst Konzeption, dann Ausarbeitung der Strategie, dann Ausarbeitung des Planes. Dabei kamen wir sehr ausführlich auf Probleme der Wissenschaftsstrategie zu sprechen, und ich betonte, wie sehr wir alle noch am Anfang der Ausarbeitung der Strategie stehen. Seit zweitausendfünfhundert Jahren diskutieren und schreiben wir über Militärstrategie. Mit der Ausarbeitung von Strategien für die Wissenschaftsentwicklung beginnen wir aber erst jetzt!

Dabei gab es doch zumindest seit Francis Bacon immer wieder Ansätze zu solcher Arbeit. Und wie weit war Bacon schon vorgestoßen! Aber da das Interesse daran immer wieder erlosch, ist in den letzten dreihundertfünfzig Jahren wenig aus solchen Einzelvorstößen herausgekommen. Man denke nur an die primitiven Diskussionen bei uns in den sechziger Jahren, wieviel Prozent an Zeit, Mitteln und Arbeitskräften der Grundlagenforschung, wieviel Prozent der angewandten Forschung zugeteilt werden sollten, oder an die letzte schreckliche Akademiereform in jenen Jahren, durch die die Akademie gewissermaßen zu einem Instrument für die Tagesbedürfnisse der Industrie gemacht werden sollte.

Auch die Frage der Prognosemöglichkeiten für die wissenschaftliche Entwicklung wurde diskutiert. Ich berichtete von unseren Erfahrungen, die zum Teil gut, aber doch überwiegend unbefriedigend sind. Gerade hier spielen auch politische und wirtschaftspolitische Faktoren eine beachtliche Rolle. Als Beispiel führte ich an, daß auf Grund der Entwicklung des letzten Jahres in der nächsten Zukunft Fragen der Rohstoffregeneration und der Substitution eine weit größere Bedeutung in der wissenschaftlichen Forschung erhalten werden, als man noch vor zwei oder drei Jahren erwarten konnte.

Der große Vorteil des Sozialismus liegt heute noch nicht, meine ich, in der größeren Fähigkeit, die Entwicklung in den nächsten zehn Jahren vorauszusehen, als vielmehr darin, ein festgelegtes Ziel durch Mobilisierung der entsprechenden Kräfte zu erreichen. Dabei müsse man aber darauf achten, dieses Ziel nicht zu oft zu ändern, um die Kontinuität zu wahren.

Natürlich wurde auch die verzweiflungsvolle Situation auf dem Gebiet der Information über wissenschaftliche Forschungen berührt, recht ausführlich sogar im Zusammenhang mit dem Sinn (oder Unsinn!) teurer Investitionen in einem Dokumentations- und Informationszentrum, das doch nur sehr unvollständige Informationen liefern wird. Einmal kann ihm nur ein geringer Teil des gedruckten Materials vorliegen, zum anderen wird eine erhebliche Anzahl qualifizierter Wissenschaftler zur Auswertung benötigt, und weder Kuba noch die DDR verfügen über so zahlreiche, daß man sie in genügender Anzahl einem Informationszentrum überlassen kann, wozu noch kommt, daß qualifizierte Wissenschaftler nicht viel Lust zu solcher Arbeit haben.

Ich sagte voraus, daß man später einmal ein Weltinformationszentrum haben wird, in dem die Wissenschaftler der Welt, wenn sie eine bestimmte Qualifikation erreicht haben, also je nach den Wissenschaften im Alter von dreißig bis vierzig Jahren, ein Jahr Wissenschaftsinformationsdienst ableisten müssen.

Auch meinte ich, daß jeder Wissenschaftler die »Literaturliste«, die er von einem Informationsinstitut erhält, stets nur als Basis benutzen kann, und selbst weitersuchen muß, um auf benachbarten Gebieten oder in älteren Schriften zusätzliche Materialien zu finden. Von entscheidender Bedeutung ist auch der Besuch von Forschungsstätten, die sich mit der Lösung verwandter Probleme beschäftigen, und der Verkehr mit Wissenschaftlern in aller Welt, die auf ähnlichem oder gar gleichem Gebiet arbeiten. Beides kann der beste Informationsdienst nicht ersetzen.

Auch über das neue komplexe Institut für Gesellschaftswissenschaften sprachen wir, und ich betonte noch einmal die dringende Notwendigkeit der Arbeit nach Disziplinen, insbesondere im gegenwärtigen Kuba. Hoffentlich hatte ich damit Erfolg. In seiner jetzigen Struktur, das heißt, der organischen wie der Problemstruktur, wird es das Institut meiner Ansicht nach schwer haben, zu guten Forschungsresultaten zu kommen.

Im ganzen war es großartig, wie frei wir diskutierten. Wenn ich diplomatisch sein zu müssen glaubte, wurde mein Bemühen immer wieder durch die Kühnheit der Fragestellungen, insbesondere auch von Capote, zu unserer allgemeinen Freude zunichte gemacht.

Ich glaube, die Unterhaltung war auch für die kubanischen Freunde nützlich, da ich ihnen ja nicht nur unsere Erfahrungen, sondern die meines mehr als fünfzigjährigen Lebens (auch unter kapitalistischen Verhältnissen) in der Wissenschaft bieten konnte.

Wie freundlich waren sie auch, gerade das zu betonen, wie ermutigten sie mich, alles zu sagen, was mich bewegte, teils aus meiner Liebe zur Wissenschaft, teils aus meiner Liebe zu Kuba. Das Ganze ein schönes Erlebnis, an das ich noch oft denken werde. Vor allem beglückt es mich, daß ich das Gefühl haben kann, mein Aufenthalt hier hat sich auch für die kubanischen Freunde gelohnt.

Gegen 19 Uhr war ich noch bei Renate – reizend wie immer, im materiellen wie geistigen Genuß. Natürlich kam auch wieder die Frage des »Gradualismus« auf.

Im Hotel schrieb ich noch ein wenig und ging für meine Verhältnisse spät – um 21.30 Uhr – schlafen.

Heute früh meine Lektion für die Plankommission ein wenig überarbeitet. Da ich gestern in der Botschaft die neueste Nummer von »horizont« mit meinen Rohstoffstatistiken vorfand, kann ich diese noch einarbeiten.

Dann zur Auslandsabteilung, wo ich eine Besprechung mit den Freunden vom Instituto del Libro hatte, die Verschiedenes von mir veröffentlichen und sich nach Literatur aus unserer Republik, die man übersetzen könnte, erkundigten.

Danach gab man mir ein paar freundliche Zeilen von Präsident Dorticos. Er kann leider heute nicht an meiner Lektion teilnehmen, wie er es vor zwei Jahren tat, weil Sitzung des Sekretariats des ZK ist. Auch Carlos Rafael mußte aus diesem Grund absagen; zum ersten Male in Kuba, ohne diesen guten Freund gesprochen zu haben.

Schließlich kam noch jemand vom Akademiepräsidenten – Rum und Zigarren. Schon gestern steigerten wir uns beide in unserer Verachtung für Zigaretten- und unserer Hochachtung für Zigarrenraucher. Wie schön die Geschichte von dem alten Kubaner, der, plötzlich aufs Sterbebett geworfen, seine Verwandten anfleht, doch noch schnell für einen Priester zu sorgen, bei dessen Ankunft er dann die furchtbarste Sünde seines Lebens gesteht: »Ich habe einmal das Vaterland verraten, aus Feigheit, aus fleischlicher Lust an meiner Gesundheit.« Nach diesen Worten scheint sein Leben zu verebben, und der Priester beugt sich über ihn, um noch konkret die Sünde zu erfahren, von der er ihm Absolution erteilen soll. Mit letzter Kraft stößt der bereits fast Gestorbene hervor: »Ich habe zehn Tage hindurch keine Zigarre geraucht.« Ohne überheblich zu sein: Einer solchen Sünde wäre ich nicht fähig – es sei denn, ich hätte, wie so oft im Leben, nicht genug Geld für Zigarren. In diesem Fall wird man mir die Pfeife verzeihen.

Ging, obgleich ich nicht allzuviel Zeit hatte, doch, wie es Helga Wittbrodt gewünscht hatte, schwimmen und erinnerte mich dabei an ein interessantes Vorwort in einem englischen Buch über Lenin. Der Autor bemerkt dort, daß Gorki etwas »sentimental« von Lenins Humanismus gesprochen hätte, wenn er etwa überarbeitete Genossen auf Urlaub schickte. Faktisch hätte Lenin dabei vor allem an die Revolution und die Festigkeit des werdenden sozialistischen Staates gedacht, verband er doch oft die Anweisung, auf Urlaub zu gehen, mit der Mahnung an den Betreffenden: Denken Sie daran, daß Ihr Körper Staatseigentum ist, das Sie wohl zu hüten haben!

Ich glaube, es handelt sich dabei um ein wirklich interessantes Problem, denn hier fallen Humanismus in Form von Sorge für den einzelnen und Sorge für den Staat schon in einer Zeit zusammen, in der sie sonst oft noch einen krassen Widerspruch bilden, in der der einzelne noch häufig dem Wohle des Ganzen geopfert werden mußte und Sorge für den einzelnen und das Ganze noch keine Einheit bilden konnten – was ja auch noch keine Seltenheit ist.

28. April

Gestern nichts geschrieben, da der Tag so ausgefüllt war. Darum muß ich auch noch vorgestern nachmittag nachholen:

Mein Vortrag über »Rohstoffe und Weltpolitik« in der Plankommission war mäßig. Aber die Diskussion war ganz ausgezeichnet. Ich gewann daraus den Eindruck, daß die Genossen meinten, die Steigerung der Rohstoffpreise sei von mir als zu günstig für den Fortschritt, insbesondere für die Entwicklungsländer dargestellt worden. Sie haben, meiner Ansicht nach, insofern recht, als ich trotz gewisser Sonderfälle, die ich hervorhob, doch zu global positiv gesprochen und untergeordnete (!) negative Erscheinungen und Komplikationen nicht genügend hervorgehoben habe. Das habe ich in dem etwa achtzehn bis zwanzig Seiten langen Manuskript, das ich gestern für die

Plankommission zur Vervielfältigung meines Vortrags schrieb, dann korrigiert.

Vielleicht war die Haltung der Freunde auch dadurch beeinflußt, daß Kuba so ölabhängig ist und, wenn wir von Nickel absehen, die Hauptexporte noch vom Ernteausfall stark abhängige Nahrungsmittel sind. Kuba wird wirklich nicht allzuviel von einer Preisstrukturrevolution zugunsten von Rohstoffen in der nächsten Zeit profitieren. Aber daß ich recht habe, daß eine Wandlung des Verhältnisses von Rohstoff- und Fertigwarenpreisen die größte Bedeutung für die kapitalistische wie auch für die sozialistische Wirtschaft haben wird, scheint mir unzweifelhaft. Einmal wird sie die Position der Entwicklungsländer gegenüber den imperialistischen Ländern ganz sicher festigen und damit zur ökonomischen Befreiung der ersteren und ökonomischen Schwächung der letzteren beitragen, und sodann wird sie natürlich auch innerhalb des sozialistischen Lagers Bedeutung erlangen, in jedem Fall die wirtschaftliche Situation in der DDR erschweren, denn wir werden mehr Fertigwaren für die gleiche Menge Rohstoffe liefern müssen. Gleichzeitig aber wird sie sich als ein besonderer Ansporn zur Hebung der Produktivität bei uns auswirken.

Anschließend hatte ich noch eine außerordentlich interessante Diskussion mit einigen Genossen der Plankommission. Ich meinte, man müßte, eventuell im Rahmen des RGW, die Bedeutung der Rohstofffrage unter den sozialistischen Ländern noch viel gründlicher diskutieren als bisher. Dabei hatte ich vor allem an die Bedeutung für die Struktur der Weltwirtschaft, an die Bedeutung für die Zuspitzung der Gegensätze im Imperialismus gedacht – mehr in dem Sinne, wie eine derartige Frage früher in der III. Internationale diskutiert worden wäre. Die Genossen aber meinten, daß diese Frage, da sie zugleich von erheblicher Bedeutung für die Beziehungen der sozialistischen Länder untereinander wäre, erst von diesem Standpunkt aus von den einzelnen sozialistischen Ländern durchdacht werden müßte.

Ich weiß nicht, ob die Genossen damit recht haben. Sowohl in den imperialistischen wie auch in den Entwicklungsländern wird sie in aller Öffentlichkeit diskutiert – keineswegs nur als Frage der Souveränität und des Rechtes auf Nationalisierung, wo wir natürlich einen klaren und wohldurchdachten Standpunkt haben und ihn, wie etwa kürzlich auf der UNO-Sondertagung, klar vertreten, sondern als Frage auch von viel weitergehender Bedeutung, etwa der der neuen Position der Rohstoffproduzenten gegenüber den Industriefertigwaren produzierenden Ländern.

Neben meiner Unterscheidung der Perspektiven für die Preisentwicklung von landwirtschaftlichen und mineralischen Rohstoffen (sowie auch Öl und Erdgas) fand meine Überlegung Interesse, daß auch die Perspektiven für die Wissenschaftsentwicklung bedeutsam wären: wesentlich mehr Konzentration des wissenschaftlichen und technologischen Potentials auf Fragen der Regeneration von Rohstoffen und der Substitution.

Ich hoffe, mit dem endgültigen Manuskript des Vortrags ein gutes Beispiel dafür zu liefern, wie man aus einem mäßigen Vortrag auf Grund einer guten, ihm folgenden Diskussion noch einen ordentlichen Text fertigstellen kann.

Nach dem Vortrag ging ich zu den Freunden von ADN zum Abendbrot. Als ich aufbrechen wollte, riefen die Linkes an, sie wollten vorbeikommen, und so blieb ich noch – bis 23.30 Uhr –, nicht wenig Wodka genießend, was ich seit Jahren nicht getan habe. Merkwürdig: Obwohl ich kaum noch Alkohol trinke, ist mir die Fähigkeit zu größerem Konsum aus früheren Jahren geblieben.

Monica Linke erzählte mir übrigens eine reizende Geschichte, deren Weltbedeutung sie gar nicht begriff, da sich aus ihr nämlich ergab, daß die Reize der Kleopatra doch wohl von allen

Historikern stark übertrieben, jedenfalls von Monica glatt in den Schatten gestellt wurden. Sie wurde beim Autofahren von einem Polizeiwagen darauf aufmerksam gemacht, daß ihre Tür nicht ganz verschlossen war, weshalb sie ihnen, dankbar lächelnd, zuwinkte, worauf die beiden Polizisten sie so gebannt betrachteten, daß ihr (der Polizisten!) Auto auf ein anderes auffuhr.

Gestern stand ich um 6 Uhr auf – für hiesige Verhältnisse sehr früh, für zu Hause natürlich viel zu spät –, um gleich an die Ausarbeitung des Manuskripts zu gehen. Um 9 Uhr war ich dann in der Akademie, um mit einem begrenzten Kreis von Zuhörern aus dem Internationalen Seminar über Fragen der Wissenschaftsentwicklung, vor allem auch bei den Gesellschaftswissenschaften, zu diskutieren. Es war eine gute Diskussion. Natürlich mußte ich viel vorsichtiger als gegenüber Guarch oder Marinello über das Institut für Sozialwissenschaften sprechen.

Aber ich habe den Eindruck, daß man an eine Änderung der Organisation, an eine wesentlich stärkere Betonung der Rolle der Disziplinen innerhalb des Instituts denkt, und das allein hat in Anbetracht dessen, was das für die Zukunft so vieler junger Gesellschaftswissenschaftler hier bedeutet, meinen Aufenthalt und meine Diskussionen in der Akademie nützlich gemacht. Das bestätigte mir auch eine Reihe jüngerer Kräfte ganz offen.

Heute früh schrieb ich an diesem Tagebuch, arbeitete aber vor allem den Text meines Rohstoffvortrages mehrmals durch, um ihn den Linkes zum Abschreiben in die Botschaft mitzugeben. Sie holen mich zum Mittagessen mit Tabares ab, dem Direktor der Presse-, Informations- und Kulturbeziehungen-Abteilung des Außenministeriums, der mich kennenlernen wollte.

15 Uhr. Soeben von dem Mittagessen mit Tabares und seiner Frau, die in der ideologischen Abteilung von »Granma« arbeitet, und mit den Linkes zurückgekehrt. Es war ganz reizend. Er

ist etwa vierzig Jahre alt und sprach davon, wie sie als Geschichtsstudenten meine ins Spanische übersetzten Arbeiten gelesen hätten; sie meinte sogar, sie hätte mich studiert, noch bevor sie Marxistin geworden sei. Ich fand diese Höflichkeit besonders nett.

Wir aßen in der »Bodeguita del Medio«, wo sich früher, in den Jahrzehnten vor 1959, die linke Intelligenz traf – man darf nicht vergessen, daß Jahre hindurch ein Dichter an der Spitze der Partei stand und auch Fidel aus der Intelligenz kommt. Alle Wände sind beschriftet mit Sprüchen und Namen. Hemingway hat typischerweise geschrieben:

Mi Mojito en
La Bodeguita
Mi Daiquirí en
El Floridita.

Natürlich tranken wir Mojito, und nachher gab es ein echt kubanisches Essen, das sehr gut schmeckte.

Tabares hat eine kurze Geschichte Kubas für die Studenten und das Militär geschrieben.

Er wird auch morgen beim Mittagessen in der Residenz sein, und ich sagte ihm zum Abschied: »Morgen treffen wir uns ganz anders als heute – schon als gute Freunde. Und wenn wir uns in einiger Zeit wiedertreffen, in der DDR oder in Kuba, dann schon als alte Freunde.«

Beendete eine völlig harmlose Autobiographie von dem Maler und Naturforscher Peter Scott, dem Sohn des in der Antarktis umgekommenen Polarforschers Scott, und will jetzt eine Biographie von Sean O'Casey, geschrieben von seiner Frau, beginnen.

Vorher aber gehe ich, den Anweisungen der Genossin Wittbrodt brav folgend, schwimmen.

Zum Abendbrot bin ich bei Reni und Arthur.

30. April

Gestern, teils weil viel unterwegs, teils weil ich die Biographie von Sean O'Casey zu Ende lesen wollte, nicht geschrieben.

Frühmorgens, gleich nach dem Frühstück, ging ich zur Handelsvertretung, um mich zu verabschieden. Sprach ausführlicher noch mit Erich Miller, der mir doch handelspolitisch und auch allgemein politisch immer wieder viel gibt.

Als ich gehen wollte, lud mich eine Mitarbeiterin noch zu einem Kaffee mit Kuchen ein. Sie hatte Geburtstag, und die ganze HV feierte. Ein netter Abschluß dort.

Um 12 Uhr holte mich der Wagen des Botschafters zur Residenz. In ihm saß schon der Genosse Klampfl, der sich bereits über zwei Monate in Kuba aufhält und in Oriente über betriebswirtschaftliche Probleme gelehrt hat. Ich kannte ihn noch nicht. In der Residenz saßen wir zunächst im DDR-Kreise mit unserer Botschafterin. Auch sprach ich noch kurz einige allgemeinpolitische Probleme mit dem Botschafter allein durch. Die Situation ist doch auch politisch hier in mancher Beziehung recht kompliziert, und immer wieder erkennt man die fundamentale Rolle der SU für die Existenz eines Landes wie Kuba und die Opfer, die sie an Öl ebenso wie an Geduld bringt.

Zwischen 12.30 Uhr und 13 Uhr kamen dann die kubanischen Freunde, Fabio Grobart, der Präsident der Akademie, Marinello, Castillo von der Statistik, Solveira und Tabares. Wie gut und freundlich war die Stimmung, wie reizend waren alle zu mir! Als Tabares wieder davon sprach, wie viele Schüler ich hier in Kuba hätte, erklärten überraschend der Botschafter und Klampfl, sie seien doch auch meine Schüler und hätten meine Arbeiten in ihrer Studienzeit gelesen. Und plötzlich waren alle, außer den beiden »Alten«, Grobart und Marinello, meine Schüler.

Es gab kurze und nette Toasts. Der letzte von Marinello war ernst und lieb, auf welche Weise ich ihnen an der Akademie durch meinen Rat und die Art, wie ich ihn gegeben, genutzt hätte, und er endete scherzend:

»Ich erwarte von unserem Genossen Kuczynski in Zukunft zwei Arten von Telegrammen. Das eine lautet, ›An den Präsidenten der Akademie persönlich‹ adressiert: ›Die Zigarren sind zu Ende.‹ Das andere einfach ›An den Präsidenten der Akademie‹: ›Komme nächste Woche zu meiner Akademie nach Havanna.‹« Denn, fügte er hinzu, ich sei doch ein Mitarbeiter der Akademie hier, gehöre jetzt zu ihr, bedürfe keiner speziellen Einladung und sei jederzeit willkommen. »Nur«, bat er zum Schluß, »lassen Sie uns Ihre Ankunft drei Tage vorher wissen, damit wir alles gut vorbereiten können.« Beim Abschied umarmten wir uns wie gute alte Freunde.

Gegen 16 Uhr war ich im Hotel und las den O'Casey zu Ende. Ganz vom Standpunkt der Frau geschrieben, die ja auch den Rohtext geliefert hatte. Und da sie recht unpolitisch war, natürlich in vielerlei Beziehung unbefriedigend. Schließlich schrieb er Jahre hindurch für den »Daily Worker« und war ein Kämpfer für die Befreiung Irlands. Auch überhaupt nicht literaturkritisch, obgleich er doch der führende unter den linken Dramatikern war. Rein persönlich – darum vielleicht auch die bewegendste Szene der Tod des jüngeren Sohnes an Leukämie. Es wäre falsch zu sagen: ganz mangelhaft. Aber eben doch nur eine Seite seines Lebens und nicht die bedeutendste, auch wenn sie nicht fehlen darf, wie in so vielen Biographien von großen Führern der Arbeiterklasse.

Um 18 Uhr bei Renate zum Abendbrot. Wie nett war es wieder bei den beiden! Beim Abschied ein wenig traurig, und sehr dankbar für viele schöne Stunden bei ihnen.

Nun bleibt noch – in einer Stunde – ein letztes Zusammensein mit Gloria und Fé, die ich gebeten habe, um 22 Uhr ins Hotel zu kommen, da ein Abschied auf dem Flugplatz so scheußlich ist und es vielleicht noch einiges über ihre Arbeit zu besprechen gibt.

23.10 Uhr – noch nett und vertraut mit Gloria und Fé zusammen gewesen. Sie meinen, daß es auf Grund meines Besuches zu einigen nützlichen Veränderungen im Institut kommen wird, und daß allein schon dadurch mein Besuch sich gelohnt habe. Wie freue ich mich, sie wiederzusehen, glücklicher bei ihrer Arbeit, wenn ich noch einmal hierherkommen kann.

In weniger als eineinhalb Stunden soll das Auto mich zum Flugplatz bringen. Werde bis dahin mit einer guten Zigarre über die Reise und die nächsten Arbeiten zu Hause nachdenken.

Nachwort 1977

Das Institut für Gesellschaftswissenschaften ist heute disziplinär ausgerichtet. Ein Genosse, der kürzlich aus Kuba zurückkehrte, erzählte mir, man hätte ihm gesagt, wie richtig meine Ratschläge gewesen seien. Gloria steht an der Spitze der Sektion der Historiker. Das ist vielleicht auch der Grund, warum sie immer noch nicht der Einladung unseres Instituts gefolgt ist, für eine Zeit bei uns zu arbeiten.

Einige Monate nach meiner Rückkehr wurde ich in die Kubanische Botschaft gebeten, um »Zeugnisse« über die Teilnahme an meinen Kursen zu unterschreiben.

Und ganz zum Schluß, als Zeichen dafür, daß man mich nicht vergessen hat: Vor einigen Monaten verlieh man mir die Medaille »20. Jahrestag des Sturmes auf die Moncada-Kaserne.«

INTERVIEW VON THOMAS GRIMM MIT JÜRGEN KUCZYNSKI ZUM »DIALOG MIT MEINEM URENKEL«

T. G.: Prof. Jürgen Kuczynski, Sie haben Ihre Memoiren »Die Erziehung des J. K. zum Kommunisten und Wissenschaftler«, aber auch die »Geschichte des Alltags des deutschen Volkes« nicht für die Zeit nach 1945 weitergeführt. Fühlten Sie sich vielleicht dadurch zur Entstehung des »Urenkels« veranlaßt?

J. K.: Was die Alltagsstudien betrifft, so handeln sie ja vom »Alltag des deutschen Volkes«. Das heißt, wenn ich sie nach 1945 weitergeführt hätte, hätte ich den Alltag sowohl in der Bundesrepublik wie bei uns schildern müssen. Der Alltag aber ist in beiden deutschen Staaten sehr verschieden. Um den Alltag in der Bundesrepublik zu schildern, dafür kenne ich ihn trotz mancher Reisen dorthin nicht genügend, habe ich nicht das nötige Fingerspitzengefühl für ihn. Darum habe ich diese Bände nicht weitergeführt. Was die Memoiren betrifft, so habe ich sie deswegen nicht fortgesetzt, weil, während ja doch so viele Probleme für die Zeit bis 1945 sowohl allgemein wie auch für mein Leben und in meinen Ansichten völlig geklärt waren, gar manche für die Zeit danach noch auf ihre Begründung und Lösung warten müssen. Aber da viele Freunde und Genossen mich drängten, doch irgendwie mit den Erinnerungen fortzufahren, habe ich den Ausweg des »Dialogs mit meinem Urenkel« gewählt, dem ich eine Reihe von Fragen in den Mund legte, die mir viele Jugendliche – Schüler, Studenten und Lehrlinge – bei meinen Vorträgen über Zeitprobleme gestellt haben, und auf die ich meiner Ansicht nach wohlinformiert und darum auch ganz offen und ehrlich, eben mit der festen Überzeugung, daß das, was ich sage, richtig ist und nicht etwa durch irgendwelche Forschungen später einmal als falsch erwiesen sein wird, antworten kann. Mit diesem Ziel und in diesem Bewußtsein habe ich die Fragen ausgesucht, die mir mein Urenkel stellt.

T. G.: Sie selbst charakterisieren den »Urenkel« als persönliche »Bekenntnisse und Geständnisse« – damit bescheinigen Sie dem Buch aber einen hohen subjektiven Gehalt.

*vorliegender Text stammt aus dem Archiv von Thomas Grimm, Zeitzeugen-TV und ist in Sinn + Form 5/1986 erschienen.

J. K.: Ja, natürlich. Ich glaube, daß die Öffentlichkeit einen Anspruch darauf hat, von alten Genossen, die lange in der Partei, lange im Kampf waren, ihre Ansichten wohlbegründet zu hören, und gleichzeitig empfände ich es als eine Ungehörigkeit, wenn ich meine Ansichten als objektive Feststellungen sehen würde und nicht als meine Eindrücke und Überlegungen, meine Erfahrungen, meine Erkenntnisse und meine Bekenntnisse. Ist das eine ungenügende Erklärung? Sie sehen so aus, als ob Sie unzufrieden sind.

T. G.: Unzufrieden insofern, als beim Aufschreiben persönlicher Erfahrungen und Bekenntnisse – wenn sie für eine Öffentlichkeit konzipiert werden – vermutlich Subjektives zurückgedrängt wird.

J. K.: Das glaube ich nicht. Natürlich spielt die Öffentlichkeit insofern eine Rolle, als man Probleme behandeln muß, die die Öffentlichkeit interessieren und die nicht rein private Probleme sind. Auf der anderen Seite äußert man seine eigene, ganz persönliche Meinung nach bestem Wissen (!), man kann gar nicht anders, als so zu handeln, wenn man ehrlich ist. Nicht wahr? Wenn man diskutieren, einen Dialog führen will, wie man über die Verhältnisse, unter denen man lebt, denkt, wie man die Welt heute ansehen soll, dann muß man seine Meinung sagen in der Hoffnung, daß auch andere sie teilen und überzeugt werden. Immer noch unzufrieden?

T. G.: Halb und halb.

J. K.: Was fehlt noch? Ich möchte gern, daß wir wirklich so sprechen, daß ich auf all das, worauf Sie Antworten haben wollen, auch so genau eingehe, wie ich es kann.

T. G.: Das Vorhaben, dem eigenen Urenkel seine Lebenserinnerungen zu hinterlassen, bleibt für mich zu allererst eine private und intime, auch emotionale Angelegenheit. In dem Moment, wo daraus ein Buch entsteht, wird aus dieser privaten Angelegenheit eine Öffentlichkeit.

J. K.: Ja, aber es ist doch so, daß der Urenkel Fragen stellt, die in der Öffentlichkeit von Schülern, Lehrlingen und Studenten an mich gestellt worden waren, und die ich meinem Urenkel, der, als ich das Buch schrieb, erst drei Jahre alt war, in den Mund lege, indem ich mir vorstelle, er wird auch einmal entweder ein Lehrling oder ein Student sein und mir diese Fragen stellen. Insofern glaube ich doch, daß es richtig war, so zu verfahren. Oder sind Sie anderer Ansicht?

T. G.: Also, die Wahl des Verfahrens muß ich Ihnen überlassen und

Sie haben ja schon gewählt. Ich möchte anschließen. Sie schreiben in einem Aufsatz zu Problemen der Autobiographie, daß sie sich im »Dialog mit meinem Urenkel« vor ein Gericht der jüngeren Generation stellen. Geht es Ihnen da nicht ein wenig wie Sokrates, der unliebsame Fragen an seine Athener Mitbürger stellte und sie dann doch sich selbst beantworten mußte, da die Antworten seiner Zeitgenossen ihn nicht befriedigten?

J. K.: Nein, das würde ich nicht sagen. Ich meine doch, daß die Fragen, die ich gestellt habe, im Grunde nicht meine Fragen sind. Sokrates hat doch ganz unkonventionell gewissermaßen feststehende Dinge in Frage gestellt. Ich aber antworte auf Fragen, die an mich gestellt worden sind, und darum würde ich einen Vergleich mit Sokrates ablehnen. Nicht, weil ich nicht größte Bewunderung für Sokrates und die Aufgabe, die er sich stellte, habe, sondern weil die ganze Situation, wie sie aus dem Buche hervorgeht, eine andere ist. Nicht ich stelle Fragen, um Probleme aufzuwerfen, sondern die Jugend hat mir Fragen gestellt, auf die ich antworten kann und die ich beantwortet habe.

T. G.: Auch wenn sie einen Vergleich zur Person Sokrates ablehnen, so haben Sie sich doch der Sokratischen Mäeutik bedient.

J. K.: Das glaube ich nicht. Sehen Sie, das ganze Problem des »Urenkels« ist doch, daß ich Fragen behandle, die die Jugend, ja vielfach unser ganzes Volk im Alltag sieht und kennt und diskutiert. Und worum ich mich bemühe, ist, ihnen einen klugen Blick für diese Probleme zu geben, das heißt, ihnen stets zu zeigen und damit beginnt ja der »Urenkel«, was für eine großartige Sache doch der Sozialismus ist und daß das gewissermaßen das Allerwichtigste und Primäre ist: sagen wir in bezug auf die Sicherheit der Arbeit, die Stabilität der Preise für die Grundbedürfnisse usw. Erst dann gehe ich auf Ärgernisse, Mängel usw. ein und versuche zu zeigen, was davon der Weltsituation, d. h. insbesondere der Aggressivität des Imperialismus auf allen Gebieten (denen der Rüstung, Wirtschaft und Kultur bzw. Unkultur), und was gewissen Mängeln, die wir selbst verursacht, gewissen Fehlern, die wir gemacht haben, zuzuschreiben ist bzw. auch, wie durch viel größere Aktivität der Bevölkerung so manche Ärgernisse und Mängel beseitigt werden können.

T. G.: Trotzdem haben Sie eine besondere Art und Weise Probleme unserer Gesellschaft aufzuwerfen, eine Art Katalysator zu sein. Sie berichten im »Urenkel«, daß Sie damals einen Aufsatz zu Dürrenmatt schrieben und danach die Möglichkeit bestand, auch am BE den »Besuch der alten Dame« aufzuführen. Das ist für mich ein Beispiel katalysierenden Eingreifens in gesellschaftliche Prozesse, und ich glaube, der »Urenkel« ist in ähnlichem Geiste geschrieben. Dinge, die überall ausgesprochen, aber nicht öffentlich fixiert werden, übernimmt J. K. und wirft sie in die Diskussion.

J. K.: Ja, wenn also das Ihre Auffassung ist, freue ich mich natürlich, aber ich kann nicht sehen, daß ich da eine große Rolle als Katalysator gespielt habe. Ich möchte vielmehr glauben oder hoffen, daß ich mit einiger Weisheit über unser reales Leben geschrieben habe und einige Aufklärung gegeben habe über den Charakter von Problemen des Alltags in unserer Gesellschaft.

T. G.: Nun, dann möchte ich zur öffentlichen Kritik an dem Buch übergehen.

J. K.: (Lachen v. J. K.)

T. G.: Im Vorfeld zu diesem Interview habe ich durch Befragen von Freunden bzw. Kollegen und im Nachschlagen der wenigen Rezensionen Meinungen über das Buch zusammengetragen. Viele Leser begrüßen den »Dialog« mit großer Begeisterung und sehen darin eine Hilfe im Ringen um die Gestaltung unserer sozialistischen Gegenwart, im Kampf gegen Mängel und Fehler. Andere machen Ihnen den Vorwurf einer Apologetik des realen Sozialismus oder stellen sogar provokativ die Frage nach Ihrer Ehrlichkeit.

J. K.: Also zunächst möchte ich sagen, und das ist ganz natürlich so, denn sonst hätten so viele mir nicht geschrieben, daß in den Hunderten von Briefen, die ich bekommen habe, 99 Prozent den ersten Standpunkt einnehmen. Und zwar in sehr schöner Weise. Viele haben mir geschrieben, daß sie bessere Kommunisten durch das Buch geworden sind. Ein Pfarrer hat mir geschrieben: »Und so kommt es, daß ein Marxist einen Christ veranlaßt, sich stärker für unsere Gesellschaft zu engagieren.« Ich glaube, daß die überwältigende Reaktion der Leser in solche oder ähnliche Richtung geht. Das sieht man ja allein schon am Absatz des Buches. Jetzt bereiten wir ja die 6. Auflage vor. Es sind weit über 100 000 Exemplare schon verkauft worden, und immer noch klagen die Buchhandlungen, daß sie nicht so viele Exemplare bekommen, wie sie Bestellungen haben. Das zur ersten Art der Kritik. Die zweite Kritik, daß ich Apologetik betriebe, ist eine ganz groteske Sache, denn dem steht, wenn auch nur bei einer sehr kleinen Minderheit, die ebenso groteske Meinung gegenüber, daß das Buch republikfeindlich sei. Die Frage der Apologetik steht für mich in keiner Weise. In diesem Zusammenhang möchte ich eine Zeitung aus der BRD, die reaktionäre »Die Welt«, zitieren, die eine Besprechung des »Dialogs« veröffentlicht hat und darin bemerkt, Kuczynski sei ein »orthodoxer Dissident«. Das scheint mir eine sehr interessante Formulierung zu sein. Das Orthodoxe bezieht sich darauf, daß ich ein fester Marxist-Leninist bin, und der Dissident wohl darauf, daß ich eine Reihe von Fragen, die leider so vielfach in unserer Presse als Tabus betrachtet werden, behandele.

Was die dritte Kritik, die Bezweiflung meiner Ehrlichkeit betrifft – es handelt sich um einen Brief an die Zeitschrift für Philosophie – so lasse ich mich auf eine Diskussion, ob ich ehrlich geschrieben habe oder nicht, nicht ein. Ich sehe nicht ein, daß man Dreck, den jemand wirft und der von selbst auf die Erde fällt, noch von sich abwischen soll. Zumal gerade in so vielen Briefen, die ich bekommen habe, die Menschen ihre Freude darüber zum Ausdruck bringen, daß ich »so ehrlich« geschrieben habe.

T. G.: Ich möchte auf diese »dritte Kritik« noch einmal eingehen, weil ich glaube, daß in diesem Brief die Vorstellung existiert, es gebe bei der Vermittlung der historischen Wahrheit eine Tabugrenze zwischen den Generationen.

J. K.: Ich glaube nicht, daß es eine solche Grenze gibt bzw. geben sollte. Ich würde sagen, daß man in der mittleren Generation von Lehrern und Funktionären nicht selten ungern Fragen betreffend unsere konkreten gesellschaftlichen Verhältnisse hört. Sie verhalten sich unserem realen Sozialismus gegenüber defensiv. Leider! Wir haben wirklich wenige gesellschaftswissenschaftliche und propagandistische Schriften, die sich konkret mit dem Alltag bei uns beschäftigen. Aber unter alten Genossen und unter jungen Genossen finde ich eine große Offenheit in der Behandlung solcher Fragen. Und darum ja auch die besondere Freude so vieler Jugendlicher an meinem »Urenkel«. Ich halte etwa 50 Vorträge im Jahr, davon etwa 35 bei FDJ-Gruppen, bei Lehrlingen und Studenten, eben bei unserer Jugend. Es ist gerade unsere Jugend, die sich durch das Buch so angesprochen fühlt, und wenn ich einleitend 20 Minuten gesprochen habe, ergibt sich immer eine sehr lebhafte Diskussion. Wenn manche Veranstalter anfangs besorgt sind, ob es zu einer wirklichen Diskussion kommt, sind sie schnell ihre Sorge los.

T. G.: Im Buch bleibt für mich die Frage offen: Brauchen wir eine junge Avantgarde, und welche zusätzlichen gesellschaftlichen Räume müssen wir für sie schaffen? Wie können junge Menschen innerhalb großer Massenorganisationen ihren Einfallsreichtum, ihre »Lust am Engagement« bewahren und entwickeln?

J. K.: Dazu möchte ich sagen: Wir brauchen überall eine Avantgarde. Es ist doch völlig klar: Jede Armee hat eine Avantgarde, und jeder Kampf erfordert eine Avantgarde, und da wir alle kämpfen sollten, auch zu unserem Glück so viele Alte es tun, brauchen wir eine Avantgarde zusammengesetzt aus jeder Generation. Oft spreche ich über die Probleme des wissenschaftlichen Nachwuchses und erkläre dann, daß wir nach den antiken Griechen einzig in der Geschichte dastehen in unseren Leistungen auf dem Gebiet des Sports. Wie haben wir das geschafft? Indem wir den Massensport entwickelt und aus den Massen, scharf nach besonderen Begabungen suchend, eine Avantgarde für den Sport ausgewählt haben. Das ist uns bisher noch nicht auf dem Gebiet der Wissenschaft gelungen. Wir hatten Avantgarden früher so oft auch in unserer Jugend, vor allem in den Betrieben. Wenn es, sagen wir Ende der vierziger, Anfang der fünfziger Jahre, Schwierigkeiten in einem Betrieb gab, dann stellten wir eine Brigade aus den besten Jugendlichen zusammen, und die Sache kam in Schwung und in Ordnung. Heute würde ich für die Wissenschaft mit Bestimmtheit sagen, daß es uns noch nicht gelungen ist, eine wirkliche Avantgarde, oder wie Rosa Luxemburg sagte, ein Elitecorps zu schaffen (Rosa Luxemburg sprach von einem Elitecorps von Parteikadern in bezug auf die Schüler der Zentralen Parteischule der Sozialdemokratie vor 1914). Das heißt, wir geben den Hochbegabten noch nicht die Pflege und die geistigen Bedingungen, die für ihre Entwicklung notwendig sind. Die materiellen Bedingungen sind für unsere Jugend selbstverständlich so, wie sie nie zuvor in der Geschichte Deutschlands waren. Aber nicht die geistigen Bedingungen, die Pflege, die nötig ist für das Heranziehen einer Avantgarde, einer Elite, unter den jungen Wissenschaftlern. Und zwar in einer Zeit, in der sie wirklich noch jung sind. Wenn man daran denkt, daß die großen Leistungen in der modernen Physik nach der Generation von Einstein, Planck, Nernst usw., also zur Zeit der Weimarer Republik, sowohl in Deutschland wie in der ganzen Welt von einer Generation der 20jährigen vollbracht wurden (Heisenberg war 23, als er seine großen Leistungen zu bringen begann), und wir uns über »Meister von

Morgen« mit 30 Jahren freuen, als meine Generation in diesem Alter nicht selten »Meister seit gestern oder vorgestern« war, dann sieht man, wie ernst die Situation bei Wissenschaftlern und Technikern ist. Ich glaube auch, daß unser technischer Rückstand gegenüber den entwickelten kapitalistischen Ländern, von dem der Genosse Erich Honecker gesprochen hat, mit darauf zurückzuführen ist, daß unsere Jugend nicht früh genug zum Zuge kommt, sich nicht früh genug geistig kühn bewegen kann. Sehen Sie, ein Freund von mir, Direktor einer Sektion an einer unserer Universitäten, hat die Empfehlungen der EOS an die Universität für die, die Studenten werden sollen, untersucht und festgestellt, daß die Empfehlung, die am häufigsten gegeben wurde, »Bescheidenheit und Zurückhaltung« ist. Stellen Sie sich vor, eine Jugend, deren Haupttugend »Bescheidenheit und Zurückhaltung« sein soll, wo sie doch so gern den Himmel stürmen will! Meine Eltern wären wahrlich glücklich gewesen, wenn ich ein bißchen bescheidener und zurückhaltender gewesen wäre, als ich es war.

T. G.: Die Frage noch einmal präzisiert: Wo beginnt und endet im Zusammenhang mit der Entwicklung der jungen Generation die Verantwortung der älteren?

J. K.: Überlegen Sie einmal die Verantwortung des Trainers im Sport. Um alles kümmert er sich. Dagegen: Ich besinne mich sehr genau, als ich einen jungen Wissenschaftler von der Universität an mein Institut bekam und ihn fragte, was der letzte Roman gewesen sei, den er gelesen hätte, war er völlig verwirrt über diese Frage, weil er leider natürlich irgendeine Spezialfrage auf dem Gebiet seiner Arbeit, etwa seiner Diplomarbeit, erwartet hatte. Die gleiche Verwirrung erlebte ich, als ich einen anderen fragte, ob er eine nette Freundin hätte und was ihre Arbeit wäre. Die Pflege und Umsorgung der jungen Wissenschaftler, auch schon der Studenten, ich meine derer, die ich mit Rosa Luxemburg die Elite nenne, durch die Professoren ist völlig ungenügend. Fragen Sie mal die Forschungsstudenten, wie oft sich »ihr« Professor mit ihnen unterhält. Denken Sie daran, daß es selbstverständlich für jeden ordentlichen Professor in den Jahren 1820 bis 1933 an den deutschen Universitäten war, ein Spezialseminar für die besten Studenten und seine Assistenten abzuhalten. Oft in seiner Wohnung. Ja, da wurden wir gepflegt. Da kümmerte man sich um uns in jeder Beziehung, so wie es heute die Trainer mit den besten Sportlern tun.

T. G.: Zu viel Pflege kann aber auch zum Verkümmern führen. Wird nicht durch Bevormundung und Ängstlichkeit mancher Elan junger Menschen vorzeitig gebrochen?

J. K.: Nein, umfassende Sorge, richtige Pflege haben nichts mit Gängelei zu tun. Im Gegenteil! Sehen Sie, wenn ich jemanden zur Betreuung seiner Doktorarbeit bekommen hatte, zur Pflege also – mein erstes war, daß ich ihm sagte: Mach mir eine Konzeption. Und mit Durchschlag, ein Exemplar für dich und eines für mich. Ich verlangte das von ihm, um zu sehen, ob er denken kann. Wenn er sie dann gebracht hatte, und sie gut war, dann sagte ich ihm: Nun schmeißen wir sie beide in den Papierkorb, denn wir wissen beide ja gar nicht, wie die Arbeit sich in Wirklichkeit gestalten wird, was bei deinen Überlegungen und Untersuchungen herauskommen wird, fang also gleich an zu forschen und bald zu schreiben an, denn ich bin ebenso neugierig wie du auf die Resultate. Meine jüngeren Mitarbeiter sagten dann: Er hat mal wieder einen ins Wasser geworfen, damit er schwimmen lernt. Das heißt, man muß die Hochbegabten doch so pflegen, daß ihre eigenen Ideen, ihre eigene Initiative die entscheidende Rolle bei ihrer Arbeit spielen. Insbesondere bei Wissenschaftlern – bei Sportlern sind es vielleicht eine Reihe anderer selbständiger Tätigkeiten und Fähigkeiten, die eine entscheidende Rolle spielen müssen.

T. G.: Sie sprechen davon, daß sich die Jugend ihrer Teilnahme am Weltklassenkampf immer bewußt sein muß. Und doch möchte sie auch diesen Teil der Welt kennenlernen, der heute noch vom Kapital regiert wird. Bergen die ungenügenden Reisemöglichkeiten für die jungen Menschen nicht auf die Dauer individuelle und gesellschaftliche Konflikte in sich, oder ist an dieser Stelle ein Vertrauenskonflikt zwischen den Generationen unüberwindbar geworden?

J. K.: Zunächst: Ich meine und hoffe, daß es selbstverständlich ist, daß unsere Jugend andere Länder kennenlernen will. Es wäre ja traurig, wenn sie das nicht wünschte und keine Kontakte mit jungen Wissenschaftlern oder älteren Wissenschaftlern in anderen Ländern haben wollte. Das ist ein ganz natürlicher Wunsch. Zweitens würde ich sagen, daß die kapitalistischen Länder selbstverständlich ein Interesse daran haben, mit unseren jungen Wissenschaftlern bekannt zu werden, nicht selten, um sie ideologisch zu verführen – das ist die Klassenkampfaufgabe der Wissenschaftler dort –, sie zu überreden, im »Westen« zu bleiben, was ja auch bisweilen mit Erfolg geschieht. Es gelingt auch bei Sportlern, das wissen wir ja leider. Drittens möchte ich bemerken, daß

Sicherheitsfragen eines der Gebiete ist, auf dem ich mir zwar eine Meinung zu bilden suche, auf dem ich mir jedoch kein öffentliches Urteil in bezug auf die Notwendigkeit von Maßnahmen erlaube, da ich kein Spezialist für Sicherheit bin. Die Situation ist selbstverständlich bedauerlich, aber ob sie bedauerlich sein muß auf Grund der Weltverhältnisse oder ob man etwas großzügiger sein kann – wir sind ja schon großzügiger geworden, es finden ja mehr Reisen statt –, darüber fälle ich kein Urteil. Entschuldigen Sie, aber es gibt Grenzen des Urteils, an denen man sich sagen soll: Davon verstehst Du nicht genug.

T. G.: Die Sicherheitsfunktionen des Staates werden von Ihnen klar umrissen, jedoch auch Kritik an einer gewissen Übervorsicht geäußert. Der Urenkel könnte demnach auch die Frage nach den begrenzten Reisemöglichkeiten stellen.

J. K.: Ja, natürlich könnte er diese Frage stellen, und zwar mit vollem Recht. Die Jugend will selbstverständlich gerne die Welt sehen und reisen, auch ihre Kollegen in anderen Ländern kennenlernen, und ich sage auch, wie schwierig es ist, zu unterscheiden zwischen Vorsicht und Übervorsicht in Sicherheitsfragen. Aber ich sage ebenfalls – und zwar auch in einem Fall, wo ich, wie sich später zeigte, recht hatte, eine übergroße Vorsicht zu sehen –, daß man besser Übervorsicht übt als zu geringe Vorsicht. Denn zu geringe Vorsicht kann eben zu schlimmem Unglück führen, Übervorsicht zumeist nur zu Ärger. Und darum, während ich sage, daß ich mir keine Urteile über Sicherheitsmaßnahmen als solche erlaube, erlaube ich mir natürlich zu sagen, daß sie viel Ärger bringen können. Aber gar manches in unserer Welt muß Ärger bringen, solange die Verhältnisse noch so sind, wie sie heute sind.

T. G.: Sie übernehmen mit Ihrer Kritik oft auch die Aufgaben der Massenmedien. Diese müßten eigentlich Aufgaben leisten, die von ihnen nicht geleistet werden, und Sie kritisieren das im Buch folgendermaßen: »Unsere Massenmedien privatisieren durch ihr vorsichtiges Verhalten zur Kritik zahlreiche gesellschaftliche Auseinandersetzungen.«

J. K.: Ja. Ich bin weder mit unserer Presse noch mit unseren Massenmedien allgemein zufrieden. Es fehlen mir vor allem, was Lenin für so unumgänglich hält, Kritik und Meinungsstreit. Lenin war auch der Meinung, daß die Analyse von intelligenten Fehlern uns enorm hilft, schneller voranzukommen.

T. G.: Sie haben im »Dialog mit meinem Urenkel« die Verbindung von Optimismus und Glauben in der Weltanschauung des Marxismus berührt. Erfordert die Sehnsucht unserer Menschen nach einer friedlichen Zukunft nicht auch eine neue Bereitschaft zum Glauben?

J. K.: Sicherlich. Ich meine, daß ein großer Mangel in unseren philosophischen Schriften darin besteht, daß wir dem Glauben, im Gegensatz zum Wissen, nicht die entsprechende Rolle geben. Ich bin z. B. auch absolut dagegen zu sagen, daß die Sowjetarmee die Hitlerarmee gesetzmäßig besiegt hat. Wenn das gesetzmäßig gewesen wäre, wären wahrlich keine so gewaltigen Anstrengungen der Völker der Sowjetunion nötig gewesen. Vielmehr war es so, daß das Sowjetvolk an den Sieg glaubte, und darum gesiegt hat. Es glaubte fest an den Sieg, und so wurde der Sieg Wirklichkeit. Wenn Marx einmal sagte, vor der Menschheit stehe die Alternative Sozialismus oder Barbarei, dann stellte er eben eine Alternative vor die Menschheit: es gäbe verschiedene Möglichkeiten der Entwicklung. Und nur mit dem festen Glauben an einen Erfolg im Kampf gegen die drohende Barbarei wird der Sozialismus siegen. Die Vergangenheit ist uns bekannt, wir erfassen sie wissenschaftlich, die Zukunft kann niemand im einzelnen Fall voraussehen. Darum muß auch die Friedensbewegung einen tiefen Glauben an die Möglichkeit ihres Sieges haben. Dann wird sie auch siegen. Der Glaube muß eine ganz große Rolle im Leben, im Kampf aller Genossen, aller Menschen, die für den Fortschritt sind, spielen. So sollten wir das Interview schließen.

T. G.: Da komme ich zu einer letzten Frage. Zum Unterschied zwischen den Generationen und den Schwierigkeiten ihrer Verständigung bemerken Sie »... wozu muß man alles verstehen«. Gibt es da etwas, was Jürgen Kuczynski nicht weiß, aber trotzdem gern wüßte?

J. K.: Natürlich, das auch, aber nicht prinzipiell. Sehen Sie: Solange ich bei der Jugend so wie heute »ankomme«, ist unsere Begegnung für mich eine ganz große Freude. Aber ich spreche zu ihr und mit ihr eben vor allem, wenn sie mich, was so häufig ist, auffordert, zu ihr zu kommen. Und dann finde ich keine Barrieren zwischen uns durch gegenseitiges Unwissen über die jeweils andere Generation. Wenn ich die junge Generation jedoch als ganze betrachte, so wie ich sie in der Öffentlichkeit beobachte, dann muß ich feststellen, daß mir manches an ihr unverständlich ist. Ich würde z. B. sagen, daß ihr Höflichkeit, Freundlichkeit, Hilfsbereitschaft in so vielen Fällen, etwa auf der

Straße oder in Verkehrsmitteln, fehlten. Ist das nur auf schlechte Erziehung zurückzuführen? Darüber wüßte ich gern mehr. Aber das, worauf es mir vor allen Dingen im »Dialog« ankam, war zu sagen, daß es selbstverständlich Generationsunterschiede und –widersprüche geben muß –, wobei ich keineswegs meine, daß ich unbedingt verstehen muß, warum die Jugend zum Beispiel Rockmusik einem Mozartstück oder Sitte Corot vorzieht. Aber die junge Generation erlebt die Welt selbstverständlich anders als wir Alten. Sie ist jung, hat neue Aufgaben und steht der Welt anders gegenüber als wir Alten. Darum sollte man sich an Generationsunterschiede und –widersprüche gewöhnen. Insbesondere wenn die Jugend besser ist als die vorangegangene Generation, was der vorangehenden Generation oft schwer zu begreifen fällt. Ich habe immer Freude an jedem jüngeren Wissenschaftler, der ein besserer Wissenschaftler zu werden verspricht, als ich es bin. Schließlich wollen wir ja schneller vorwärtskommen und haben das auch dringend nötig.

T. G.: Wir sind am Ende. Ich danke recht herzlich.